普通高等学校

U0594154

CONTEMPORARY FINANCIAL
MANAGEMENT THEORY AND PRACTICE

现代财务管理
理论与实务

曹容宁　主　编

陈威燕　副主编

中国财经出版传媒集团

经济科学出版社

Economic Science Press

图书在版编目（CIP）数据

现代财务管理理论与实务/曹容宁主编 . —北京：经济
科学出版社，2017.1
ISBN 978 - 7 - 5141 - 7753 - 4

Ⅰ.①现…　Ⅱ.①曹…　Ⅲ.①财务管理 - 高等学校 -
教材　Ⅳ.①F275

中国版本图书馆 CIP 数据核字（2017）第 025733 号

责任编辑：周国强　张　蕾
责任校对：刘　昕
责任印制：邱　天

现代财务管理理论与实务

曹容宁　主　编

陈威燕　副主编

经济科学出版社出版、发行　新华书店经销

社址：北京市海淀区阜成路甲 28 号　邮编：100142

总编部电话：010 - 88191217　发行部电话：010 - 88191522

网址：www.esp.com.cn

电子邮件：esp@ esp. com. cn

天猫网店：经济科学出版社旗舰店

网址：http：//jjkxcbs. tmall. com

北京汉德鼎印刷有限公司印刷

三河市华玉装订厂装订

787×1092　16 开　17 印张　410000 字

2017 年 4 月第 1 版　2017 年 4 月第 1 次印刷

ISBN 978 - 7 - 5141 - 7753 - 4　定价：48.00 元

（图书出现印装问题，本社负责调换。电话：010 - 88191510）

（版权所有　侵权必究　举报电话：010 - 88191586

电子邮箱：dbts@ esp. com. cn）

前　　言

美国财务学博士希金斯教授在其有"财务小圣经"美誉的经典著作《财务管理分析》中指出"不完全懂得会计和财务管理工作的经营者就好比是一个投篮而不得分的选手"。

在实践中，财务管理被比喻为方向盘，而生产被比喻为发动机，经营被比喻为润滑剂，这体现了财务管理在公司管理中的地位和作用。

公司财务管理大约起源于 15 世纪末 16 世纪初，当时西方社会正处于资本主义萌芽时期，商业股份经济发展客观上要求有效筹集资本，但由于当时公司对资本需要量并不大，筹资渠道和筹资方式比较单一，并没有形成独立的财务管理职业。19 世纪末 20 世纪初，股份公司迅速发展起来并逐渐成为占主导地位的组织形式。股份公司的发展不仅引起了资本需求量的扩大，而且也使筹资的渠道和方式发生了重大变化，财务管理开始从公司管理中分离出来成为一种独立的管理职业。这一时期主要的财务研究成果有美国财务学者格林出版的《公司财务》（1897 年）和米德出版的《公司财务》（1910 年），前者被认为是最早的财务著作之一，后者为现代财务理论奠定了基础。

20 世纪二三十年代的世界性经济危机造成众多公司破产，此时面临的突出问题是金融市场制度与相关法律规定等问题。这一时期财务管理的研究重点是法律法规和企业内部控制，主要财务研究成果有美国洛弗的《企业财务》和英国罗斯的《企业内部财务论》，财务目标和预算的确定、债务重组、资产评估、偿债能力等问题成为这一时期财务管理研究的重要内容。

20 世纪五六十年代，面对激烈的市场竞争和买方市场趋势的出现，公司内部财务决策上升为最重要的问题，资金时间价值引起财务管理人员的普遍关注，以固定资产投资决策为研究对象的资本预算方法日益成熟，财务管理的重心由重视外部融资转向注重资金在公司内部的合理配置，使公司财务管理发生了质的飞跃。实践中，投资者和债权人往往根据公司的盈利能力、资本结构、股利政策、经营风险等一系列因素来决定公司股票和债券的价值，资本结构和股利政策的研究受到高度重视，而理论上对公司整体价值的重视和研究是财务管理理论又一显著的发展。这一时期，美国财务学家迪安出版了最早研究投资财务理论的著作《资本预算》（1951 年），对财务管理由融资财务管理向资产财务管理的飞跃发展发挥了决定性影响。马柯维茨发表论文《资产组合选择》

（1952 年）并出版了专著《组合选择》（1959 年），从收益与风险的计量入手研究各种资产之间的组合问题，马柯维茨也被公认为资产组合理论流派的创始人。1958 年，莫迪利安尼和米勒在《美国经济评论》上发表《资本成本、公司财务和投资理论》，提出了著名的 MM 理论。莫迪利安尼和米勒因为在研究资本结构理论上的突出成就分别在1985 年和 1990 年获得了诺贝尔经济学奖。1964 年，夏普和林特纳等在马克维茨理论的基础上提出了著名的资本资产定价模型（CAPM），系统阐述了资产组合中风险与收益的关系，区分了系统性风险和非系统性风险，明确提出了非系统性风险可以通过分散投资而减少等观点。资本资产定价模型使资产组合理论发生了革命性变革，夏普因此与马柯维茨一起共享第 22 届诺贝尔经济学奖。

20 世纪 70 年代，金融工具的推陈出新使公司与金融市场的联系日益加强。认股权证、金融期货等广泛应用于公司筹资与对外投资活动，推动财务管理理论日益发展和完善。布莱克等创立了期权定价模型（OPM），罗斯提出了套利定价理论（Arbitrage Pricing Theory）。在此时期，形成了完善的投资决策指标体系，建立了科学的风险投资决策方法。由于吸收自然科学和社会科学的丰富成果，财务管理进一步发展成为集财务预测、财务决策、财务计划、财务控制和财务分析于一身，以筹资管理、投资管理、营运资金管理和利润分配管理为主要内容的管理活动，并在公司管理中居于核心地位。法玛和米勒出版的《财务管理》一书，集西方财务管理理论之大成，标志着西方财务管理理论趋于成熟。

20 世纪 70 年代末和 80 年代初期，西方世界遭遇旷日持久的通货膨胀。持续的通货膨胀导致资金占用上升、筹资成本加大、有价证券贬值、公司利润虚增等问题出现，通货膨胀财务管理一度成为热点问题。

20 世纪 80 年代中后期，国际金融市场动荡不安，公司面临的投融资环境具有高度的不确定性，进出口贸易筹资、外汇风险管理、国际转移价格问题、国际投资分析、跨国公司财务业绩评估等成为财务管理研究的热点，效用理论、线性规划、对策论、概率分布、模拟技术等数量方法在财务管理工作中的应用与日俱增，财务风险问题与财务预测、决策数量化受到高度重视，财务管理信息系统诞生。

20 世纪 90 年代以后，计算机技术、通信技术和网络技术的迅猛发展使得财务管理模式发生悄然改变。

进入 21 世纪后，在经济全球化、工业 4.0 兴起、互联网等信息技术迅猛发展和中国产业转型升级背景下，公司经营的内部环境和外部环境不断地发生着重大的变化，公司管理面临新的挑战，作为公司管理核心内容的财务管理工作的好坏将直接影响着公司的管理水平，甚至直接影响到公司的生存和发展。

财务管理理论创新和实践探索能否紧跟社会发展的脚步和工业发展的进程值得期待，针对国内财务管理教学的现状和国际上财务管理的热点问题，本教材在介绍财务管理原理的基础上，重点突出新理论、新思想、新观点，比如公司治理理论中债务代理理论、管理视角下公司代理、库存控制系统、供应链视角下的营运资金管理等。与此同时，针对财务管理实践中的创新，本书利用课堂案例结合课后案例的形式，对财务管理实践和创新内容进行了深入的理论剖析。

本教材以现代财务管理理论和实践创新为主线，依据基本原理、热点问题、理论体系和案例分析的顺序展开各个章节的内容，前后章节之间力争做到铺垫合理、层层推进、环环相扣，以便形成一个体系规范、理论新颖、关注实务的学习系统。科学技术的发展、工业革命的推进、财务管理理论和实践的创新给财务管理教学带来了前所未有的挑战，财务管理学科的教材应该体现直面这种挑战的潜在能力与水平，成为引导学生探索财务管理学科和实践未知领域的良师益友。

本教材以财政部施行的《企业财务通则》和相关法规为依据编写，同时吸收高校教师的财务管理教学经验、教研教改成果和实践实习内容，结合公司财务管理具体要求进行全面介绍和阐述，使教材内容具有理论性、新颖性和实用性。读者通过对本教材的学习，可掌握现代财务管理的理论和方法，具备从事经济管理工作所必需的财务管理知识和应用能力。

本教材针对现阶段高等教育的特点，着重启发学生思考问题、分析问题、解决问题，注重财务管理理论与方法在实际财务管理工作中的应用，为培养高级应用型人才服务。本教材配置了大量的思考题和计算分析题，此外还有较多的课堂和课后案例资料，便于教师组织课堂教学和课后作业的布置。

本教材共分九个学习情境，包括财务管理导论、财务管理核概念、财务计划管理、公司财务报表与分析、公司投融资决策、项目投资管理、财务管控与业绩评价、公司并购和重组中的财务问题、跨国公司财务管理，具有定位明确、案例丰富、理论结合实际、适用范围广泛、便于理解和掌握等特点，可作为高等院校财务管理和会计学等经济类、管理类专业学生学习财务管理学的教材，也可以作为财务管理人员岗位培训教材的参考资料。

曹容宁担任本教材主编，完成学习情境一、学习情境二、学习情境五、学习情境六、学习情境七、学习情境八、学习情境九的编写，陈威燕完成学习情境三、学习情境四的编写，由曹容宁对各学习情境进行完善并对全教材内容进行了统稿。在教材编写过程中，我们参阅了大量财务管理方面的书籍、文章和资料，吸收和借鉴了国内外同行相关的最新成果，在此谨向有关作者表示深深的谢意和敬意！江苏理工学院商学院范丽红博士等同仁对本教材的编写提出了许多好的意见和建议，在此一并表示谢意！

由于编者水平有限，加上时间仓促，教材中难免存在许多不足之处，恳请专家学者和广大读者批评指正！

曹容宁

2017 年 1 月

目　　录

第 一 章 | 财务管理导论

学习目标

1. 了解财务管理的含义和基本内容。
2. 了解公司各项财务活动内容、相互内在联系和财务关系。
3. 了解财务管理各项功能内容和内在联系。
4. 了解财务管理机制的含义。
5. 掌握公司财务目标含义、对财务管理的要求和现阶段中国公司财务目标的现实意义。
6. 了解公司财务政策的含义。
7. 了解商业环境与财务管理相互间的关系。

先导案例

第二杯财务原理

对于肯德基而言，一杯饮料的成本包括店租、水电、人工和原材料，你在买第一杯的时候已经把所有这些费用都分担了，后面半价的第二杯只需要原材料的成本，即为边际成本，而这个通常较低，所以也许第二杯肯德基从你身上赚的钱更多！同样，这也可以解释麦当劳的这一现象！

第一节　财务管理基本内容

一、财务管理对象

西方财务学主要由三大领域构成，即公司财务、投资学和宏观财务。其中，公司财务在中国常被译为"公司理财学"或"公司财务管理"。

财务管理是指在一定的目标下公司关于筹资、投资、营运资金管理以及利润分配管理的财务活动和相关的财务关系，财务管理就是对财务活动及其所体现出来的各种财务关系进行管理。要了解财务管理的对象，必须对资金运动过程进行分析。

以工业公司资金的运动形式为例，资金运动是从货币资金开始，依次经过采购过程、生产过程、销售过程，最后又回到货币形态的全过程。在这一过程中，通过采购过程购买生产所需的各种材料物资并验收入库，货币资金转化为储备资金；随着材料的领用，工人对材料进行加工，生产出社会所需要的产品，并发生人工和其他费用，储备资金也随之转化为生产资金；随着产品的完工并验收入库，生产资金转化为成品资金，通过产品的销售成品资金最终转化为货币资金，公司资金完成了一次循环。由此看出，随着生产经营活动的不断进行，资金也在周而复始的运动，并从货币资金形态开始依次表现为货币资金形态、储备资金形态、生产资金形态和成品资金形态，并通过产品的销售实现资金的增值，生产经营活动中，能引起资金发生增减变化的各种活动都是公司的财务活动。在财务活动不断体现财务关系，比如采购活动中与供应商的财务关系，在销售活动中与销售商和客户的财务关系。

上述筹资、投资、营运资金管理以及利润分配管理的财务活动和财务关系相互联系、相互依存，共同构成财务管理的基本内容，财务管理内容是财务管理对象的具体化。

二、公司财务活动

（一）资金筹集

公司从各种渠道筹集资金是资金活动的起点，筹资渠道是指筹措资金的来源与通道，反映资金的源泉和流量。筹资渠道属客观范畴，即公司无法左右筹资渠道的多与少，它与国家经济发展程度及政策制度等相关。资金筹集主要有两种表现形式，即权益资金和债务资金。

权益资金由公司成立时各种投资者投入的资金以及公司在生产经营过程中形成的资本公积、盈余公积和未分配利润组成。为设立而筹集的、进入公司的权益资金主要是实收资本，它是权益资金的主体，可以通过吸收直接投资和发行股票的方式筹集。实收资本是指投资者实际投入的资本总额，投资者可以是国家，也可以是法人或个人，还可以是外商，投资者对公司的直接投资方式主要有货币资金投资、固定资产投资和无形资产投资。

吸收直接投资和发行股票的优点包括：能提高公司的资信和借款能力；能使公司尽快形成生产能力，将产品迅速推向市场；有助于公司之间强强联合，优势互补；与负债筹资相比不存在还本付息的压力，财务风险小。吸收直接投资和发行股票的缺点包括：资本成本高；容易分散公司控制权；筹资范围小，不便于转让。

股票发行方式包括公开间接发行和不公开直接发行，公开间接发行是指股份公司通过中介机构向社会公众发行股票，优点包括：发行范围广，发行对象多，容易筹集到所需资金；股票流通性好，易于转让，发行风险较小；有助于提高发行公司的知名度，扩大影响力。缺点：发行成本高；手续繁杂；国家有关法规限制较多，急需资金公司往往不具备规定的条件。不公开直接发行只向少数特定的对象发行，因而无须中介机构承销。优点是发行成本低，发行规模弹性较大，且手续简单。缺点是发行范围小，筹资量有限，尤其在发行新股增资时困难较多，股票的流通性差。

债务资金是指公司按约定代价和用途取得且需要按期还本付息筹集的资金，就其性质而言，是不发生所有权变化的单方面资本使用权的临时让渡，银行借款、发行债券、融资租赁和商业信用是债务资金的基本形式。按照所筹资金可使用时间的长短，债务资金可分为长期负债和短期负债两类。长期负债是指公司向银行或其他非银行金融机构借入的使用期超过1年的借款，主要用于购建固定资产和满足长期资金占用的需要。一般而言，长期借款的利息率通常要高于短期借款。借款不同的偿还方式也会影响到公司筹资成本和风险。

债券是公司为筹集资金而发行的用以记载和反映债权债务关系的有价证券，其发行目的通常是为建设项目筹集长期资金。在中国，根据《公司法》的规定，股份有限公司、国有独资公司和两个以上的国有公司或者两个以上的国有投资主体投资设立的有限责任公司，具有发行债券的资格。

租赁是指通过签订资产出让合同的方式，使用资产的一方（承租方）通过支付租金，向出让资产的一方（出租方）取得资产使用权的一种交易行为。在这项交易中，承租方通过得到所需资产的使用权，完成了筹集资金的行为。租赁分为融资租赁和经营租赁两种形式，经营租赁是由租赁公司向承租单位在短期内提供设备，并提供维修、保养、人员培训等的一种服务性业务，又称服务性租赁。融资租赁是由租赁公司按承租单位要求出资购买设备，在较长的合同期内提供给承租单位使用的融资信用业务，它是以融通资金为主要目的的租赁。

商业信用是指公司在商品或劳务交易中，以延期付款或预收货款方式进行购销活动而形成的借贷关系，是公司之间的直接信用行为，也是短期资金的重要来源。商业信用产生于公司生产经营的商品、劳务交易之中，是一种"自动性筹资"，具体形式有应付账款、商业汇票、预收账款等。此外，公司往往还存在一些在非商品交易中产生但亦为自发性筹资的应付费用，如应付职工薪酬、应交税费、其他应付款等。应付费用使公司受益在前、费用支付在后，相当于享用了收款方的借款，在一定程度上缓解了资金需要。

债务筹资的优点包括：

第一，筹资速度较快，筹资弹性大。

第二，资本成本负担较轻（一般来说债权筹资的资本成本要低于股权筹资，原因是筹资费用较低，利息、租金等费用也比股权资本要低，利息等资本成本可以在税前支付）。

第三，可以利用财务杠杆，稳定公司的控制权。

债务筹资的缺点包括：

第一，不能形成公司稳定的资本基础。

第二，财务风险较大（债务资本有固定的到期日，有固定的利息负担，抵押、质押等担保方式取得的债务资本使用上可能会有特别的限制）。

第三，筹资数额有限。

（二）资金投放和使用

公司资金的投放与使用是公司筹集资金的目的，指公司将筹集到的资金以各种手段投入到各种用途上，它关注各类资产的合理配合，即资产结构问题。同样，由于投放的手段和用途不一样，这些投资给公司带来的投资回报率及其他权益也不一样。因此，公司财务对资金运用目标就是能够给公司带来最大投资回报率的资金用途。为了在既定的筹资成本下达到投资回报的最大化，或在既定的投资回报下实现筹资成本的最小化，公司必须借助于一整套科学的管理方法和管理手段对资金运用进行有效的管理，包括预测、计划、控制、分析和核算。

根据内外情况分类，公司投资可分为对内投资和对外投资。对内投资是指把资金投向公司内部，形成各项流动资产、固定资产、无形资产和其他资产的投资。如果公司对内投资的现金流出量大幅度的提高，往往意味着该公司正面临着新的发展机会或新的投资机会，公司股票的成长性一般会很好。如果公司对外投资的现金流出量大幅度的提高，则说明该公司正常的经营活动未能充分吸纳其现有的资金，而需要通过投资活动来寻找获利机会。如果公司经营活动产生的现金流量未变，公司投资活动大量的现金净流出量是通过筹资活动大量的现金净流入量来解决的，说明公司正在扩张。对外投资是指为了特定目的而将公司资产投资其他单位的经济行为，包括权益投资、负债投资和混合投资等。按照投资期限分类，公司投资可分为短期投资和长期投资。短期投资是指各种能够随时变现、持有期不准备超过一年的股票、债券、基金及其他票据等投资，长期投资是指不准备在一年以内变现的股票、债券和其他投资。按照形式分类，公司投资可分为货币投资、实物投资和无形资产投资。货币投资是指投出货币形成的投资，也用于购买股票、债券、基金以及直接投入货币资金构成协议投资等。实物投资是指投出固定资产和存货等实物形态资产构成的投资，可以折算为股份，也可以形成协议投资。无形资产投资是指投出无形资产形成的投资，有专利权、非专利技术、商标权、商誉、土地使用权、专营权以及著作权等多种形式。

（三）资金应用与管理

公司日常生产经营涉及资金应用与管理，要维持正常的运转就必须要拥有适量的营运资金。营运资金又称营运成本，是流动资产减去流动负债后的差额。从财务角度看营运资金应该是流动资产与流动负债关系的"总和"，这里的"总和"不是数额的加总，而是关系的反映，即对营运资金的管理要注意流动资产与流动负债两个方面的问题。流动资产是指可以在一年以内或者超过一年的一个营业周期内实现变现或运用的资产，流动资产具有占用时间短、周转快、易变现等特点。公司拥有较多的流动资产，可在一定程度上降低财务风险。流动资产在资产负债表上主要包括货币资金、短期投资、应收票据、应收账款和存货。流动负债是指需要在一年或者超过一年的一个营业周期内偿还的债务。流动负债又称短期融资，具有成本低、偿还期短的特点，必须认真进行管理，否则将使公司承受较大的风险。流动负债主要包括短期借款、应付票据、应付账款、应付工资、应付税金及未交利润等。资金应用与管理的基本要求是合理确定并控制营运资金的需要量，以期加快资金周转，提高资金效益。

持有货币资金通常会发生三种成本，即机会成本、短缺成本和管理成本。现金作为公司的一项资金占用是有代价的，这种代价就是现金的机会成本，机会成本即因持有现金而丧失的再投资收益，是与现金持有量成正比例变动关系。短缺成本是因缺乏必要的现金，不能应付业务开支的需要，而使公司蒙受的损失或为此付出的代价。公司拥有现金会发生管理费用，如管理人员工资和安全措施等。管理成本是一种固定成本，与现金持有量之间无明显的比例关系。最佳现金持有量就是有关成本之和最小的货币资金持有数额，它的确定主要有成本分析模式、存货模式和随机分析模式三种方法。成本分析模式是通过分析公司持有货币资金的机会成本、短缺成本和管理成本，测算成本之和最小时的货币资金持有量。在成本分析模式下，上述三项成本之和最小的现金持有量就是最佳现金持有量。运用确定最佳存货量的存货模式来确定最佳现金持有量时，它是以下列假设为前提的：公司所需要的现金可通过证券变现取得，且证券变现的不确定性很小；公司预算期内现金需要总量可以预测；现金的支出过程比较稳定、波动较小，而且每当现金余额降至零时，均可通过部分证券变现得以补足；证券的利率或报酬率以及每次固定性交易费用可以获悉。如果这些条件基本得到满足，公司便可以利用存货模式来确定现金的最佳持有量，通常是以机会成本和固定性转换成本之和最小的货币资金持有数额为准。随机模式是在现金需求难以预知的情况下进行现金持有量确定的方法，公司可以根据历史经验和需求，预算出一个现金持有量的控制范围，制定出现金持有量的上限和下限，争取将现金持有量控制在这个范围之内。

（四）资金回收与利润分配

资金回收是指公司取得经营收入，收回垫支资金。在正常情况下，资金回收额要大于资金耗费额，这个差额就是实现的生产经营成果。资金的顺利回收既是补偿资金耗费的必要，又是再生产得以为继的前提，资金回收的方式包括长期投资的回收和短期投资的回收。长期投资的回收涉及有形固定资产投资的回收、无形资产投资的回收、联营公司投资的回收和长期证券投资的回收。

公司投资于有形固定资产上的资金一般采取分期回收的方式，按月以折旧费的形式计入产品成本，通过产品销售从销售收入中得到补偿，固定资产投资还可以通过有偿调出、按规定变价出售或对外出租获取租金收入而回收。此外，在固定资产报废清理过程中，残值收入扣除清理费用后的净收入也是其资金回收的一种方式。

公司投资的无形资产一般通过分期摊销其价值计入产品成本，从销售收入中补偿，也可以通过转让而回收。

公司可以将厂房、设备、材料、更新改造基金、生产发展基金等专用基金以及银行借款向其他单位投资，进行联合经营。这些投资都在不同意义上花费了资金成本，而资金回收方式是从联营公司分来利润。除向联营公司投资以外，向中外合资经营公司投资回收也是如此。

公司投资于长期证券的资金，如购买国库券、其他公司的股票、债券等，其资金可以通过国库券、股票和债券等利息收入、股利收入、证券转让收入和国库券和债券等到期等方式收回本金。短期投资的回收涉及短期证券投资的回收、材料投资的回收、低值易耗品资金的回收和包装物资金的回收。与长期证券投资的回收相类似，短期证券投资一般通过获取投资收入、转让投资以及到期收回本金的方式回收资金。公司投资于材料上的资金主要通过其价值转移到所生产的产品成本中，然后通过产品销售从销售收入中回收，材料投资有时也可以通过材料销售、废料回收等方式回收。低值易耗品资金的回收主要采用一定的摊销方法将其价值转移到所生产的产品成本中，最后通过产品销售从获取的销售收入中回收，也可通过变价处理和残值收入（扣除清理费用后的净额）收回。包装物资金从产品销售收入中回收，如生产产品的包装物计入生产成本，在销售过程中包装产成品的包装物计入销售及其他费用，出借包装物的摊销计入产品销售成本，最后都从产品销售收入中补偿。

生产经营过程中耗费的其他资金如用货币资金支付的生产工人工资、车间经费、管理费及其他费用等属于产品成本的构成内容，均从产品销售收入中补偿。

公司利润分配就是根据公司所有权的归属及各权益者占有的比例，对生产成果进行划分，是一种利用财务手段确保生产成果的合理归属和正确分配的管理过程。公司利润分配通常遵循发展优先原则、注重效率原则和制度约束原则。发展优先原则就是利润分配应有利于提高公司的发展能力，正确处理积累与消费的关系，保证公司健康成长。注重效率原则就是要充分调动出资者、公司管理者和员工的积极性，根据所投资本、管理业绩和员工贡献合理分配利润。制度约束原则就是根据国家法律（《公司法》和《税法》）、政府规定和公司内部各种制度进行利润分配。

公司因违反法律法规而被没收的财务损失或因违反税收征管法规而被税务部门处以滞纳金和罚款只能由税后利润承担，而不能在税前列支。公司以前年度内的亏损，如果未能在五年内用税前利润补完，就要用税后利润弥补。以前年度亏损未弥补前不能提取公积金和公益金，也不能向投资者分配利润。法定盈余公积金要按弥补亏损后的利润的10%来提取，当累计的法定盈余公积金达到注册资本的50%时，可不再提取。法定盈余公积金可用于弥补亏损或者转增资本金，但转增资本金后法定盈余公积金一般不能低于注册资本的25%。公益金是公司税后利润中提取的用于集体福利的资金，在中国，用于员工福利的资金来自按员工工资总额的14%提取的员工福利费和按税后利润的5%～10%提取的员工集体福利公益金。任意盈余公积金是由公司董事会来决定的从税后利润中提取的公积金，任意盈余公积金可以用于弥补亏损、转增资本金、购置固定资产和增补流动资金等。公司税后利润按上述顺序分配后，可向投资者分配利润。

三、公司财务关系

利益相关者治理理论认为在大多数现代公司中股东只承担有限的责任，股东的风险可以通过投资多元化而化解或选择退出，剩余风险部分实际已经转移给了债权人及其他利益相关者。因此，代理人要为全体利益相关者服务，而不仅仅是为股东服务，主要利益相关者包括股东、债权人、供应商、客户、政府、公司管理者、员工、公众，甚至包括竞争对手，公司与主要利益相关者情况如图1-1所示。

财务关系是公司在组织财务活动中与有关利益相关者方面发生的经济关系，主要包括以下几方面的内容：

第一，公司与投资者之间的财务关系，即投资与支付投资报酬的关系；

第二，公司与债权人的财务关系，即债务与债权关系；

第三，公司与受资者之间的财务关系，即投资与受资关系；

图1-1　公司与主要利益相关者

第四，公司与债务人的财务关系，即债权与债务关系；

第五，公司与政府（税务部门）之间的财务关系，即强制和无偿分配的关系；

第六，公司内部单位之间的财务关系，即内部单位之间的利益关系；

第七，公司与员工之间的财务关系，即劳动成果上的分配关系。

财务管理是一项系统的管理工作，随着现代公司制度的建立，现代财务管理的内涵和外延均发生深刻变化。面对瞬息万变的市场经济环境，财务管理观念要不断创新，建立起适应知识经济时代和信息技术时代的理财新观念。

第二节　财务管理功能

财务管理功能随着经济发展、财务管理实践和管理理论发展而不断演变和完善，它的功能是由其性质决定的。从本质上说，财务管理作为一项经济管理工作，要服务于公司的目标、战略和经营。因此，财务管理通常要具备财务计划、财务控制和财务决策功能。

一、财务计划

财务计划是公司经营计划的重要组成部分，是进行财务管理的主要依据。财务计划是在生产、销售、原料采购和技术组织等计划的基础上编制的，其目的是为了确立财务管理的目标，财务计划包括资金需要量计划、成本和费用计划、材料采购计划、生产和销售计划、利润计划和财务收支计划等。财务计划分为长期计划和短期计划，长期计划是指一年以上的计划，通常制订为期五年或以上的长期计划，长期财务计划是实现公司战略的工具，可以包括编制预计财务报表、确认需要的资本、预测可用资本、建立控制资本分配及使用体系和建立激励报酬计划等内容。短期计划是指一年一度的财务预算，它是计划工作的终点，也是控制工作的起点，它把计划和控制联系起来。

根据计划编制类型，财务计划可分为固定计划、弹性计划、滚动计划和零基计划。固定计划是按计划期某一固定的经营水平编制的财务计划，弹性计划是按计划期内若干经营水平编制的具有伸缩性的财务计划，滚动计划是用不断延续的方式使计划期始终保持一定长度的财务计划，零基计划对计划期内指标不是从原有基础出发而是以零为起点考虑各项指标应达到的水平而编制的财务计划。制订财务计划的步骤通常如下：

第一，确定计划并进行财务预测。运用预测分析经营计划和销售预测对预计利润和财务比率的影响。利润规划是为实现目标利润而综合调整其经营活动的规模和水平，它是期间编制期间预算的基础，要把公司发展及实现利润目标、可能取得的收益以及未来要发生的成本和费用这三者紧密联系起来。财务预算包括直接材料预算、直接人工预算、制造费用预算、产品成本预算、销售及管理费用预算和现金预算。预测结果还能用于监督实施阶段的经营情况，实施情况一旦偏离计划管理者可以很快得知。

第二，确认长期计划需要的资金。包括购买设备等固定资产以及存货、应收账款、研究开发和广告宣传需要的资金。

第三，预测未来长期可使用的资金。包括预测可从内部产生的和向外部融资的部分，任何财务约束导致的经营约束都必须在计划中体现，这些约束包括对负债率、流动比率、利息保障倍数等的限制。

第四，公司内部建立并保持一个控制资金分配和使用的系统，目的是保证计划的适当展开。

第五，制订调整计划的程序。计划在一定的经济预测基础上制订，当计划所依赖的经济预测与实际的经济状况不符时，需要对计划及时作出调整，此步骤实际上是"反馈环节"，即基于实际情况的变化对财务计划进行修改。

第六，建立基于绩效的管理层报酬计划，奖励管理层按照股东的意愿（即股东价值最大化）经营非常重要。

财务计划对保证公司财务目标的实现有以下三个作用：

第一，财务计划可使公司目标具体化。在总体目标或规划中，公司在未来若干年内就达到的目标规定都比较原则和笼统。公司要完成其规定的经营目标，还要将目标进行分解，明确各部门应完成的具体指标，这就需要做好财务计划。

第二，财务计划可作为控制的标准和依据。财务计划的编制可以更好地控制和约束公司的财务行为，财务部门需要把实际执行情况和计划进行对比，发现差异找出原因，并采取必要的措施保证计划的完成。

第三，财务计划是考核各部门工作业绩的依据。财务计划不仅可以控制和约束公司的各项活动，还可用于作为评判各部门工作业绩的标准和依据。

二、财务控制

财务控制是指对资金投入、收益过程和结果进行衡量与校正，目的是确保公司目标以及为达到目标所制订的财务计划得以实现。现代财务理论认为，公司财务管理的目的是实现股东财富最大化（也称公司价值最大化）。财务控制总体目标是在确保法律法规和规章制度贯彻执行的基础上，优化整体资源综合配置效益，厘定资本保值和增值的委托责任。

从工业化国家发展的经验来看，公司的财务控制存在着宏观和微观两种不同模式。财务的宏观控制主要借助于资本市场对被投资公司直接实施影响来完成，或者通过委托注册会计师实施审计来进行，前者主要反映治理制度、资本结构以及市场竞争等对公司的影响，后者实际是外部审计控制。财务的微观控制实际上以价值形式为控制手段，以不同岗位、部门和层次的不同经济业务为控制对象，以控制日常现金流量为主要内容，它是内部控制的核心，是内部控制在资金和价值方面的体现。

财务控制的方式主要有防护性控制、前馈性控制和反馈性控制。防护性控制是在财务活动发生之前，通过建立合理的组织结构、科学的职责分工和完善的规章制度，保证财务目标的实现。前馈性控制通过采用科学的方法对财务运行系统进行监督，预测可能出现的偏差，以便及时采取措施消除偏差。反馈性控制是对财务活动的运行结果进行追踪、记录和计量，及时发现实际与计划之间的差异，确定差异产生的原因并采取纠正措施消除差异，反馈性控制是在财务管理中最常用的方法。

财务控制主要包括预算控制、成本控制、风险控制、审计控制、实物控制和授权控制等内容。预算控制覆盖包括筹资、投资、采购、生产、销售和管理等活动的全过程，其基本要求是所编制预算必须体现经营管理目标，并及时或定期反馈预算的执行情况。成本控制分粗放型成本控制和集约型成本控制。粗放型成本控制是从原材料采购到产品的最终售出进行控制的方法，具体包括原材料采购成本控制、材料使用成本控制和产品销售成本控制三个方面。集约型成本控制是通过改善生产技术和产品工艺来降低成本。风险控制就是尽可能地防止和避免出现不利于经营目标实现的各种风险。在这些风险中注意经营风险和财务风险显得极为重要，经营风险是指因生产经营方面的原因给盈利带来的不确定，而财务风险是指公司财务收益的不确定性或公司财务结构不合理、融资不当等使公司可能丧失偿债能力而导致投资者预期收益的不确定或下降的风险。审计控制主要是指内部审计，一般包括内部财务审计和内部经营管理审计。内部审计是对会计资料进行监督和审查，它不仅是财务控制的有效手段，也是保证会计资料真实完整的重要措施。实物资产控制主要包括限制接近控制和定期清查控制两种，限制接近控制是控制对实物资产及与实物资产有关的文件的接触，如现金、银行存款、有价证券和存货等除出纳人员和仓库保管人员外其他人员则限制接触，以保证资产的安全；定期清查控制是指定期进行实物资产清查，保证实物资产实有数量与账面记载相符，如账实不符，应查明原因并及时处理。授权批准控制指对单位内部部门或职员处理经济业务的权限控制，单位内部某个部门或某个职员在处理经济业务时必须经过授权批准才能进行。授权批准控制可以保证单位既定方针的执行和限制滥用职权，其中不相容职务分离制度可以形成相互制衡机制。

三、财务决策

财务决策是指运用各种合法手段和方法，对资金筹措和使用的最佳方案进行甄别与选择，力求使公司的财务活动取得最佳经济效益。财务决策的目的在于确定最为令人满意的财务方案，只有确定了效果好并切实可行的方案，才能完成公司价值最大化的财务管理目标。在现代社会日趋激烈的市场竞争中，财务决策是否有效成为公司能否在竞争中取胜的关键。

财务决策按照能否程序化可以分为程序化财务决策和非程序化财务决策，前者指对不断重复出现的例行财务活动所作的决策，后者指对不重复出现、具有独特性的非例行财务活动所作的决策。

财务决策按照涉及时间长短可分为短期财务决策和长期财务决策，前者涉及时间超过一年的财务决策，后者涉及时间不超过一年的财务决策。

财务决策按照决策所处条件可分为确定型财务决策、风险型财务决策和非确定型财务决策，前者指对未来情况完全掌握、每种方案只有一种结果的决策，次者指对未来情况不完全掌握、每种方案会出现几种结果但可按概率确定的决策，后者指对未来情况完全不掌握、每种方案会出现几种结果且其结果不能确定的决策。

财务决策按照所涉及内容可分为筹资决策、投资决策、生产决策、市场营销决策和股利分配决策等。筹资决策指有关资金筹措的决策，投资决策指资金对外投出和内部配置使用的决策，生产决策是指在生产领域中包括剩余生产能力如何运用、亏损产品如何处理、联产品是否进一步加工和生产批量确定等决策，市场营销决策涉及定价决策和品种规划问题，股利分配决策是指是对有关股利分配事项的决策。

财务决策的方法分为定性决策方法和定量决策方法两类。定性财务决策是通过判断事物属性进行决策的方法，它建立在经验判断、逻辑思维和逻辑推理之上，主要特点是依靠个人经验和综合分析对比进行决策，包括专家会议法和德尔菲法等。定量决策是通过分析事物数量关系进行决策的方法，主要特点是在决策变量与目标之间建立数学模型，根据条件得出决策结果，包括本量利分析法、线性规划法、差量分析决策法、效用曲线法、培欣决策法和马尔科夫法等。

进行财务决策一般经过以下步骤：

第一，确定决策目标，即确定决策所要解决的问题和达到的目的。

第二，进行财务预测，即通过财务预测取得财务决策所需科学预测结果。

第三，方案评价与选优。即依据预测结果建立若干备选方案，并运用决策方法对方案进行分析论证，选取其中最满意的方案。

第四，决策反馈。即对方案执行过程和执行结果进行信息反馈，及时修正方案，确保决策目标的实现。

公司生产经营活动离不开各种资源，只有从实物形态与价值形态结合上合理配置各种资源才能获得最大的经济效益。从价值形态上配置各种资源实际上是在资金合理分配的基础上实现的，这项工作只有通过财务决策才能完成。财务决策能使各种资源得到合理配置，为提高资源使用效果创造极为有利的条件。实际上，公司经营决策都涉及资金和盈利问题，经营决策最终汇总于财务决策，通过财务决策对这些经营决策进行评价和选择，以便决定经营方案的取舍。

在市场经济条件下，财务管理的核心是财务决策，因此财务决策是财务管理最基本的功能，财务决策是财务计划的具体化，财务计划是财务控制的依据，财务控制则是实现财务计划的保证。

第三节　财务管理机制

财务管理机制是指公司财务管理功能运行的机理，对实现财务管理目标具有重要的作用，财务管理机制包括财务管理动力机制、财务管理约束机制、财务管理调节机制和财务管理风险机制。

一、财务管理动力机制

财务管理动力机制又称为利益机制，是公司为保证财务活动正常进行，在财务管理机构和经营机构之间、管理人员和经营人员之间建立的以相互推动和促进为主要目的的管理机制。财务管理动力机制由利益动力、精神动力和信息动力等要素组成。

1. 利益动力。

公司内部每个劳动者和责任单位都是一个利益主体，它们有共同的利益追求，也存在利益差别，从而形成群体利益和个体利益、长远利益和现时利益、全局利益和局部利益、公司利益和社会利益之间矛盾统一的利益整体，形成了现实的和潜在的利益动力，财务管理就是要利用财务手段、分配关系把利益动力变为经营活动和财务活动的现实积极性。

2. 精神动力。

人有物质需求，也有精神需求。因此，员工在财务活动中享有充分发言权，并有平等的机会成为财务经理或主管，就会在员工中产生有福同享、有难同当、同舟共济的认同感。同时，利用绩效管理对员工公正评价也会使员工精神上得到满足，有利于员工发挥他们的才智和努力程度。

3. 信息动力。

信息是一种无形的资源，它可以转化为物质财富和精神财富。信息不仅是宝贵的财富，也是现代财务管理活动的重要动力。现代意义上的公司不仅要重视信息的收集、加工和运用，还要建立健全信息管理机构，以便管理层能运用信息资源进行财务管理活动，促进公司的发展。

二、财务管理约束机制

财务管理约束机制是指公司按照有关政策、法规和条例，自觉规范财务行为，把提高经济利益和完成社会责任有效结合起来的机制。财务管理约束机制主要由利益约束、规范约束、责任约束和权力约束等要素组成。

1. 利益约束。

利益约束是以调整或变动职工薪酬、罚款或抵押等形式，通过调整分配关系，对脱离计划或规范的行为发挥约束作用，利益约束建立在人们对物质利益关心的基础之上，是约束机制的基础。

2. 规范约束。

规范约束是以国家有关政策、法规、财务制度、财务管理办法以及财务收支标准或定额等作为规范，对财务管理活动进行控制的机制。

3. 责任约束。

责任约束是通过建立各类人员岗位责任的形式建立起来的约束机制，责任约束具有全员约束和全过程约束的特点，是约束机制的关键部分。

4. 权力约束。

权力约束是通过对各级责任单位主管人员授权的形式建立起来的约束机制。权力是指管理者对财务管理的指挥权和对财务活动的处理权，对权力约束的基本要求应为上下级之间不能越权、各单位之间不能侵权，权力约束的核心是防止滥用权力。

三、财务管理调节机制

财务管理调节机制是通过运用不同的协调手段以理顺财务关系、消除管理障碍为目的而建立起来的管理机制。财务活动中，公司内部和外部的单位和个人之间经常会发生各种矛盾和纠纷，如果不及时调节就会使财务活动陷于被动，给经营造成困难。财务管理调节机制由组织调节、利益调节和公关调节等要素组成。

1. 组织调节。

组织调节是通过组织程序解决所属公司间财务关系的调节形式。

2. 利益调节。

利益调节是通过调整双方经济利益的形式理顺双方财务关系的调节形式。

3. 公关调节。

公关调节是采取加强公共关系手段建立公司之间信任和谅解，以达到增进财务往来、理顺财务关系的目的。

四、财务管理风险机制

财务管理风险机制是指在风险管理中形成的相关要素相互联系、相互制约的功能体系，是规避和降低风险的关键所在，建立和优化风险管理机制是现代公司制度的客观要求。完善的风险管理机制应该：

1. 建立健全内部风险管理体制。

内部风险管理体制基本上有两种类型：一是专门设置直接隶属于公司主要负责人的风险管理机构，这对从事高风险经营活动的公司很有必要；二是由公司财务部门负责风险管理。一般来讲，第二种体制类型更适合于中国公司的具体情况。财务部门是公司管理的重要职能部门,与其他部门相比具有更多的权威性。风险本身具有综合性,生产经营活动中所有风险最终都会反映在财务风险中,抓住了财务风险环节就抓住了公司风险管理的关键。

2. 完善风险管理过程。

首先,财务部门必须在充分了解公司内外部环境的基础上确认风险的类型,比如明确哪些属于筹资风险、哪些属于投资风险,只有识别各种风险存在的潜在威胁,才能有针对性地采取措施进行管理。其次,进行全面的风险评估是正确判断风险、提高控制效率和效果的关键,风险评估的目的在于确定风险状态,为决策方案的选择提供依据,评估质量的高低关系到选择的正确与否及公司的成败攸关。最后,风险控制和处理是关键环节,风险控制就是根据已经提出的各种评估方案以及可供运用的各种风险管理技术,结合风险主体所具有的主客观条件和主观愿望决定应采用的方案和管理技术对风险加以控制,对于已经出现的问题,公司应有相应的机制迅速而妥善地处理。

3. 采用现代风险管理技术。

风险管理技术可以分为控制法和财务法两种,前者的目的在于降低损失概率、降低损失幅度或改善损失的不利差异,它是在损失发生前预防和损失发生时减少损失的技术措施,后者是由以提供基金的方式弥补所发生的损失,它是损失发生后提供后备资金的一种措施。

第四节 公司财务目标与政策

一、公司目标及其对财务管理的要求

公司的目标是生存、发展和获利,生存的主要威胁有两方面:一是长期亏损,这是公司终止的内在原因;二是公司不能偿还到期债务,这是终止的直接原因。在科技不断进步的经济时代,公司必须不断推出更好、更新、更受顾客欢迎的产品和不断提高产品和服务的质量才能在市场中立足,公司只有生存、发展进而获利才有存在的价值,这是对财务管理的要求。关于公司财务目标,当前理论界和实务界主要有利润最大化、每股收益最大化、股东财富最大化(股东权益最大化)和公司价值最大化等几种观点。

1. 利润最大化。

这种观点认为利润代表了所创造的财富,财富越多越接近公司生存、发展和盈利的目标。以利润最大化为目标有一定道理,从微观层面看,利润越多表明资金利用效果越好,抵御风险能力越强,竞争实力越雄厚。从宏观层面看,利润越多对社会的贡献越大,利润最大化意味着社会财富极大化。但利润最大化也存在一些缺陷,它没有考虑资金的时间价值,没有考虑利润与投入资本间投入产出关系,利润最大化不代表利润率最大化,追逐高额利润可能会使公司决策行为短期化,因而利润最大化不能科学地说明经济效益水平的高低，不利于不同资本规模的公司或不同期间之间进行对比。

2. 每股收益最大化。

这种观点认为应当把利润和股东投入的资本联系起来考察。用每股资本收益来概括公司财务目标反映了所得利润与投入资本之间投入产出关系，避免了利润最大化目标的缺点。随着资本市场的逐步完善和股份制迅速发展，每股资本收益最大化通常是许多公司的财务目标。但是每股资本收益最大化没有考虑资金的时间价值，没有考虑投入资本以及股东获取利润的时间性和持续性，也没有考虑风险因素。

3. 股东财富最大化（股东权益最大化）。

这种观点认为股东权益通过股票的市价来反映，所以股东权益最大化也就是追求股票市价最大化。股票市价成了财务决策要考虑的最重要因素，而股东权益也是股票市价的充分体现。事实上，影响股价变动的因素不仅包括经营业绩，还包括投资者心理预期及国家经济政策、政治形势等外部环境，股价的波动性易使股东权益最大化失去公正的标准和统一衡量的客观尺度。

4. 公司价值最大化。

这种观点认为公司价值最大化就是通过合理经营，采取最优的财务政策，充分考虑时间价值和风险与报酬的关系。公司价值除了存量资产的重置价值外，还包括重要的人力资本价值、无形资产价值以及目前及未来潜在的获利能力。公司价值最大化追求的是总资产价值，财务目标主体是利益相关者，而不仅仅是股东。

二、现阶段公司财务目标

现阶段中国是一个以社会主义市场经济为模式的国家，公司制尚处于起步阶段，产权结构具有多元化、分散性的特点，其发展具有独特复杂的一面。与发达国家相比，中国公司更应强调社会财富的积累，实现共同发展和共同富裕。

与此同时，现代公司是多边契约关系构成的经济组织，不仅股东要承担相当大的风险，而且政府、债权人、供应商、员工等利益相关者也存在极大风险，中国股份制公司还不具有普遍性，资本还不完善，因此，公司价值最大化的目标有利于现代公司制度的建立和完善，将财务目标定位于公司价值最大化更具有现实意义。

从理论上讲，利润最大化和股东权益最大化等目标都会导致行为短期化，不利于公司长期发展。而公司价值最大化不只强调当前利益和微观利益，更注重长远利益及微观利益和宏观利益的协调一致，以保持公司长期稳定地发展。

无论是从理论上还是从实际效果看，以公司价值最大化为目标均优于其他财务管理目标，公司价值最大化目标应成为中国公司财务管理的主导目标。

三、公司财务政策

通常意义上，财务政策是指财务主体制定的用来规范、引导、约束和激励财务行为的一整套指南和规则。公司财务政策是指具有法人地位的财务主体以现代科学为方法论，以财务理论为依据，以实现财务目标为方向，在综合公司财务内部状况和外部环境的基础上规划和选择财务上的方针、策略，它是调节和控制公司财务行为的重要工具。

我们可以通过公司财务政策与相关财务概念区别与联系来全方位地认识公司财务政策。财务政策与会计政策区别在于一是目标不同，财务政策是对财务行为的规范，使之有利于实现财务目标，而会计政策是对会计信息的调整，是对财务报表数据人为地、合法地变更；二是外部约束的不同，财务政策大多是财务管理的谋略，属于商业秘密，而会计政策变化对会计信息产生的影响则必须对外公开。同时，二者又是相互联系的，财务政策的改变有时会通过会计政策来反映、实现，而会计政策的调整变化可能会影响到财务政策。

财务政策与财务决策都以公司作为独立法人主体为条件而制定的，都是公司自主理财的外在表现。但财务决策是对财务活动所采取的决断行为，而财务政策则体现为财务运作上的行动方针、策略。财务决策的依据主要是客观存在的财务活动规律和基本财务政策，反之财务决策正确与否将直接影响着财务政策的效应。

财务理论包括财务基本理论和财务应用理论两大部分，基础理论是由一些财务的基本范畴、概念等构成，为应用理论和财务实践提供了理论依据，而应用理论是从财务实践中总结的各种具体结论，公司财务政策属于财务应用理论研究的范畴，是把财务理论应用于财务实践并作为指导财务实践的桥梁。

综上所述，公司财务政策是实现整个公司经营政策和财务目标的重要保障，是规范和优化财务行为的重要基础。通过对财务政策的理论研究能认识到财务管理的规律，它为财务管理提供了基本的制度框架，对提高公司财务管理水平极具价值。

财务政策因具有国家和公司两个不同的主体而产生两种不同的目标取向和表现形式。宏观财务政策的制定主体是作为国有资产所有者代表的国家，调节对象是国有公司，但财务政策的某些环节或某些方面也会涉及非国有公司。由于国有公司所担负的社会职能，宏观财务政策的大部分内容是与经济、社会等目标相联系的，比如推动科技进步、促进第三产业的发展和实现充分就业，投资政策包括投资方向、投资规模和投资结构政策等，成本政策包括成本的开支范围和开支标准等，折旧政策包括固定资产的确认标准、固定资产折旧年限以及固定资产折旧方法等政策。从财务政策的表现形式上看，主要是《企业财务规则》和各行业的财务制度。

微观财务政策的制定主体是公司，调节对象是公司的各项财务活动和财务关系。微观财务政策的制定应当以国家法律和宏观财务政策为依据，充分考虑公司的实际情况和管理目标。其基本目标是配合公司经营政策，调整财务活动，协调财务关系，力求提高财务效率。从财务政策的内容上看，主要包括风险管理政策、信用管理政策、融资管理政策、资金管理政策、投资管理政策和股利管理政策等。从财务政策的表现形式上看，它是一套自主的、灵活的内部财务制度。随着社会主义市场经济体制的建立，公司作为市场主体地位的确立，公司财务政策的地位变得越来越重要，它是实现公司经营政策和财务目标的重要保障，也是规范和优化公司财务管理行为的重要基础。

第五节 商业环境与财务管理

一、商业环境内容

商业环境是指对公司运营和管理有重要影响的一系列经济因素，包括宏观经济环境和微观经济环境。宏观经济环境主要包括经济环境、金融环境和法律规范。经济环境是指公司面临的社会经济条件及其运行状况、发展趋势、产业结构、交通运输、资源等情况，是公司生存和发展的重要因素。经济环境内容十分广泛，其中最应关注的是经济周期、通货膨胀和通货紧缩水平。市场经济条件下，经济发展与运行带有一定的波动性，大体上经历复苏、繁荣、衰退和萧条几个阶段的循环，这种循环叫作经济周期。通货膨胀是在一段给定的时间内、给定经济体中的物价水平普遍持续的增长，从而造成货币购买力的持续下降。通货膨胀对财务活动的影响是多方面的，主要表现在：

第一，引起资金占用大量增加，从而增加公司资金需求。

第二，引起利润虚增，造成公司资金由于利润分配而流失。

第三，提升权益资金成本，增加公司筹资难度。

在通货膨胀初期，货币面临着贬值的风险，这时公司进行投资可以避免风险，实现资本保值。公司可与客户签订长期购货合同，以减少物价上涨造成的损失。同时，取得长期负债，公司可以保持资本成本的稳定，采用比较严格的信用条件可以减少债权。

通货紧缩意味着价格和成本普遍下降。在通货紧缩情况下，由于产品价格的降低使得公司利润减少，而实际利率升高，收入进一步向债权人转移，这加重了公司的困难。为维持生计，公司只有选择筹集更多的债务来进行周转，这样债务负担更加沉重，在财富再分配过程中将处于更加恶劣的位置。

金融环境是指在一定的金融体制和制度下，影响经济主体活动的各种要素集合，金融环境主要指金融市场环境。金融市场是指资金供求双方交易的场所，广义金融市场的交易对象包括货币借贷、票据承兑和贴现、有价证券买卖、黄金及外汇买卖、生产资料的产权交换等。狭义的金融市场一般是指有价证券市场，即股票和债券的发行和买卖市场。金融市场为公司融资和投资提供了场所，金融市场提供的信息是公司财务管理的重要依据。作为资金融通的场所，公司财务管理人员必须熟悉金融市场的类型和管理规则，有效地利用金融市场来组织资金的供应和使用。

法律规范主要是指财务法律规范，即企业财务通则和行业财务制度，财务通则是各类公司进行财务活动、实施财务管理的基本规范，行业财务制度是根据财务通则的规定，为适应不同行业的特点和管理要求而制定的行业规范。

财务通则要求对于影响公司经营决策的各项会计要素进行核算，要求必须准确完整地从资本结构、资产负债和盈利能力等方面真实反映财务状况。其次，财务通则要求必须要运用管理会计方法和技术对于公司筹资和投资方式进行全面核算和预算分析。财务通则对于筹集权益资金以及债务资金的财务管理都作出了详细具体的规定，公司可以接受投资者以货币资金、实物、无形资产、股权或是特定债权等形式进行的出资，特定债券主要就是依法发行的可转换债券以及符合法律法规转作股权的债权等。

微观经济环境是指影响财务管理的各项微观经济因素，主要包括公司所处的市场环境、技术环境和生产环境。环境构成了财务活动的客观条件，财务活动是在一定的环境下进行的，必然受到环境的影响。环境是相对于主体而言的客体，在财务管理活动中，财务管理主体需要不断地对环境进行审视和评估，采取与之相适应的财务管理手段和管理方法，以实现财务管理的目标。构成市场环境的要素主要有参加市场交易的生产者数量和参加市场交易的商品差异程度。一般而言，参加交易生产者的数量越多竞争越大，反之竞争越小。而参加交易商品的差异程度越小竞争程度越大，商品的差异程度越大竞争程度越小。公司所处的市场环境通常有四种，即完全垄断市场、完全竞争市场、不完全竞争市场、寡头垄断市场。不同的市场环境对财务管理有着重要影响。技术环境是财务管理得以实现的技术手段和技术条件，比如信息化过程，它决定着财务管理的效率和效果。生产环境是指生产制造地点、工艺过程、材料和过程设置等，不同公司具有不同的生产环境，这些生产环境对财务管理有着重要影响。

二、财务信息管理

新的财务通则明确了公司财务信息管理的内容包括信息化财务管理、企业资源计划、财务预警机制、财务评价和公司内部控制的有效性评价。

1. 信息化财务管理。

信息化财务管理也称为网络财务管理，是公司以现代计算机技术和信息处理技术为手段，以财务管理模型为基本方法，以会计信息系统和其他管理系统提供的数据为主要依据，对财务信息进行实时处理、预测、分析和判断的活动。其实质是全面实现财务、业务流程数字化和网络化，通过各种信息系统网络加工生成新的财务信息资源，从而对物流、资金流、信息流进行一体化的管理和集成运作。财务业务一体化信息处理系统也称为财务管理信息系统，能够使得公司各种经济活动信息充分共享，可以较好地实现信息化的财务管理。

2. 企业资源计划系统。

企业资源计划系统（enterprise resource planning，ERP）是现代公司普遍采用的一种信息化管理工具，该工具以业务流程为主线，对公司人、财、物等资源进行全面的整合，可以实现跨地区、跨部门甚至跨公司的信息高度集成和标准化。主要包括财务会计、管理会计、生产计划管理、物料管理、销售与分销等主要功能模块。

3. 财务预警及预警机制。

财务预警机制是公司选择重点监测的财务指标和确定财务危机警戒标准，以便有关管理人员分析和发现财务运行的潜在问题并提出防范措施的一种制度安排。

4. 财务评价。

财务通则规定主管财政部门应当建立健全财务评价体系，以客观公正评价公司经营状况和社会贡献。建立财务评价体系不仅是微观管理的需要，也是财政宏观管理的需要。对公司财务进行评价与分析可以真实地反映了微观经济的运行状况，从而为政府及其有关部门的科学决策提供保证。

5. 内部控制的有效性评价。

公司内部控制的有效性评价是指主管财政部门、审计机构或公司管理层运用一定的评估标准和方法，对公司内部控制进行考核，并对其有效性作出评判。内部控制有效性评估有利于公司建立健全内部（财务）控制制度，是公司生存与发展的基石。

三、财务管理创新

经济全球化、工业4.0、互联网等信息技术的发展正深刻地改变人类的生产方式、生活方式和工作方式，给经济发展提供新的机遇同时对公司的管理模式和经营理念带来前所未有的冲击，这些冲击也给财务管理提出了前所未有的挑战，财务管理理论和实践创新已经刻不容缓。

通过互联网可以从事网络经济活动，经济模式改变了公司的运作方式（如虚拟公司的组建和网络财务的应用）。技术变革要求公司变为松散、精简和更加灵活的结构，一种虚拟的动态联盟组织适应时代的需求产生，供产销形成一个完整的链条，财务管理功能将延伸到公司之外。

以网络技术为主的各种信息技术为财务管理提供了更广阔更先进的技术手段与方法，以信息网络为依托实现资源整合，将网络与财务相结合形成网络财务并开发网络财务软件可以实现动态的、实时的财务管理。

电子货币成了网络交易市场的主要货币流通结算工具，且流通费用、交易成本大大降低，电子货币形态的资金将成为公司筹资、投资和分配的主要形式之一。财务管理环境的改变是财务管理技术方法、职能、观念革新的前提，同时也是其直接影响因素之一。针对财务管理所面临的困境，财务管理理论与实践要以环境变迁为契机，不断进行创新，应主要应体现在以下几个方面：

第一，理论基础要建立在工业经济和知识经济并重的基础上，既要重视有形的物质资本管理即传统的筹资、投资和利润分配，又要重视无形的知识资本管理即知识资本的取得、使用以及对知识资本的所有者进行剩余分配。

第二，公司理财手段和方法考虑以网络财务为主，并将网络财务融入企业资源规划（ERP）系统中。

第三，要做到风险管理与财务安全管理并重，规避风险应得到前所未有的重视。

第四，人工智能化已经在许多领域取得不俗成就，财务管理结合智能化将是一个崭新的领域。

关 键 术 语

财务管理　财务活动　财务关系　财务管理功能　财务计划　财务控制　财务决策
财务目标　财务政策　财务管理机制　利润最大化　每股收益最大化　股东权益最大化
公司价值最大化　企业资源计划（ERP）　财务预警机制　财务评价

本 章 练 习

思考题

1. 简述财务管理的含义和基本内容。

2. 简述资金筹集的表现形式和各自的基本构成。

3. 股票筹资和债务筹资的优点和缺点分别是什么？

4. 租赁有哪两种形式？试分别简述租赁两种形式的含义。

5. 简述持有货币资金通常会发生的成本类型和含义。

6. 财务关系包括哪几方面的内容？

7. 解释财务计划中滚动计划和零基计划的含义。

8. 财务控制的目的是什么？

9. 简述财务决策的含义。

10. 可能的公司财务目标有哪些？公司价值最大化的意义何在？

11. 公司所处的市场环境有哪四种？谈谈你理解的不同市场环境对财务管理的不同影响。

12. 谈谈你对财务管理创新的理解。

第 二 章 | 财务管理核心概念

学习目标

1. 了解货币时间价值含义和现金流量等概念。

2. 掌握单利公式与相关的应用计算。

3. 了解实际利率与名义利率的含义，掌握它们之间的换算关系。

4. 掌握基本复利公式与相关的应用计算，掌握等额分付公式与相关的应用计算，掌握永续年金与相关的应用计算，掌握等差数列等值公式与相关的应用计算，掌握等比数列等值公式与相关的应用计算。

5. 理解课堂应用案例中货币时间价值的应用。

6. 了解风险与收益均衡的含义。

7. 了解资本结构、股权结构和公司治理的含义，理解它们之间的相互联系。

8. 了解现代公司治理理论和公司治理模式的基本内容。

9. 了解中国上市公司及其治理的现状。

10. 了解债券投资和股票投资的差异，掌握债券收益率和债券价值的计算方法，掌握股票报酬率和股票价值的计算方法，掌握债券和股票投资的决策原则。

先导案例

货币具有时间价值

1797 年 3 月，法兰西总统拿破仑在卢森堡第一国立小学演讲时，潇洒地把一束价值 3 路易的玫瑰花送给该校的校长，并且说了这样一番话："为了答谢贵校对我，尤其是对我夫人约瑟芬的盛情款待，我不仅今天呈献上一束玫瑰花，并且在未来的日子里，只要我们法兰西存在一天，每年的今天我都将派人送给贵校一束价值相等的玫瑰花，作为法兰西与卢森堡友谊的象征。"从此卢森堡这个小国即对这位欧洲巨人与卢森堡孩子和谐相处的一刻念念不忘，并载之入史册。后来，拿破仑穷于应付连绵的战争和此起彼伏的政治事件，并最终因失败而被流放到圣赫勒拿岛，自然也把对卢森堡的承诺忘得一干二净。

谁都不曾料到 1984 年底卢森堡人竟旧事重提，向法国政府提出这"赠送玫瑰花"的诺言，并且要求索赔。他们要求法国政府要么从 1798 年算起，用 3 个路易作为一束玫瑰花的本金以 5 厘复利计息全部清偿；要么在法国各大报刊上公开承认拿破仑是个言而无信的小人。法国政府当然不想有损拿破仑的声誉，但算出来的数字让他们惊呆了：原本 3 路易的许诺至今本息已高达 1375596 法郎（当时价格）。最后，法国政府通过冥思苦想才找到一个使卢森堡比较满意的答复，即："以后无论是在精神上还是在物质上，法国将始终不渝地对卢森堡大公国的中小学教育事业予以支持与赞助，来兑现我们的拿破仑将军那一诺千金的玫瑰花信誓。"也许拿破仑至死也没想到，自己一时"即兴"言辞会给法兰西带来这样的尴尬。

第一节　货币时间价值

货币时间价值是指货币随着时间的推移而发生的增值，也称为资金时间价值。这是因为货币用于投资可获得收益，存入银行可获得利息，货币的购买力会因通货膨胀的影响改变。人们常说"今天的一元钱价值"不同于"明天的一元钱价值"，从经济学的角度而言，现在的一单位货币与未来的一单位货币的购买力之所以不同是因为要节省现在的一单位货币不消费而改在未来消费，则在未来消费时必须有大于一单位的货币可供消费，作为弥补延迟消费的贴水，这就是货币时间价值真正的含义。

一、现金流量

现金流量就是指一项特定的经济系统在一定时期内（年、半年、季等）现金流入和现金流出数量。流入系统的称现金流入，流出系统的称现金流出，同一时点上现金流入与流出之间的差额被称为净现金流量。公司现金流入和现金流出以各种形式存在着，几乎无时无刻在进行着，现金流量由于货币的时间价值也不断呈现数值的变化。同时，在考虑时间因素情况下，不同时点绝对值不等的资金可能具有相等的价值，利用等值的概念可把一个时点的资金额换算成另一时点的等值金额，即"折现"或"贴现"等。

图 2-1 中，向上箭头表示现金流入，向下箭头表示现金流出，数额表示现金流入流出量，大小可以不一，如果大小相同则为等额年金，横轴上数字代表起点和期数，期初 25 万元为运营的现金投入（流出），以后 10 年（或期）中现金收入（流入）20 万元和现金支出（流出）15 万元，净现金流量 5 万元。确定现金流量应注意以下问题：

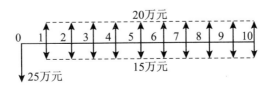

图 2-1　现金流量示意

第一，应有明确的发生时点和期间。

第二，必须实际发生。

第三，期间发生现金流量的处理方法有年末习惯法和年初习惯法，年末习惯法假设现金流发生在每期的期末，年初习惯法假设现金流发生在每期的期初，公式的推导通常基于年末习惯法进行。

二、单利公式与计算

本金在贷款期限中获得利息，不管时间多长，所生利息均不加入本金重复计算利息。

利息计算公式：$I = P \times i \times n$

终值计算公式：$F = P + P \times i \times n$

现值计算公式：$P = F - I$

其中，P 为本金，又称期初额或现值；i 为利率，通常指每年利息与本金之比；I 为利息；F 为本金与利息之和，又称本利和或终值；n 为计息期数。

例 2.1 某公司有一张带息期票，面额为 1200 元，票面利率为 4%，出票日期 6 月 15 日，8 月 14 日到期（共 60 天），则到期时利息是多少？

解：$I = P \times i \times n = 1200 \times 4\% \times 60/360 = 8$ （元）

三、复利公式与计算

（一）实际利率与名义利率

1. 实际利率与名义利率的含义。

复利的计息期不一定总是一年，有可能是季度、月、日。当利息在一年内要复利几次，给出的年利率叫作名义利率。如果年利率为 12%，每年计息 12 次，12% 为名义利率，实际月利率为 1%。

2. 实际利率与名义利率的关系。

假设 P 为年初本金，F 为年末本利和，I 为一年内产生的利息，r 为名义利率，i 为实际利率，m 为一年内的计息次数，则单位计息周期的利率为 r/m，年末本利和为 $F = P(1 + r/m)^m$，$I = F - P = P[(1 + r/m)^m - 1]$，根据利率定义，$i = I/P = (1 + r/m)^m - 1$。在进行分析计算时，对名义利率有两种处理方法：将其换算为实际利率后再进行计算，或直接按单位计息周期利率来计算，但计息期数要作相应调整。

（二）基本复利公式

本金在贷款期限中获得利息，要将所生利息加入本金再计利息，逐期滚算，俗称"利滚利"。

终值计算公式：$F = P \times (1 + i)^n = P(F/P, i, n)$

现值计算公式：$P = F \times (1 + i)^{-n} = F(P/F, i, n)$

利息计算公式：$I = F - P$

其中，P、i、I、F、n 意义同上；$(1 + i)^n$ 被称为复利终值系数，可用符号（F/P，

i，n）表示；$(1+i)^{-n}$ 称为复利现值系数，可用符号（P/F，i，n）表示；（F/P，i，n）和（P/F，i，n）可查复利系数表得到。

例2.2 某公司向银行借款100万元，年利率为10%，借款期5年，5年末一次偿还银行的本利和是多少？

解：$F = P \times (1+i)^n = 100 \times 1.6105 = 161.05$（万元）

例2.3 某人计划5年后从银行提取10万元，年利率为5%，现在应向银行存入多少钱？

解：$P = F \times (1+i)^{-n} = 10 \times 0.7835 = 7.835$（万元）

（三）等额分付公式

1. 等额分付终值公式。

这个公式的经济含义是：对连续若干期等额支付的现金流量A，按照利率i计息，求n期期末的终值F。

$$F = A(1+i)^{n-1} + A(1+i)^{n-2} + \cdots + A(1+i) + A = A \times \left[\frac{(1+i)^n - 1}{i} \right] = A(F/A, i, n)$$

其中，$\left[\dfrac{(1+i)^n - 1}{i} \right]$ 为等额分付终值系数，可用符号（F/A，i，n）表示，其值可查复利系数表得到。

2. 等额分付偿债基金公式。

等额分付偿债基金是等额分付终值的逆运算，则

$$A = F \times \left[\frac{i}{(1+i)^n - 1} \right] = F(A/F, i, n)$$

其中，$\left[\dfrac{i}{(1+i)^n - 1} \right]$ 为等额分付终值系数，可用符号（A/F，i，n）表示，其值可查复利系数表得到。

3. 等额分付现值公式。

这个公式的经济含义是：按照利率i计息，求n期内每期期末发生的等额分付值A的现值P。

$$P = A \times \left[\frac{(1+i)^n - 1}{i(1+i)^n} \right] = A(P/A, i, n)$$

其中，$\left[\dfrac{(1+i)^n - 1}{i(1+i)^n} \right]$ 为等额分付现值系数，可用符号（P/A，i，n）表示，其值可查复利系数表得到。

4. 等额分付资本回收公式。

等额分付资本回收是等额分付现值的逆运算，则

$$A = P \times \left[\frac{i(1+i)^n}{(1+i)^n - 1} \right] = P(A/P, i, n)$$

其中，$\dfrac{i(1+i)^n}{(1+i)^n - 1}$ 被称为等额分付资本回收系数，用符号（A/P，i，n）表示。

上述公式中，P、i、F、n意义相同，A为等额年金，（F/P，i，n）和（P/F，i，n）

互为倒数，（F/A，i，n）和（A/F，i，n）互为倒数，（P/A，i，n）和（A/P，i，n）互为倒数。

例2.4 某人每年年末存入银行5000元，年利率为10%，8年后的本利和是多少？

解：$F = A \times \left[\dfrac{(1+i)^n - 1}{i} \right] = 5000 \times 11.436 = 57180$（元）

例2.5 某公司计划自筹资金于5年后建一条新的生产线，预计需要投入5000万元。若年利率为5%，从现在起每年年末应等额存入银行多少资金？

解：$A = F \times \left[\dfrac{i}{(1+i)^n - 1} \right] = 5000 \times 0.181 = 905$（万元）

例2.6 某设备经济寿命为8年，预计年净收益40万元，残值为0，若投资者要求20%的投资收益率，问投资者最多愿意出多少钱购买该设备？

解：$P = A \times \left[\dfrac{(1+i)^n - 1}{i(1+i)^n} \right] = 40 \times 3.837 = 153.48$（万元）

例2.7 某投资项目贷款200万元，银行4年内等额收回全部贷款，已知贷款利率为10%，那么该项目每年净收益至少多少万元？

解：$A = P \times \left[\dfrac{i(1+i)^n}{(1+i)^n - 1} \right] = 200 \times 0.3155 = 63.1$（万元）

（四）永续年金

永续年金是指无限期的收入或支出相等金额的年金，它是普通年金的一种特殊形式，永续年金期限趋于无限，没有终止时间，也没有终止值，只有现值。永续年金的计算也适用于永久债券和优先股等证券价值的确定。

永续年金的计算可通过等额分付现值公式导出，由于

$$P = A \times \left[\frac{(1+i)^n - 1}{i(1+i)^n} \right] = A \times \frac{1 - \dfrac{1}{(1+i)^n}}{i}$$

当 $n \to \infty$ 时，$\dfrac{1}{(1+i)^n} \to 0$，那么

$$P = \frac{A}{i}$$

例2.8 某公司拟在山村小学建立爱心奖学金，从现在开始每年支付1000元，预期银行利率为5%，那么现在应该存入多少钱？

解：$P = \dfrac{A}{i} = \dfrac{1000}{5\%} = 20000$（元）

从上式中可以得出，初始投资额为20000元即可满足奖学金的永久支付需要。

（五）等差数列等值计算公式

如果每年现金流量的增加额或减少额都相等，则称为等差数列现金流量。

1. 等差数列现值公式。

设有一资金序列 A_n 是等差数列（流量增加，等差为 G），现金流量如图 2-2 所示。

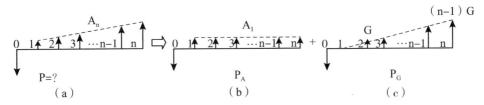

图 2 - 2　等差数列现金流量

则 $A_n = A_1 + (n-1)G$, $P_A = A_1(P/A, i, n)$

$$P_G = G \times \left[\frac{1}{(1+i)^2} + \frac{2}{(1+i)^3} + \cdots + \frac{n-1}{(1+i)^n} \right]$$

$$P_G(1+i) = G \times \left[\frac{1}{(1+i)} + \frac{2}{(1+i)^2} + \cdots + \frac{n-1}{(1+i)^{n-1}} \right]$$

$$(1+i)P_G - P_G = G \times \left[\frac{1}{(1+i)} + \frac{2}{(1+i)^2} + \cdots + \frac{n-1}{(1+i)^{n-1}} \right] - G$$

$$\times \left[\frac{1}{(1+i)^2} + \frac{2}{(1+i)^3} + \cdots + \frac{n-1}{(1+i)^n} \right]$$

$$i \times P_G = G \times \left[\frac{1}{(1+i)} + \frac{2}{(1+i)^2} + \cdots + \frac{1}{(1+i)^{n-1}} - \frac{n-1}{(1+i)^n} \right]$$

$$P_G = G \times \left\{ \frac{1}{i} \left[\frac{1}{(1+i)} + \frac{2}{(1+i)^2} + \cdots + \frac{1}{(1+i)^{n-1}} - \frac{n-1}{(1+i)^n} \right] \right\}$$

$$= G \times \left\{ \frac{1}{i} \left[\frac{(1+i)^n - 1}{i(1+i)^n} - \frac{n}{(1+i)^n} \right] \right\} = G(P/G, i, n)$$

故 $P = A_1(P/A, i, n) + G(P/G, i, n)$

对于每年现金流量减少额都相等的等差数列现金流量现值的计算，只要将上面公式中 G 改为 - G 即可。

2. 等差数列等额年金公式。

$$A = A_1 + A_G = A_1 + P_G(A/P, i, n) = \frac{G}{i} \left[\frac{(1+i)^n - 1}{i(1+i)^n} - \frac{n}{(1+i)^n} \right] \left[\frac{i(1+i)^n}{(1+i)^n - 1} \right]$$

$$= G \left[\frac{1}{i} - \frac{n}{(1+i)^n - 1} \right] = A_1 + G(A/G, i, n)$$

注意，等差 G 从第二年开始，其现值位于 G 开始的前两年。

3. 等差数列终值公式。

$$F = A(F/A, i, n) = G \left[\frac{1}{i} - \frac{n}{(1+i)^n - 1} \right] \left[\frac{(1+i)^n - 1}{i} \right] = \frac{G}{i} \left[\frac{(1+i)^n - 1}{i} \right] - \frac{nG}{i}$$

（六）等比数列等值计算公式（以现值公式为例，推导过程省略）

设 A_1 为第一年末的净现金流量，g 为现金流量逐年递增的比率，现金流量图如图 2 - 3 所示。

当 $i \neq g$ 时，$P = \frac{A_1}{i - g} \left[1 - \left(\frac{1+g}{1-i} \right)^n \right]$

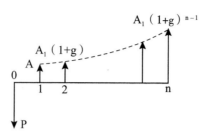

图 2 – 3 等比数列现金流量

当 i = g 时，$P = \dfrac{A_1}{1+i} \times n$

对于每年现金流量减少的等比数列现值的计算，只要将上面公式中 g 改为 – g 即可。

| 课堂应用 2 – 1 |

不可忽视的货币时间价值

（一）案例内容

凯新集团是一家专门从事机械产品研发与生产的集团公司。2000 年 3 月，该集团拟扩展业务，欲投资 6000 万元研制生产某种型号的机床，有两套方案：第一套方案，设立甲、乙、丙三个独立核算的子公司，彼此间存在购销关系。甲生产的产品可作为乙的原材料，而乙生产的产品全部提供给丙。经调查预算，甲提供的原材料市场价格每单位 10000 元（此处一单位指生产一件最终产成品所需原材料数额），乙以每件 15000 元提供给丙，丙以 20000 元价格向市场出售；第二套方案，建立综合性公司，设甲、乙、丙三个部门，基于上述市场调查，综合性公司每年应纳增值税额 = 20000 × 1000 × 17% – 850 × 1000 = 2550000（元）。

那么应该选择哪一套方案？

（二）案例分析

第一套方案下，预计甲为乙生产的每单位原材料涉及 850 元进项税额，预计年销售量为 1000 台，那么

甲每年应纳增值税额 = 10000 × 1000 × 17% – 850 × 1000 = 85000（元）

乙每年应纳增值税额 = 15000 × 1000 × 17% – 10000 × 1000 × 17% = 85000（元）

丙每年应纳增值税额 = 20000 × 1000 × 17% – 15000 × 1000 × 17% = 85000（元）

由此，在第一套方案下，每年应纳增值税额 = 85000 × 3 = 255000（元）

其数额和第二套方案一样，看似两套方案选择哪一套都一样。其实不然，因为货币存在时间价值，所以凯新集团应选择第二套方案。在第一套方案中，甲生产的原材料在一定的时间内会出售给乙，这时要缴纳一定数量的增值税和所得税，而采取第二套方案，则这笔业务由甲部门转向乙部门时不用缴纳所得税和增值税，当然这笔款尽管要缴，而且数额也不会变化，但是根据货币时间价值原理，今天的一元钱比明天的一元钱更值钱，所以这部分迟缴的税款价值少于早缴的税款，而且推迟纳税时间相对于资金较

紧张的公司来说更是如此。为说明这个问题，这里假定两种情况，第一种是每年缴纳 100 元税款，缴三年，年利率是 10%；第二种是在第三年一次性缴纳 300 元。按第一种计算，相当于第三年一次性缴纳：$100 \times (1 + 10\%)^2 + 100 \times (1 + 10\%) + 100 = 331$（元），显然比 300 元多，由此可得当然是第三年一次性缴纳好。同理，凯新集团在考虑了货币时间价值后当然会选择第二套方案。

由上面的论述可以清楚地看到，货币时间价值是一个重要的概念，不管是涉及个人投资决策还是涉及公司投资决策，都将会产生重要的影响。在进行投资决策时，应该重视货币时间价值，做科学的投资决策。

第二节　风险与收益均衡

一、风险的含义

任何决策都有风险，这使得风险概念在财务管理中具有普遍意义，如果说时间价值是财务管理的第一原则，风险价值就是财务管理的第二原则。

风险一般是指在一定条件下和一定时期内可能发生的各种结果的变动程度。在风险存在的情况下，人们只能事先估计到采取某种行动可能导致的结果以及每种结果出现的可能性，而行动的真正结果究竟会怎样不能事先确定。所以，风险可以概括为是从各种经营活动未来收益的不确定性。例如，从事某项投资最终的实际收益率到底是多少，不能有百分之百的把握预测出来，实际收益率可能低于预期值也可能高于预期值。实际收益率偏离预期收益率的程度越大，则风险也越大；反之，则风险就越小。

对于同一个有风险的投资项目，不同的人对其风险大小可能会给出不同的评价结果，对于保守的人可能认为风险很大，而对于勇于冒险的人则可能认为风险不是很大。因此，在进行财务决策过程中，对风险有个客观的衡量是非常必要的。风险的衡量是一个比较复杂的过程，需要使用概率和统计方法。

二、风险的种类

将风险进行分类有多种方法。根据风险的来源以及范围，COSO 内部控制报告认为公司层面的风险来自外部因素或内部因素。中国内部审计协会颁布的《风险管理审计准则》将风险分为外部风险和内部风险。

1. 外部风险。

包括法律风险、政治风险和经济风险。法律风险、政治风险和经济风险是相互影响、相互联系的，一个国家的法律健全稳定，政治也会相应比较稳定，市场竞争也会处在法律法规的框架内运行，竞争会更公平和规范，整体经营环境会更好一些，决策和行动具有可预期性。

2. 内部风险。

包括战略风险、财务风险、经营风险等源自公司自身经营业务的风险，从公司本身的角度来看，战略风险就是整体损失的不确定性，它是影响整个公司发展方向、企业文化、生存能力或公司效益的因素。经营风险是指因生产经营方面的原因给公司盈利带来的不确定性。财务风险可以指由于举债而给财务成果带来的不确定性，对一个没有负债而由自主资金经营的公司，只有经营风险而鲜有财务风险，如果公司借债经营而无力偿还到期债务，就会陷入财务困境甚至破产。与外部风险相比，内部风险一般更容易识别和管理，并可以通过一定的手段来降低风险和控制风险。

三、风险报酬和投资收益

由于投资风险的存在，要使投资者愿意承担一份风险，必须给予一定报酬作为补偿。风险越大，补偿越高，即风险和报酬间的基本关系是风险越大要求的报酬率越高。风险报酬是指投资者由于冒着风险进行投资而获得的超过资金时间价值的额外报酬，即投资风险补偿。在投资界有一句经典名言是"不要把所有的鸡蛋放在一个篮子里"，这句话的意思是把资产分散投资，其内在含义是通过资产多元化来分散风险。

风险报酬率又称为风险收益率，计算公式为 $KR = \beta V$，其中：KR 表示风险报酬率，β 表示风险报酬系数，V 表示标准离差率。

无风险报酬是指将投资投在某一对象上可以不附有任何风险而稳定得到的报酬，在西方国家通常以政府债券所提供的报酬作为无风险报酬。政府债券以政府作为债务主体，一般认为这种债券的信用极高，其到期还本付息不存在问题，因而投资的预期报酬几乎是确定的。

在不考虑通货膨胀因素的影响时，投资的总报酬率为无风险报酬与风险报酬率之和，即 $K = RF + KR = RF + \beta V$，其中：K 表示投资报酬率，RF 表示无风险报酬率。

风险报酬系数是公司承担风险的度量，一般由专业机构评估，也可以根据以前年度投资项目推导出来，通常用短期国库券利率表示无风险收益率。在考虑通货膨胀因素的影响时，无风险收益率（国库券利率）=纯粹利率+通货膨胀补偿率。因此，投资总报酬率=无风险收益率（国库券利率）+风险收益率=纯粹利率+通货膨胀补偿率+风险收益率，则风险报酬率=投资总报酬率-（纯粹利率+通货膨胀补偿率）。例如，市场上短期国库券利率为5%，通货膨胀率为2%，实际市场利率为10%，则风险收益率为10%-2%-（5%-2%）=5% 或 10%-5%=5%。

四、风险收益均衡观念

1. 风险与收益的均衡。

实际上，现代财务管理中的风险是客观存在的，而任何冒险行为都期望取得一种额外收益，这种风险与收益对应的关系称为风险收益均衡观念。成功的投资者总是在风险与收益的相互协调中进行权衡，在风险一定的条件下使收益达到较高水平，或者在收益一定的情况下将风险控制在最低水平。公司要获得超额收益，就必须敢于挑战风险。但高风险并不必然带来高收益，高风险带来损失的可能性也提高，有时甚至是致命的损失。公司要实现价值最大化目标，一方面要敢于冒险，另一方面要善于冒险。树立风险与收益的均衡观念，就是要求决策者依据财务活动所面临的风险与期望取得的收益作比较，选择出合适的方案。风险与收益是一种对称关系，风险与收益均衡观念要求等量风险带来等量收益，对每一项具体财务活动，都应全面分析其收益性和风险性，按照收益和风险应当均衡的原则决定采取何种行动方案，趋利避害，争取获得较多收益。在财务活动中，无论风险偏好如何，都必须对收益与风险进行分析与权衡，以选择最有利的方案，特别要注意把风险大、收益高的项目与风险小、收益低的项目适当搭配起来，做到既降低风险，又得到较高的收益。

2. 筹资管理时的均衡。

筹资时要权衡筹资风险与财务杠杆收益。筹资风险可用财务杠杆系数来衡量，系数越大，筹资风险越大，杠杆收益亦越大；反之，系数越小，筹资风险越小，杠杆收益亦越小。在具体运用风险收益均衡原则时，可依据资产利润率的大小来进行。当资产利润率上升时，调高负债筹资比率，提高财务杠杆系数，充分发挥财务杠杆效益；当资产利润率下降时，适当调低负债筹资比率，虽然财务杠杆效益降低，但可以有效防范筹资风险；当资产利润率下降到债务利息率以下时，尽可能少举债甚至不举债，以减少财务杠杆的负面影响。

当然，不同筹资者对风险的态度也不同，资本结构中负债所占的比重亦不同，承担的风险不同，最终获得的收益亦不同。驾驭环境能力较好财务管理者可以适度提高筹资中的负债比率，在资产占用和资金来源上可以采取相对激进的策略，可以用短期债务资金满足长期资产占用需要来降低成本，从而提高风险收益。需要注意的是利率、汇率等是经常变动的，利率提高、借入外币升值等都会使筹资成本增大，当超过资产利润率时，负债筹资越多杠杆的负面效应越大，所以关注利率和汇率的变动趋势十分重要。

3. 投资管理时的均衡。

在投资管理中也要权衡投资收益与投资风险。投资项目或组合的选择一定要从公司实际出发，对于市场信息要反应灵敏，能有效进行投资项目和组合的预测、决策、预算、控制和分析。抗风险能力较强的公司可以选择风险相对较高的投资项目或组合，以期获得较高的收益。相反，实力薄弱的公司应选择自己所能承受的风险项目或组合。

同样，不同的投资者对风险的态度不同，选择投资项目或组合的风险大小也不一样，取得的收益也不同。投资不仅涉及各利益主体的经济利益，而且涉及公司的现金流出，影响财务安全和稳定的收益能力。所以，要合理把握好投资和再投资收益的变动趋势。

4. 流动资产管理时的均衡。

现金管理要在流动性和收益性之间作出合理选择，即在保证正常业务经营、偿债和纳税需要的同时，降低现金的占用量，提高闲置现金的投资收益。对于应收账款管理，要在强化竞争、扩大销售功能效应的同时，尽可能降低投资的机会成本、坏账损失与管理成本，从而降低其投资风险，最大限度地提高应收账款的投资收益。对于存货管理，要权衡存货的收益与成本之间的利弊，在充分发挥存货功能的同时降低成本、增加收益。

如果公司存在营运资金不足的问题，其中重要的原因是没有处理好固定资产和流动资产的投入比率。从营利性来看，营运资金投资减少，则意味着投资到盈利能力较高的固定资产上的份额较大，从而使整体盈利水平提高。但从风险性来看，营运资金减少意味着流动资产投资少，到期无力偿债的风险增大，极易引起流动资金紧张、无力进货、拖欠工资和借款等情况的发生，导致经营混乱。所以，要加强营运资金预算，科学确定现金最佳持有量，制定合理的应收账款信用政策和收现保证率，计算和控制存货的经济进货批量等，从而使营运资金既能满足日常营运需要，又能在减小或控制风险的前提下，提高营运资金的盈利水平。

风险收益均衡原则在具体运用中要注意以下问题：

第一，牢固树立风险意识，杜绝侥幸心理。公司财务管理各个环节中，风险与收益始终同在，对待风险要谨慎。

第二，健全决策机制，控制财务风险。投资是项目开发、论证评估、决策、计划、实施、结果评估的一个过程，其中决策是关键，要充分发挥各类管理人员、董事会和监事会在决策中的作用。

第三，建立财务风险预警系统。为了有效地降低财务危机和风险，公司还应该建立财务风险预警系统，对可能或将要面临的财务危机和风险进行监测预报，并采取有效的对策。

市场经济是风险经济，在公司筹资、投资、营运和分配等各个环节无不存在风险。随着市场经济的进一步发展，公司内外部环境的变化更加难以预料，搞好公司风险管理显得特别重要。

第三节　资本结构、股权结构和公司治理

一、相关含义

（一）资本结构

资本结构是指全部资本的构成中权益资本与负债资本两者各占的比重及其比例关系。资本结构有广义和狭义之分，广义的资本结构是指公司全部资本的构成，不仅包括长期资本，还包括短期资本，狭义的资本结构专指长期资本结构，本书所论述的是广义的资本结构。所谓最优资本结构是指在一定时期及有关条件下，公司使其综合资本成本最低同时价值最大化的资本结构。最优资本结构是一种能使财务杠杆利益、财务风险、资本成本、公司价值等要素之间实现优化均衡的资本结构，它应作为公司的目标资本结

构，资本结构优化就是指使公司资本结构达到最优资本结构状态的决策过程。

资本结构与公司治理有着天然的联系，作为一种产权结构的安排，不同形式、不同数量的资本组合就是不同投资者的组合，投资者治理权的有机构成和形式其实就是公司的治理结构和形式。

（二）股权结构

简单来讲，股权结构是指股份制公司中股权的构成及其所占的比例关系，它包含股权性质和股权集中度两层含义。股权性质是指股东成分，通常包括国家股股东、法人股股东、社会公众股股东、高管股股东等内容。股权集中度指全部股东因持股比例多少的不同而表现出来的是股权集中还是股权分散的数量化指标。实际上，公司股权结构内涵十分丰富，包括股权的流通性结构、股权的持有者身份结构、股权的市场分割结构和股权集中度。

公司股权结构是公司治理结构的重要组成部分，股权结构的安排影响着股东在公司治理中的行为倾向，并通过相关的公司治理机制影响公司决策行为与绩效。

（三）公司治理

公司治理又名公司管治，可以分为狭义的公司治理和广义的公司治理两个方面内容。

狭义的公司治理是指所有者（主要是股东）对经营者的一种监督与制衡机制，即通过一种制度安排来合理地界定和配置所有者与经营者之间的权力与责任关系。公司治理的目标通常是保证股东利益的最大化，防止经营者与所有者利益的背离。

广义的公司治理是指通过一整套包括正式的或非正式的、内部的或外部的制度来协调公司与所有利益相关者之间的利益关系，以保证公司决策的科学性、有效性，从而最终维护公司各方面的利益。

二、现代公司治理理论

公司治理的实质就是所有权、控制权、经营权和剩余索取权等权利的一种契约制度安排，它是现代公司制度中最重要的组织架构。狭义上的公司治理主要是指公司的股东、董事及经理层之间的关系，广义上的公司治理还包括公司与利益相关者之间的关系及有关法律法规等。

公司治理理论的思想渊源可以追溯到200多年前亚当·斯密在《国富论》中对代理问题的论述，他认为股份制公司由于所有权和经营权的分离而产生了一系列的问题，从而应当建立一套行之有效的制度来解决所有者和经营者之间的利益冲突。自1932年美国学者贝利和米恩斯提出公司治理结构的概念以来，众多学者从不同角度对公司治理理论进行了研究，其中最具代表性的是两权分离理论、委托—代理理论和利益相关者理论，它们构成了公司治理主要的理论基础。

两权分离理论即公司所有权与控制权分离理论是随着股份公司的产生而产生的，该理论的代表人物是贝利、米恩斯和钱德勒等。贝利和米恩斯在1932年出版的《现代公司与私有产权》对美国200家大公司进行了分析，发现这些大公司中相当比例的是由并未握有公司股权的高级管理人员控制的。钱德勒认为，股权分散的加剧和管理的专业化使得拥有专门管理知识并垄断了专门经营信息的经理实际上掌握了对公司的控制权，由此得出现代公司已经发生了"所有与控制分离"的结论。

所有权与控制权分离所带来的最直接问题是作为失去控制权的所有者如何监督制约拥有控制权的经营者以实现所有者利益最大化为目标去进行经营决策，这同时也是委托—代理理论所要解决的核心问题。委托—代理理论是公司治理理论的重要组成部分，该理论在两权分离的公司制度下将所有者（委托人）和经营者（代理人）双方关系的特点归结为经济利益不完全一致、承担的风险大小不对等、公司经营状况和资金运用的信息不对称。经营者拥有绝对的信息优势，为追求自身利益的最大化，其行为很可能与所有者和公司的利益不一致，甚至侵损所有者和公司的利益。为了规避这一风险，确保资本安全和最大的投资回报，就要引入公司治理这一机制，实现对经营者的激励和监督。

委托—代理理论的基本思想是代理人是自利的经济人，具有不同于公司所有者的利益诉求，具有机会主义的行为倾向，公司治理的中心问题就是解决代理风险问题，即如何使代理人履行忠实义务，具体地说，就是如何建立起有效的激励约束机制督促经营者为所有者的利益最大化服务。

利益相关者理论是较后出现的有关公司治理内涵的新概念和新理论，利益相关者广义上指凡是与公司产生利益关系、与公司发生双向影响的自然人或者法人机构都是公司的利益相关者，如股东、债权人、员工、顾客、供应商、零售商、社区及政府等个人和团体。该理论认为公司的目的不能局限于股东利润最大化，而应同时考虑其他利益相关者，包括员工、债权人、供应商、用户、所在社区及经营者的利益，各种利益相关者利益的共同最大化才应当是现代公司的经营目标，也才能充分体现公司作为一个经济组织存在的价值。因此，有效的公司治理结构应当能够向这些利益相关者提供与其利益关联程度相匹配的权利、责任和义务。

三、公司治理模式

许多研究将世界上各国所采用的公司治理模式进行分类，其中最具有代表性的结果是以美国、英国为代表的市场导向型即"英美模式"和以日本、德国为代表的银行导向型即"德日模式"。前者又被称为股东治理模式，由于这种制度对于公司信息披露有着严格要求，也被称为"以信息披露为基础的制度"。后者突出银行在公司治理中的核心地位，法律法规经常是禁止"投机性"活动而不是坚持严格的信息披露，主要借助主银行或全能银行的外部化相机治理机制与不同利益主体共同参与的内部治理机构，被认为更接近利益相关者治理模式。

如果第一大股东持股比例超过50%，就具有绝对的控制权。许多研究表明，如果第一大股东股权比例超过25%，则处于优势表决权地位，第一大股东尽管此时并不具有绝对的控制权，但具有相对的控制地位。在股权高度分散的英美等国家，公司治理的主要问题源于经理人与股东之间的代理冲突。有研究认为美国和英国具有世界上最好的公司治理制度，特别是"二战"后直到20世纪70年代，美国公司主导了世界，人们更加相信美英模式为全世界最佳，各国公司治理会向统一的效率模式演化，即以股东为导向、拥有发达的股票市场和分散的所有权的股东中心型模式，欧盟和日本大量制定法的变化已使关系型治理体系有向美国和英国的市场治理模式趋同的演变。但过度分散的股权可能会使股东不能发挥作用，不能更好地监督公司的经理层，从而影响公司的经营业绩。美英模式既有辉煌时代，也有危机的年代，特别是 2001 年以来接连不断涌现出的安然公司、世通公司的丑闻也使人们对其公司治理效率产生怀疑。

而在股权高度集中的亚洲等国家，公司治理的主要问题演变为大股东与小股东之间的利益冲突，表现为大股东凭借其控制权地位侵害小股东的利益进而影响公司效益，大投资者会牺牲其他投资者的利益来满足自己的偏好。还有所谓的东亚经济实体公司治理模式，有研究发现大多数东亚公司被家族所控制，家族控制常常通过股权金字塔、横向持股以及一股一票规则的偏离等方式而得以加强，东亚家族的公司治理制度被视为与市场导向型和银行导向型平行的一种新的制度类型。而转轨经济模式主要存在于俄罗斯和中东欧等转轨经济国家，在转轨经济国家中，公司治理最突出的问题是内部人控制。由于公司内部人持有多数股份，所以内部人利益得到了强有力的体现，经理层事实上依法掌握了公司的控股权，成为新的"所有者"，它所代表的就是自己或本集团的利益，而不是普通股东的利益。经理层利用手中的权力，在所有者实际缺位的情况下大量侵吞公司资产，形成所谓的严重"掏空"问题。

四、委托代理、利益相关者和公司治理新解

（一）委托代理中的两种利益冲突

委托代理理论是公司治理理论的重要内容组成部分，该理论最初主要涉及股东和代理人的行为关系，并没有探究利益相关者和公司治理的问题。

实际上，在现代股份公司中，不仅存在股东与代理人之间的利益冲突，也存在股东与债权人之间的利益冲突，这两类利益冲突以及他们之间的委托代理关系形成了公司治理的主要内容。债务融资影响公司治理主要表现在以下两个方面：第一，负债在股东与代理人发生利益冲突时可以发挥作用，有效降低股权代理成本，从而缓和两者之间的矛盾；第二，负债给公司带来破产威胁，给代理人或管理者带来了压力，加之债务自身需要偿还的约束，也相对限制了代理人的在职消费、过度投资等行为。

当债务股权比例、债权人结构或股东结构发生变化的时候，公司治理权在不同投资者手中的分布情况就会发生变化。因此，公司资本结构对治理结构有着直接的决定作用。由于公司治理是利益相关者之间的自我约束和相互制衡的权利和制度安排，各个投资者、经营者和债权人在融资、投资以及利润分配时必然会考虑自身的既得利益和长远利益，并通过相关的公司治理机制影响公司决策行为与绩效。

（二）利益相关者治理与社会财富最大化

利益相关者治理理论认为在大多数现代公司中股东只承担有限的责任，股东的风险可以通过投资多元化而化解或选择退出，剩余风险部分实际已经转移给了债权人及其他利益相关者。当股东不承担全部剩余风险时，股东治理模式的假设不成立，不能由股东

利益最大化推出社会财富最大化。自 20 世纪 80 年代以来，美国许多州陆续修改了公司法，新的公司法要求代理人为利益相关者服务，而不仅仅是为股东服务。

利益相关者理论的研究推动了公司治理理念的变化，人们不再将公司治理问题局限于所有者与经营者之间的委托代理关系，而是进一步认识到公司治理是由各利益相关者组成的一个系统。

五、中国上市公司及其治理

随着市场经济体制改革的进一步推进、现代公司制度的逐步建立和股权分置改革的完成，中国上市公司治理成绩不菲。然而，股权结构不合理、债务结构复杂、股权融资偏好依然是上市公司存在的主要问题。

（一）股权复杂，结构不合理

目前在深沪两市上市公司发行的全部股票中，既有 A 股也有 B 股，而 A 股中又包括国家法人股、社会法人股、员工股和社会公众股，B 股中则包含了外资法人股、外资股、境内社会法人股、境内个人股，存在着众多与公司有直接或间接利益关系的主体，这些主体难免发生利益冲突，这就使得中国上市公司治理由于涉及面广泛而变得更加复杂。

历史上，中国上市公司国有股存在数量巨大的不可流通股，且股权过度集中。虽然随着股权改革的深入，国有股的比例在不断降低，法人、机构投资者以及境外投资者持股比例不断提高，但短期内国有股的"一股独大"的情况仍将普遍存在。而随着越来越多的民营公司上市，私人股东和家族股东"一股独大"问题日益显现。因此，上市公司大股东股权高度集中与公众股股权高度分散现象同时存在，上述关系的不对称反映到公司治理上表现为公司治理体制不完善，股权控制监督缺乏有效手段和措施，监事会未能充分发挥其作用。

在股权集中的公司，大股东会主动承担起监督代理人的责任。在极端的情况下，大股东甚至会自己经营公司或者主动发起"接管"活动以加强公司的控制。此时，公司治理的主要问题是大股东对小股东和其他利益相关者的"剥夺"以及大股东滥用股权监督的问题，公司治理无法形成互相制衡的关系。国有股的持股主体主要有行业主管部门、国有资产经营公司、国有资产委员会、集团公司和地方政府，但是无论谁都无法承担其应有的责任，也没有直接利益激励提高国有资产的运营效率，这实际上造成了国有股产权虚置。

法人股既与追求短期资本利得的外部流通股不同，也与缺失产权主体的国家股不同，法人股具有相对明晰的产权关系和明确的投资主体，因而具有积极参与公司治理的动力。法人股东基于其市场化程度更高和更规范的特性而偏好于债务融资，因为债权融资所具有的避税功能会给经营者带来更大压力的衍生作用能更好地保证法人股东们的利益。法人持股比例越高对管理者的监督作用就越大，反映在融资方式上就更趋向于债务融资。

（二）债务复杂，筹资成本高

公司债务资本从形式上看包括银行贷款、公司间往来债务、内部形成的债务等。然而随着计划经济体制向市场经济体制的转变，公司债务资本变得日益复杂，其复杂性体现在除以上的债务形式外，还存在财政性负债和三角债问题。财政性负债是由于政府行为而形成的应由财政承担的各类债务，对于公司来说这些负债是被动性举债，曾经困扰中国经济的具有社会普遍性的三角债问题在一些地区重新形成。另外，由于税率和自我积累机制问题，公司自有资本比率普遍较低。同时，由于债券筹资同期成本甚至高于股票筹资成本的奇特现象，上市公司缺乏债务筹资的意愿，上市公司债权筹资比重低。

（三）股权融资偏好

由于股权融资的市场负信号效应，国外上市公司一般把它作为最后的融资选择，而中国上市公司普遍将股权融资作为首选的融资方式。可见，公司在进行资本结构的决策时并没有充分地考虑其优化问题，而重点考虑的是如何才能获得资金的问题。资本结构的科学决策问题并没有得到普遍重视，资本结构不合理是公司生产经营过程中各种矛盾交织作用的产物，是经济体制转换中多种问题的集中反映，其形成原因既有外部因素又有内部因素，既有历史问题又有现实问题。对于国有公司来说，由于产权边界模糊和产权主体缺位，经营者缺乏必要的产权约束，股权融资偏好被无限放大。

就中国的证券市场而言，股权的资本成本却有可能更小。上市股权融资不仅可以相对容易地将通过股票市场筹集到的资金自由支配，还可以不发放股利，不进行分红。实际上，中国上市公司的股利发放水平很低，甚至不发放股利，从而使通过股票融资的成本更低。中国上市公司在股利分配政策上一直存在着重股票股利轻现金股利的状况，市场参与者相当缺乏成本意识，只注重从股票市场炒作获取的资本利得，这些都助长了上市公司偏好股权融资。

通过以上分析可见，不合理的股权结构直接导致了上市公司治理机制的缺陷，严重影响了公司的绩效水平。因而，我们需要解决的关键问题是如何依据正确的公司治理理念和资本市场的内在规律来优化股权结构，以此实现中国上市公司的有效治理，提高公司的绩效水平。

证监会于2005年4月启动了对上市公司的股权分置改革，并于2006年底阶段性地完成了这一改革。通过股权分置改革，使得上市公司的股权构成和股权集中度都有了较大的改善，为完善中国的公司治理机制奠定了基础。从社会资源配置的角度来看，什么样的股权结构能对公司治理发挥最积极作用则是学术界研究的重要课题。

第四节 债券估价和股票估价

一、债券和股票投资

从投资性质来讲，股票和债券有所不同。认购股票是向股份公司的投资，构成公司的自有资金。相应地，投资者与公司之间形成股东所有权与公司生产经营权的关系。公司的经营状况与股东的利益息息相关，因而股东有权从公司经营中获取收益，有权参与公司的经营决策。而购买债券所投入的资金是发行人所需追加的资金，属于负债的范畴，投资者与发行人之间产生的是借贷性质的债权债务关系。债券持有人可向发行人行使债权，要求收取利息，但无权参与公司的经营决策。所以股票和债券各自包含的权利内容不尽相同，股票是一种综合性的股东权，而债券则是债权，其内容包括到期收取利息和本金的权利，在债务人破产时有优先分取财产的权利。

理论上，从收益多寡与风险程度来讲，股票和债券有所不同。由于股东要承担较大的投资风险，而债券则是一种风险很小的保守性投资，股东实际要求的投资收益更高，股权融资成本更大，原因包括以下几个方面：

第一，认购公司债券是有期限的借贷关系。公司债券持有人到期既可收取固定的利息，又可收回本金。持有股票的股东依法获取的收益是股息和红利，由于它是从公司利润中支出，故其数额事先难以确定，公司经营状况好时可以获取，而经营不善时则可能没有收益。

第二，在收益分配上，公司债券持有人的地位优先于公司股东。特别是在公司经营亏损或破产时，要先偿还公司债权人的本息然后才能在股东之间分配盈余或剩余财产。

第三，股票和公司债券的流通性有所区别。由于股票是永久性投资，股东不能退股，只能通过在股票交易市场中买卖转让才能收回投资，加之股票投资的风险性很大，使得股票的流通性较强，相应地其交易价格也受供求关系的影响而有较大幅度的变化，股东在转让股票时收回的金额与股票市场的波动直接相关。相比之下，公司债券作为有期限的债权凭证可以定期收取本金，投资风险较小，其流通范围和流通频率均小于股票，交易价格的变动较为平缓。此外，为了维护股份有限公司的资本信用，确保偿债能力，法律对于股份有限公司发行公司债券有所限制，比如规定公司发行券的总额不得超过该公司净资产，如果股份有限公司对以前发行的公司债券有迟延支付本息等违约行为的不准再发行新的公司债券等。

二、债券估价

（一）债券价值影响因素

债券价值或债券的内在价值是指债券未来现金流入量的现值，即债券各期利息收入的现值加上债券到期偿还本金的现值之和。债券价值的影响因素包括以下几个方面：

第一，面值影响到期本金的流入，还会影响未来利息。面值越大，债券价值越大。

第二，票面利率越大，债券价值越大。

第三，折现率越大，债券价值越小。折现率和债券价值有密切的关系：折现率等于债券利率，债券价值就是其面值。如果折现率高于债券利率，债券价值就低于面值。如果折现率低于债券利率，债券价值就高于面值。

第四，到期时间。随着到期时间的缩短，债券价值逐渐接近其票面价值，如果付息期无限小则债券价值表现为一条直线。因此，随着到期时间的缩短，标价超过其面值的溢价债券价值下降，标价低于其面值的折价债券价值上升，而平价债券价值不变。

第五，利息支付频率。如果加快付息频率，溢价债券价值上升，折价债券价值下降，平价债券价值不变。

（二）债券收益率

债券收益率是指以特定价格购买债券并持有至到期日所能获得的收益率，它是使未来现金流量现值等于债券购入价格的折现率。

例 2.9 ABC 公司 2011 年 2 月 1 日用平价购买一张面额为 1000 元的债券，其票面利率为 8%，每年 2 月 1 日计算并支付一次利息，并于五年后的 1 月 31 日到期。该公司持有该债券至到期日，计算其到期收益率。

解：根据资金时间价值公式

$1000 = 80 \times (P/A, i, 5) + 1000(P/F, i, 5)$

用"试误法"（或称"插值法"）取 i = 8% 试算，

$80 \times (P/A, 8\%, 5) + 1000 (P/F, 8\%, 5) = 80 \times 3.9927 + 1000 \times 0.6806 = 1000$（元）

可见，平价购买的每年付息一次的债券到期收益率等于票面利率。

如果债券价格高于面值，则情况将发生变化。例如，买价是 1105 元，

$1105 = 80 \times (P/A, i, 5) + 1000(P/F, i, 5)$

通过前面试算已知，i = 8% 时等式右方为 1000 元（小于 1105 元），可判断收益率低于 8%，所以降低折现率用 i = 6% 试算，

$80 \times (P/A, 6\%, 5) + 1000 (P/F, 6\%, 5) = 80 \times 4.212 + 1000 \times 0.747 = 1083.96$（元）

由于折现结果仍小于 1105，还应进一步降低折现率，用 i = 4% 试算，

$80 \times (P/A, 4\%, 5) + 1000 (P/F, 4\%, 5) = 80 \times 4.452 + 1000 \times 0.822 = 1178.16$（元）

$$i = 4\% + \frac{1178.16 - 1105}{1178.16 - 1083.96} \times (6\% - 4\%) = 5.55\%$$

（三）不同类型债券价值计算

1. 平息债券。

平息债券是指利息在到期时间内平均支付的债券，支付的频率可能是一年一次、半年一次或每季度一次等。

例 2.10 ABC 公司拟于 2011 年 2 月 1 日发行面额为 1000 元的债券，其票面利率为 8%，每年 2 月 1 日计算并支付一次利息，并于五年后的 1 月 31 日到期，同等风险投资报酬率为 10%，该债券价值为多少？

解：该债券价值 $= 80 \times (P/A, 10\%, 5) + 1000(P/F, 10\%, 5) = 924.28$（元）

例 2.11 有一债券面值为 1000 元，票面利率为 8%，每半年支付一次利息，五年到期，假设年折现率为 10%，该债券价值为多少？

解：每半年计息时按利率的 1/2 计算利息，每次支付 40 元，共支付十次，折现率按同样方法处理

该债券价值 $= 40 \times (P/A, 5\%, 10) + 1000(P/F, 5\%, 10) = 922.77$（元）

2. 纯贴现债券。

纯贴现债券是指承诺在未来某一确定日期作为某一单笔支付的债券，这种债券在到期日前购买人不能得到任何现金支付，因此也称为"零息债券"。

例 2.12 有一纯贴现债券面值 1000 元、20 年期，假设折现率为 10%，该债券价值为多少？

解：该债券价值 $= \dfrac{1000}{(1 + 10\%)^{20}} = 148.60$ （元）

例 2.13 有一五年期国库券，面值 1000 元，票面利率 12%，单利计息，到期时一次还本付息，假设折现率为 10%（复利并按年计息），该国库券价值为多少？

解：该国库券价值 $= \dfrac{1000 + 1000 \times 12\% \times 5}{(1 + 10\%)^{5}} = 993.48$ （元）

3. 永久债券。

永久债券是指没有到期日，永不停止定期支付利息的债券，价值计算公式为利息额除以折现率。

例 2.14 有一永久债券，承诺每年支付利息 40 元，假设折现率为 10%，该债券价值为多少？

解：该债券价值 $= 40/10\% = 400$ （元）

4. 流通债券。

流通债券是指已发行并在二级市场上流通的债券，流通债券到期时间小于债券发行在外的时间，估价时点通常不在发行日，可以是任何时点，会产生"非整数计息期"问题。

例 2.15 有一面值为 1000 元的债券，票面利率为 8%，每年支付一次利息，20×1 年 5 月 1 日发行，20×6 年 4 月 30 日到期。现在是 20×4 年 4 月 1 日，假设投资折现率为 10%，该债券价值是多少？

解：该债券 20×4 年 5 月 1 日价值 $= 80 + 80 \times (P/A, 10\%, 2) + 1000(P/F, 10\%, 2)$

该债券 20×4 年 4 月 1 日价值 $= \dfrac{80 + 80 \times (P/A, 10\%, 2) + 1000(P/F, 10\%, 2)}{(1 + 10\%)^{\frac{1}{12}}} =$

1037（元）

如将"每年付息一次"改为"每半年付息一次"，其他条件不变，则

该债券 20×4 年 5 月 1 日价值 $= 40 + 40 \times (P/A, 5\%, 4) + 1000(P/F, 5\%, 4)$

该债券 20×4 年 4 月 1 日价值 $= \dfrac{40 + 40 \times (P/A, 5\%, 4) + 1000(P/F, 5\%, 4)}{(1 + 5\%)^{\frac{1}{6}}} =$

996.40（元）

当债券价值高于购买价格，可以购买。

例 2.16 2007 年 7 月 1 日发行的某债券面值 100 元，期限 3 年，票面年利率 8%，每半年付息一次，付息日为 6 月 30 日和 12 月 31 日。要求：

第一，假设市场利率为 8%，计算该债券实际年收益率和全部利息在 2007 年 7 月 1 日的现值；

第二，假设市场利率为 10%，计算 2007 年 7 月 1 日该债券价值；

第三，假设市场利率 12%，2008 年 7 月 1 日该债券市价是 85 元，试问该债券当时是否值得购买？

第四，某投资者 2009 年 7 月 1 日以 97 元购入，试问该投资者持有该债券至到期日的收益率是多少？

解：第一种情况下，该债券实际年利率 $= \left(1 + \dfrac{8\%}{2}\right)^2 - 1 = 8.16\%$

该债券全部利息现值 $= 4 \times (P/A, 4\%, 6) = 4 \times 5.2421 = 20.97$（元）

第二种情况下，该债券价值 $= 4 \times (P/A, 5\%, 6) + 100(P/F, 5\%, 6) = 94.92$（元）

第三种情况下，2008 年 7 月 1 日，

该债券价值 $= 4 \times (P/A, 6\%, 4) + 100 \times (P/F, 6\%, 4) = 93.07$（元）

该债券价值高于市价，故值得购买。

第四种情况下，$97 = 4 \times (P/A, i_{\text{半}}, 5) + 100 \times (P/F, i_{\text{半}}, 5)$

先用 $i_{\text{半}} = 5\%$ 试算，$4 \times 1.8594 + 100 \times 0.9070 = 98.14$（元）

再用 $i_{\text{半}} = 6\%$ 试算，$4 \times 1.8334 + 100 \times 0.8900 = 96.33$（元）

$i_{\text{半}} = 5\% + \dfrac{98.14 - 97}{98.14 - 96.33} \times (6\% - 5\%) = 5.63\%$

则该债券的年到期收益率为 11.26%（$2 \times 5.63\%$）。

三、股票估价

股市上的价格分为开盘价、收盘价、最高价和最低价等，投资人在进行股票估价时主要使用收盘价。

（一）有限期持有股票价值

如果股票是有限期持有，股票价值等于未来各期股利收入现值与未来售价现值的和。

（二）无限期持有股票价值

当股票是无限期持有时，现金流入只有股利收入，股票价值等于未来各期股利收入现值。

1. 零成长股票。

当股息为零成长时，股票价值 $P = \dfrac{D}{R}$，其中 D 为股息，R 为资本收益率或折现率。

2. 固定成长股票。

当第一期期末股息 D_1 以固定比率 g 成长时，股票价值

$$P = D_1/(1+R) + D_1(1+g)/(1+R)^2 + D_1(1+g)^2/(1+R)^3 + \cdots$$
$$+ D_1(1+g)^{n-1}/(1+R)^n = D_1/(R-g)$$

其中，D_1 为第一期期末分发的股息，R 为资本收益率或折现率。

使用该公式需要注意的问题：公式是取极限的结果，只有未来现金流量逐年稳定增长且期限趋于无穷时才可利用此公式计算；为了与期初股利 D_0 区分，D_1 为第一期期末

分发的股息。

3. 非固定成长股票。

非固定成长股票可以综合以上的公式进行计算。

（三）相关计算

例 2.17 有一只股票预计下一期的股利是 1 元，该股利将以大约 10% 的速度持续增长，如果 15% 为投资报酬率，股票价值为多少？

解：股票价值 $P = D_1/(R - g) = 1/(15\% - 10\%) = 20$（元）

例 2.18 一个投资人持有 ABC 公司的股票，他的投资最低报酬率为 15%。预计 ABC 公司未来 3 年股利增长率为 20%，在此以后转为 12%，公司最近支付的股利是 2 元，试计算该公司股票价值。

解：首先，计算非正常增长期的股利现值，见表 2-1。

表 2-1

年度	股利	现值因数（15%）	现值
1	2×1.2 = 2.4	0.870	2.088
2	2.4×1.2 = 2.88	0.756	2.177
3	2.88×1.2 = 3.456	0.658	2.274
合计			6.539

其次，计算第 3 年年底的股票价值

$$P_3 = \frac{D_4}{R - g} = \frac{D_3(1 + g)}{R - g} = \frac{3.456 \times 1.12}{0.15 - 0.12} = 129.02 \text{（元）}$$

其现值为 $PVP_3 = 129.02 \times (P/F, 15\%, 3) = 129.02 \times 0.658 = 84.90$（元）

最后，股票价值 $P_0 = 6.539 + 84.90 = 91.439$（元）

例 2.19 某上市公司本年度净收益为 20000 万元，每股支付股利 2 元。预计该公司未来 3 年进入成长期，净收益第 1 年增长 14%，第 2 年增长 14%，第 3 年增长 8%，第 4 年及以后将保持其净收益水平。该公司一直采用固定支付率的股利政策，并打算今后继续实行该政策，该公司没有增发普通股和发行优先股的计划。（1）假设投资人要求的报酬率为 10%，计算股票价值；（2）如果股票价格为 24.89 元，计算股票预期报酬率（精确到 1%）。

解：（1）预计第 1 年的股利 = 2×(1 + 14%) = 2.28

预计第 2 年的股利 = 2.28×(1 + 14%) = 2.60

预计第 3 年及以后的股利 = 2.60×(1 + 8%) = 2.81

股票价值 = 2.28×(P/F, 10%, 1) + 2.60×(P/F, 10%, 2) + 2.81/10%×(P/F, 10%, 2) = 27.44（元）

（2）24.89 = 2.28×(P/F, i, 1) + 2.60×(P/F, i, 2) + 2.81/i×(P/F, i, 2)

用"试误法"取 i = 11% 试算，

$2.28 \times (P/F, 11\%, 1) + 2.60 \times (P/F, 11\%, 2) + 2.81/11\% \times (P/F, 11\%i, 2) = 24.89$

股票预期报酬率 $= 11\%$

（四）决策原则

若股票价值高于股票的价格（市价），则应当投资购买。

例2.20 甲公司计划利用一笔长期资金投资购买股票。现有 M 公司股票、N 公司股票、L 公司股票可供选择，甲公司只准备投资一家公司股票。已知 M 公司股票现行市价为每股 3.5 元，上年每股股利为 0.15 元，预计以后每年以 6% 的增长率增长。N 公司股票现行市价为每股 7 元，上年每股股利为 0.6 元，股利分配政策将一贯坚持固定股利政策。L 公司股票现行市价为 4 元，上年每股支付股利 0.2 元，预计该公司未来 3 年股利第 1 年增长 14%，第 2 年增长 14%，第 3 年增长 5%，第 4 年及以后将保持每年 2% 的固定增长率水平。甲公司对各股票所要求的投资报酬率均为 10%。（1）利用股票估价模型，分别计算 M、N、L 公司股票价值；（2）代甲公司作出股票投资决策。

解：（1）M 公司股票价值 $= \dfrac{0.15 \times (1 + 6\%)}{(10\% - 6\%)} = 3.98$（元）

N 公司股票价值 $= \dfrac{0.6}{10\%} = 6$（元）

L 公司预期第 1 年的股利 $= 0.20 \times (1 + 14\%) = 0.23$

L 公司预期第 2 年的股利 $= 0.23 \times (1 + 14\%) = 0.26$

L 公司预期第 3 年的股利 $= 0.26 \times (1 + 5\%) = 0.27$

L 公司股票价值 $= 0.23 \times (P/F, 10\%, 1) + 0.26 \times (P/F, 10\%, 2) + 0.27 \times (P/F, 10\%, 3) + \dfrac{0.27 \times (1 + 2\%)}{(10\% - 2\%)} \times (P/F, 10\%, 3) = 3.21$（元）

（2）由于 M 公司股票价值（3.98 元）高于其市价 3.5 元，故 M 公司股票值得投资购买。N 公司股票价值（6 元）低于其市价（7 元），L 公司股票价值（3.21 元）低于其市价（4 元），故 N 公司和 L 公司的股票都不值得投资。

关 键 术 语

货币时间价值 现金流量 实际利率 名义利率 资本结构 股权结构 公司治理 永续年金 债券价值 平息债券 纯贴现债券 永久债券 流通债券 股票价值 零成长股票 固定成长股票 非固定成长股票 决策原则

本 章 练 习

一、思考题

1. 谈谈你理解的货币时间价值的含义。

2. 简述实际利率与名义利率的含义并写出它们之间的关系式。

3. 何谓最优的资本结构？何谓股权结构？谈谈你理解的公司股权结构对公司治理的影响。

4. 谈谈你理解的委托代理理论中所有者和经营者关系的特点归结和公司治理机制的引入。

5. 在股权高度分散的英美等国家公司治理的主要问题体现在哪里？而在股权高度集中的亚洲等国家公司治理的主要问题又体现在哪里？

6. 中国上市公司治理的主要问题有哪些？

7. 谈谈你理解的股权融资偏好。

8. 债券和股票投资的性质有何不同？

9. 债券有哪几种不同类型？

10. 债券和股票估价时要考虑哪些因素？

二、计算分析题

1. 本金 1000 元，投资 5 年，年利率 8%，每年复利一次，求其本利和与复利利息。

2. 某储户现在存入银行 100000 元，存款年利率为 5%，每半年复利一次，请问两年后该储户能得到的本利和是多少？

3. 假定建设银行的一年期定期存款利率为 3%，某公司现将本金 1000 万元存入银行，采用单利计息，则第一、第二、第三年末的终值（本利和）分别为多少？

4. 某公司有一张带息期票，面额为 96000 元，票面利率为 3%，出票日期 7 月 15 日，9 月 14 日到期（共 60 天）。因急需用款，公司凭该期票于 7 月 27 日到银行办理贴现，银行规定的贴现率为 6%，银行付给公司的金额为多少？

5. 假定某公司从留存收益中提取 1200000 元存入银行，准备八年后更新设备。如果银行八年定期存款的年利率为 6%（每年复利一次），问该公司可用来更新设备的金额为多少？

6. 某人将 120000 元拟投入报酬率为 8% 的投资机会，经过多少年才可使现有货币增加 1 倍？

7. 公司拟在 5 年后还清 1000 万元债务，从现在起每年等额存入一笔款项。假设银行存款利率 5%，每年需要存入多少钱？

8. 华腾公司一基建项目分五次投资，每年年初投入 100 万元，预计第五年建成，若该公司贷款投资，年利率为 10%，该项目五年后的投资总额为多少？

9. 假定三亚公司于今年年初发行一种 8 年期的公司债券，票面利率为 12%，发行条例规定前两年不偿还本息，但从第三年起至第八年止每年每张公司债券还本付息 240 元。问到第 8 年末每张公司债券共还本付息多少金额？并根据上述资料为市场上的潜在投资者计算购买该公司债券每张最多愿出价多少？

10. 某大学拟建立一项永久性奖学金，每年计划颁发 100000 元奖金，若年利率为 5%，现在应存入银行多少钱？

11. 中华公司为了提高产品质量，决定向格力公司购买专用技术，双方在合同上约定中华公司分六年支付技术转让费，每年年末支付 480000 元，假定银行存款年利率为

5%，中华公司现在购买该项专用技术转让费的价格为多少?

12. 某公司现时借得 1000 万元的贷款，拟在 5 年内以年利率 10% 均匀偿还，问每年应付的金额是多少?

13. 某公司发行面值 100 元、期限 5 年的债券筹资，发行时市场利率 10%，每年年末付息，到期还本。试分别按票面利率为 8%、10%、12% 计算债券的发行价格。

14. 华胜公司 2012 年 6 月 1 日以 1105 元购买面值为 1000 元的债券，其票面利率为 10%，每年 6 月 1 日计算并支付一次利息，并于 5 年后的 5 月 31 日到期，按面值收回本金，试计算该债券的收益率。

15. 方圆公司于 2006 年 1 月 1 日以 924.16 元购买一张面值为 1000 元的债券，其票面利率为 8%，每年 1 月 1 日计算并支付一次利息，该债券于 2011 年 12 月 31 日到期，按面值收回本金，试计算该债券的收益率。

16. 华宇公司准备投资购买南方信托投资股份有限公司的股票，该股票上年每股股利为 2 元，预计以后每年以 4% 的增长率增长，华宇公司经分析后认为必须得到 10% 的报酬率才能购买该信托投资股份有限公司的股票，则该种股票的价格为多少时华宇公司才应该购买?

17. 华夏公司拟购买另一家公司债券进行投资，该债券面值 1000 元，期限 3 年，票面利率为 5%，单利计息，当前市场利率为 6%，该债券发行价格多少时才能购买?

18. 某债券面值 1000 元，期限 5 年，期内不计息，到期按面值偿还，市场利率为 8%，其价格为多少时才值得投资?

第三章 财务计划管理

学习目标

1. 了解现金预算的概念，掌握现金预算的内容，掌握编制现金预算的步骤。

2. 了解现金流的概念及分类，了解现金流分析的作用，掌握现金流分析的内容，理解现金流量的财务比率分析内容，理解现金流量的结构分析和趋势分析。

3. 掌握预计负债表编制的基本步骤、内容、公式和方法。

4. 掌握预计利润表编制的基本步骤、内容、公式和方法。

先导案例

煮蛋的学问

有一家日本餐厅和一家中国餐厅都卖煮鸡蛋，两家餐厅的蛋都一样受欢迎，价钱也一样，但日本餐厅赚的钱却比中国餐厅多，旁人大惑不解。成本预算和控制专家对日本餐厅和中国餐厅煮蛋的过程进行比较，找到了答案。日本餐厅的煮蛋方式：用一个长、宽、高各4厘米的特制容器，放进鸡蛋后加水（大约只能加50毫升），盖上盖子打火，1分钟左右水开，再过3分钟关火，利用余热煮3分钟。中国餐厅的煮蛋方式：打开液化器，放上锅，添进一勺水（大约250毫升），放进鸡蛋盖锅盖，3分钟左右水开，再煮大约10分钟关火。计算结果表明：前者起码节约4/5的水、2/3以上的煤气和将近一半的时间，所以日本餐厅在水和煤气上就比中国餐厅节省了将近七成的成本，并且日本餐厅利用节省的一半时间提供了更快捷的服务。

第一节 公司现金预算与现金流分析

一、现金预算的概念

现金预算（也称现金收支预算或现金收支计划）是指预测公司还有多少库存现金以及在不同时点上对现金支出的需要量。不管是否可以称为预算，也许这是最重要的一项控制，因为把可用的现金去偿付到期的债务是公司生存的首要条件。一旦出现库存、机器以及其他非现金资产的积压，即便有了可观的利润也并不能给公司带来什么好处。现金预算还表明可用的超额现金量，并能为盈余制定营利性投资计划、为优化配置组织的现金资源提供帮助。

现金预算是有关预算的汇总，由现金收入、现金支出、现金多余或不足、资金筹集和运用四个部分组成。

"现金收入"部分包括期初现金余额和预算期现金收入，现金收入的主要来源是销货收入。年初的"现金余额"是在编制预算时预计的，"销货现金收入"的数据来自销售预算，"可供使用现金"是期初现金余额与本期现金收入的总和。

"现金支出"部分包括预算的各项现金支出。其中，"直接材料""直接人工""制造费用""销售与管理费用"的数据分别来自相关预算，"所得税""购置设备""股利分配"等现金支出的数据分别来自另行编制的专门预算。

"现金多余或不足"是现金收入合计与现金支出合计的差额。差额为正，说明收入大于支出，现金有多余，可用于偿还借款或用于短期投资；差额为负，说明支出大于收入，现金不足，需要向银行取得新的借款或通过其他途径筹款。

预计现金收入主要是销售收入，还有一少部分的其他收入，所以预计现金收入的数额主要来自销售预算。预计的现金支出主要指营运资金支出和其他现金支出，具体包括采购原材料、支付工资、支付管理费、营业费、财务费用等其他费用以及支付的税金等。现金预算通过对现金收入、支出情况的预计推算出预算期的现金结余情况。如果现金不足，则提前安排筹资，避免在需要资金时"饥不择食"；如果现金多余，则可以采取归还贷款或对有价证券进行投资，以增加收益。

二、现金预算的内容与意义

（一）现金预算的内容

以制造业为例，现金预算是在销售、生产、采购及各项费用预算的基础上编制的，所以首先应为公司日常发生的各项基本业务编制业务预算。

1. 销售预算。

销售预算不仅是编制现金预算的基础，也是编制利润预算的关键。进行销售预算的目的是要确定在预算期间内企业产品的销售量，因为企业要以产品合市场上的销售量来决定产品的生产量、材料、人工及设备和经营奖金的需要量以及销售费用和管理费用支出等。所以，企业其他各项预算都将受到预算期产品销售缺的制约。或者说，销售预算是其他各项预算的起点。

例 3.1　B 公司只产一种产品，销售单价为 200 元，预计 2018 年四个季度的销售量分别为：300 件、600 件、400 件和 450 件，全年预计销售量共为 1750 件。根据以往经验，销货款在当季可收到 70%，其余部分可在下一季度收回，预计预算年度第一季度可收回上年第四季度的应收账款 18000 元，根据资料可编制预算年度销售预算表见表 3 - 1。

表 3 - 1   2018 年度 B 公司销售预算表

季度	1	2	3	4	全年
预计销售量（件）	300	600	400	450	1750
销售单价（元）	200	200	200	200	200
预计销售额（元）	60000	120000	80000	90000	350000

在实际工作中，编制销售预算表后往往还要编制预计的现金收入表作为附表，这个附表主要反映前期应收账款的收回及预计当期收到销货款的情况。编制现金收入表可作为编制现金预算的依据。

根据"例 3.1"所提供的资料，可编制现金收入表见表 3 - 2。

表 3 - 2   2018 年度 B 公司预计现金收入表   单位：元

季度	1	2	3	4	全年
预计销售额	60000	120000	80000	90000	350000
收到上季度应收销货款	18000	18000	36000	24000	96000
收到本季度销货款	42000	84000	56000	63000	245000
现金收入合计	60000	102000	92000	87000	341000

2. 生产预算。

在编制销售预算后，就可以根据销售预算确定销售量来编制预算期的生产预算。当然，预算期的产品生产量不一定与销售量相等，其中还要考虑到预算期初与预算期末的存货量来编制生产预算，需要计算出预算期的产品生产量，并填入生产预算表内，其计算公式为

预计生产量＝预计期销售量＋预计期末存货量－预计期初存货量

生产预算的数据一般是以实物计量来反映的。当然，如果产品种类很多，也可以用货币计量来反映。

例 3.2   根据"例 3.1"所提供的资料，如果 B 公司期末存货量为下一季度销售量的 10%，预算年度第一季度期初存货量为 50 件，预算年度期末存货量为 40 件，则可以根据销售预算的资料和预算期期初期末存货量编制预算年度的生产预算见表 3 - 3。

表 3 - 3   2018 年度 B 公司生产预算表   单位：件

季度	1	2	3	4	全年
预计销售量	300	600	400	450	1750
加：预计期末存货量	60	40	45	50	40
预计需要量	360	640	445	500	1790
减：期初存货量	50	60	40	45	40
预计生产量	310	580	405	455	1750

3. 采购预算。

生产预算确定之后，就可以据此编制材料采购预算，也就是确定预算期的材料采购量和采购额。

编制采购预算的主要依据是生产预算的预计生产量和单位产品的材料消耗定额，这二者的乘积为生产需要量，还应考虑预算期期初、期末的材料存货量。

编制采购预算需确定预算期材料采购量，其计算公式为

$$预计期材料采购量 = 预计期生产量 \times 单位产品材料消耗定额$$
$$+ 预计期末材料存货量 - 预计期初材料存货量$$

计算出预算期材料采购量后，再将材料采购量乘以材料单位成本，就可以求出预算期的材料采购额。材料单位成本包括材料的买价和可以直接计入材料成本的费用，如运费、装卸费、储存费等。

在编制采购预算后，往往还要编制用于采购的现金支出表。由于材料采购有现购和赊购之分，所以现金支出表应包括本期支付上期赊购的应付未付款及本期采购所付现金的总和。

例 3.3 根据"例 3.1"所提供的资料，如果 B 公司所生产的产品只需用一种原材料，单位产品消耗原材料定额为 4 公斤，每公斤单位成本为 12 元，每季度末的材料存量为下一季度生产用量的 30%，每季度的购料款当季支付 60%，其余款项在下一季度支付。预算年度第一季度应付上年第四季度赊购料款为 6000 元，估计预算年度期初材料存量为 510 公斤，期末材料存量为 500 公斤。根据以上资料，可编制 B 公司采购预算表见表 3 - 4。

表 3 - 4　　　　　　　　　　　　　**2018 年度 B 公司采购预算表**

季度		1	2	3	4	全年
预计生产量（件）		310	580	405	455	1750
单位产品材料消耗定额（公斤）		4	4	4	4	4
生产需要量（公斤）		1240	2320	1620	1820	7000
加：期末存量（公斤）		696	486	546	500	500
材料需求量合计（公斤）		1936	2806	2166	2320	7500
材料采购量（公斤）		1426	2110	1680	1774	6990
材料单位成本（元）		12	12	12	12	12
预计材料采购额（元）		17112	25320	20160	21288	83880
现金支出计数	本季度应付上季度赊购款（元）	6000	6844.8	10128	8064	31036.8
	本季度应付本季度现购款（元）	10267.2	15192	12096	12772.8	50328
	现金支出（元）	16267.2	22036.8	22224	20836.8	81364.8

4. 直接人工预算。

直接人工预算是以生产预算为基础编制的。编制直接人工预算要依据生产预算中的

预计产品生产量、单位产品所耗工时及单位工时的工资率，工资率包括基本工资、各种津贴及社会保险等，由于在生产过程中人的级别及工种不同，工资率也不相同，所以应先分别计算然后再汇总计算直接人工成本总额。其计算公式为

预计期直接人工成本 = 预算期生产量 × $\sum$（单位工时工资率 × 单位产品工时定额）

例 3.4 根据"例 3.1"所提供的资料，如果 B 公司在预算期内所需直接人工工资率均为 5 元，单位产品的定额工时为 3 工时。则可根据预算期生产预算的产品产量编制直接人工预算表见表 3 − 5。

表 3 − 5 **2018 年度 B 公司直接人工预算表**

季度	1	2	3	4	全年
预计生产量（件）	310	580	405	455	1750
单位产品工时定额（工时）	3	3	3	3	3
工时用量总数（工时）	930	1740	1215	1365	5250
单位工时工资率（元）	5	5	5	5	5
预计直接人工成本（元）	4650	8700	6075	6825	26250

5. 间接制造费用预算。

间接制造费是指生产成本中除了直接材料和直接人工以外的一切费用。间接制造费按成本的习性划分为变动间接制造费和固定间接制造费两类。变动间接制造费用随业务量变动，应以业务量为基础计算出分配率并按各期间业务量的多少进行分配。其计算公式如下：

变动间接制造费预算分配率 = 预算期变动间接制造费用/预算期生产量

间接制造费中固定费用则直接列入利润预算表中。

另外，在间接制造费预算表下，要附上"预计现金支出表"，以反映预算期用于间接制造费的现金支出情况，并为编制现金预算提供数据资料。

例 3.5 根据"例 3.1"所提供的资料，设 B 公司变动间接制造费分配率按产量计算，以现金支付的各项间接制造费均于当期付款。则可编制间接制造费预算表见表 3 − 6、表 3 − 7。

表 3 − 6 **2018 年度 B 公司间接制造费预算表** 单位：元

变动间接制造费	金额	固定间接制造	金额
间接人工	8000	管理人员工资	10000
间接材料	7000	维护费	4000
维修费	500	保险费	5000
水电费	12000	现金支出合计	19000
合计	27500	加：折旧费	14000
分配率	15.7	合计	33000

表 3 – 7   2018 年度间接制造费预计现金支出表

季度	1	2	3	4	全年
生产量（件）	310	580	405	455	1750
变动间接费现金支出（元）	4867	9106	6358.5	7143.5	27475
固定间接制造费现金支出（元）	4750	4750	4750	4750	19000
间接制造费现金支出（元）	9617	13856	11108.5	11893.5	46475

6. 产品单位成本预算。

产品单位成本预算是根据采购预算、直接人工预算和间接制造费预算的资料汇总编制而成的。另外，在产品单位成本预算表下通常附有"期末存货预算表"以反映期末产品的存货成本，以便为编制期末资产负债表提供数据资料：

例 3.6 根据"例 3.1"所提供的资料，设 B 公司产品单位成本只包括直接材料、直接人工和变动间接制造费用。根据已编制的有关预算表资料，可编制产品单位成本预算表见表 3 – 8。

表 3 – 8   2018 年度 B 公司产品单位成本预算表

成本项目	价格标准	用量定额	合计金额（元）
直接材料	12 元/公斤	4 公斤	48
直接人工	5 元/工时	3 工时	15
变动间接制造费用	15.7 元/件		15.7
产品单位成本			78.7
期末存货预算	产品期末存货量（生产预算）		40 件
	产品期末存货量成本		78.7 × 40 = 3148（元）

7. 销售及管理费用预算。

销售及管理费是指在产品生产范围以外的行政管理费用和产品促销的费用，这些费用也应按成本习性划分为变动销售及管理费和固定销售及管理费两类。其中，变动销售及管理费也要按业务量计算分配率分配到各期。在销售及管理费预算表下面，也应附上"预计现金支出表"来反映销售及管理费现金支出的情况。

例 3.7 根据"例 3.1"所提供的资料，设 B 公司的变动销售及管理费按销售量计算分配率，可编制销售及管理费预算表见表 3 – 9。

（二）现金预算的意义

1. 有利于合理控制现金余额。

现金余额管理是现金预算管理中的一个重要组成部分，公司持有过多的现金必然导致资金的闲置和浪费，不能充分发挥现金的效能。而公司持有较少甚至是不足的现金势必对正常的生产经营活动产生重大的影响，比如导致公司流动性资金短缺、临时性筹资

表 3 - 9 **2018 年度 B 公司销售及管理费预算表**

变动销售及管理费	金额（元）	固定销售及管理费				金额（元）
销售佣金	2000	广告费				4600
运输费用	1500	管理人员工资				6000
合计	3500	保险费				3000
分配率	2	合计				13600
预计现金支出	季度	1	2	3	4	全年
	销售量（件）	300	600	400	450	1750
	变动销售及管理费现金支出（元）	600	1200	800	900	3500
	固定销售及管理费现金支出（元）	3400	3400	3400	3400	13600
	现金支出总额（元）	4000	4600	4200	4300	17100

产生高额的筹资费用、现金调度失灵、偿还流动性负债困难、丧失财务信用等。因此，做好现金流动性与收益性的平衡就显得至关重要，可以说现金预算管理在这方面是卓有成效的方法。公司应该根据未来的销货水平、应收账款的规律性与季节性、未来预期非经常性支出、近期履约义务以及筹资的难易程度等因素，通过现金预算管理保持适度的现金余额。

2. 有利于提供更有价值的信息，降低财务风险。

现金是财务管理的直接对象，现金的多少又是财务管理的重要信息。现金余额反映了公司可用资金的能力，在提高财务管理信息的相关性、可比性和可靠性等方面发挥着重要作用。做好现金预算管理在提高财务管理能力、控制日常现金活动、为管理者提供决策有用信息和保障公司可持续发展方面有着重要作用。同时，通过现金预算管理可以对可能发生的困难和不利因素有个合理的预期，可以有效地防止公司在盲目经营中遭受的不期而至的财务风险，可以使公司在实现既定经营战略过程中清醒地认识道自己的资金实力，与外部环境不断地保持动态平衡。

三、编制现金预算的步骤

现金预算有助于确保在整个预算期内组织或部门拥有正常运作所需的资金。在整个预算期内，现金预算可以分解为更小的单位，比如月度预算或季度预算，以便反映现金流量的变化情况。编制现金预算的步骤通常如下：

第一，确定期初现金余额。确定在预算期（财政年度、季度或月份）初备有多少现金。

第二，累计收入款项。确定预计收入款项（即从客户方收来的款项），这些款项将流入每期的现金账户。

第三，扣除支出。根据预计业务活动安排，计算出在预算期内需要支出多少现金，即现金支付额。

第四，计算现金盈余或亏损。一个预算期的现金盈余或亏损等于期初现金总额和本期预计收入额之和减去支出额。

第五，确定所需融资额。一个预算期的现金盈余或亏损等于现有现金总额减去支出额。如果在预算期末有现金盈余，那么运营所需的资金就可以由该现金盈余提供。而如果出现现金亏损，就必须从银行贷款等其他渠道来融资，以满足本期的现金需求。

第六，确定期末现金余额。每一个预算期的期末现金余额等于收入款项和贷款之和减去支出和融资成本。本期的期末现金余额将是下一期的期初现金余额。

四、现金流的概念及分类

现金流是现代财务管理中的一个重要概念，是指在一定会计期间按照现金收付实现制通过一定经济活动（包括经营活动、投资活动、筹资活动和非经常性项目）而产生的现金流入、现金流出及其总量情况的总称，即公司一定时期的现金和现金等价物的流入和流出的数量。公司现金流量由经营活动产生的现金流量、投资活动产生的现金流量和筹资活动产生的现金流量三部分构成。分析现金流量及其结构可以了解公司现金的来龙去脉和现金收支构成，评价公司经营状况、变现能力、筹资能力和资金实力。

1. 经营活动产生的现金流分析。

（1）将销售商品、提供劳务收到的现金与购进商品接受劳务付出的现金进行比较。在经营正常、购销平衡的情况下，二者比较是有意义的。比率大，说明销售利润大，销售回款良好，变现能力强。

（2）将销售商品、提供劳务收到的现金与经营活动流入的现金总额比较。这种比较可大致说明产品销售现款占经营活动流入的现金的比重有多大。比重大，说明主营业务突出，营销状况良好。

（3）将本期经营活动现金净流量与上期比较。经营活动现金净流量增长率越高，说明公司成长性越好。

2. 投资活动产生的现金流分析。

当公司扩大规模或开发新的利润增长点时需要大量的现金投入，投资活动产生的现金流入量补偿不了流出量，投资活动现金净流量为负数。但如果公司投资有效，将会在未来产生现金净流入用于偿还债务或创造收益，不会有偿债困难。因此，分析投资活动现金流量应结合目前的投资项目进行，不能简单地以现金净流入还是净流出来论优劣。

3. 筹资活动产生的现金流分析。

一般来说，筹资活动产生的现金净流量越大，公司面临的偿债压力也越大，但如果现金净流入量主要来自吸收的权益性资本，则不仅不会面临偿债压力，资金实力反而增强。因此，在分析时可将吸收权益性资本收到的现金与筹资活动现金总流入比较，所占比重大，说明公司资金实力增强，财务风险降低。

4. 现金流构成分析。

首先，分别计算经营活动现金流入、投资活动现金流入和筹资活动现金流入占现金总流入的比重，了解现金的主要来源。一般来说，经营活动现金流入占现金总流入比重大的公司经营状况较好，财务风险较低，现金流入结构较为合理。其次，分别计算经营活动现金支出、投资活动现金支出和筹资活动现金支出占现金总流出的比重，它能具体反映公司现金用于哪些方面。一般来说，经营活动现金支出比重大的公司其生产经营状况正常，现金支出结构较为合理。

五、现金流分析的作用

1. 对获取现金的能力做出评价。

现金流量分析反映了过去一段时间的现金流量及其他生产经营指标，可以借此了解公司现金的来源和去向，尤其是分析经营活动中产生的现金流入和流出，分析具体依赖多少外部资金，根据现金的流量、流速、流向做出一个合理的评价，就可以预测公司未来现金流量，从而为编制现金流量计划、制定营运资本政策提供数据支持。未来获取现金流量的能力也决定了公司的具体价值，也为投资者和债权人决策提供了服务。

2. 对偿债能力做出评价。

资产负债表按照流动性把资产分为流动资产和非流动资产，这种划分方法对了解公司的流动性、偿债能力和股利支付能力具有很大的局限性，因为有些资产项目并不会形成未来的现金流入和流出，存货也难以短期内转化为现金，存货能否转化为现金及转化为现金的数量也难以估计。基于权责发生制编制的利润表所反映的净收益包含了不少非现金项目，并不能反映公司未来现金流动。评估公司是否具有偿债能力和股利支付能力，最直接有效的方法就是分析其现金流量，通过现金流量表可以了解到公司是否有足够的现金偿还到期债务、支付股利和进行必要的固定资产投资。

3. 对收益的质量做出评价。

从信息的可靠性角度来讲，通常认为现金流量表可以更加反映出盈利情况，实实在在的现金流入才能真正代表公司获得真实的收益。由于应用权责发生制，利润表所反映的信息可能会存在人为操纵，从而影响盈余质量。一般认为现金流量表中的信息可信度较高，没有被操纵过。如果公司的高利润相应的有较高的现金流支持，那么说明这个公司的盈余质量较高。

4. 对投资活动和筹资活动做出评价。

现金流量表可以反映经营活动、投资活动和筹资活动的动态情况，通过对不同活动中现金流动情况的分析，可以了解现金从哪里来以及到哪里去。

六、现金流分析的内容

（一）经营活动现金流量

经营活动现金流量的列报方法有两种，一种为直接法，另一种为间接法。

1. 直接法经营活动现金流量。

直接法是指通过现金流入和支出的主要类别直接反映来自经营活动的现金流量的报告方法。采用直接法报告现金流量，可以揭示经营活动现金流量的来源和用途，有助于预测公司未来的现金流量。

经营活动现金流入的主要项目包括：①销售商品、提供劳务收到的现金；②收到的税费返还；③收到的其他与经营活动有关的现金。

经营活动现金流出的主要项目包括：①购买商品、接受劳务支付的现金；②支付给职工以及为职工支付的现金；③支付的各项税费；④支付的其他与经营活动有关的现金。

经营活动现金流量净额是经营活动现金流入与经营活动现金流出的差额。

2. 间接法经营活动现金流量。

间接法是在当期取得的净利润基础上，通过有关项目的调整，从而确定出经营活动的现金流量。采用间接法报告现金流量，可以揭示净收益与净现金流量的差别，有利于分析收益质量和公司营运资金管理状况。

将"净利润"调整成为"经营活动现金净额"，需要进行以下四类调整计算：①扣除非经营活动的损益（筹资和投资活动的损益），包括处置固定资产、无形资产、其他长期资产的损失；固定资产报废损失；财务费用；投资损失（减收益）。净利润扣除"非经营活动损益"后，得出的是"经营活动净损益"。②加上不支付经营资产的费用：计提的减值准备；计提固定资产折旧；无形资产摊销；长期待摊费用摊销；待摊费用减少；预提费用增加。这六种费用已在计算利润时扣除，但没有在本期支付现金，将其加回去得出"经营活动应得现金"。③加上非现金流动资产减少：存货减少（减增加）；经营性应收项目减少，包括应收票据减少（减增加）、应收账款减少（减增加）、预付账款减少（减增加）、其他应收款减少（减增加）。④加上经营性应付项目增加，包括应付票据增加（减减少）、应付账款增加（减减少）、其他应付款增加（减减少）、应付工资增加（减减少）、应付福利增加（减减少）、应交税金增加（减减少），以及递延税款贷项（该项目的性质比较特殊，也可列作非经营损益）。

（二）投资活动现金流量

投资活动的现金流入项目有：①收回投资所收到的现金；②取得投资收益所收到的现金；③处置固定资产、无形资产和其他长期资产所收到的现金；④收到的其他与投资活动有关的现金。

投资活动的现金流出项目有：①购建固定资产、无形资产和其他长期资产所支付的现金；②投资所支付的现金；③支付的其他与投资收到的现金。

投资活动产生的现金流量净额是指上述现金流入与现金流出的差额。

（三）筹资活动现金流量

筹资活动的现金流入项目包括：①吸收投资所收到的现金；②借款收到的现金；③收到的其他与筹资活动有关的现金。

筹资活动的现金流出项目包括：①偿还债务所支付的现金；②分配股利、利润或偿付利息所支付的现金；③支付的其他与筹资活动有关的现金。

筹资活动产生的现金净额是指筹资活动现金流入与流出的差额。

七、现金流量的财务比率分析

（一）现金流动性分析

现金流动性分析主要考察经营活动产生的现金流量与债务之间的关系，主要指标包括：

1. 现金流量与当期债务比。

现金流量与当期债务比是指年度经营活动产生的现金流量与当期债务相比值，表明现金流量对当期债务偿还满足程度的指标。其计算公式为

$$现金流量与当期债务比 = 经营活动现金净流量/流动负债 \times 100\%$$

这项比率与反映公司短期偿债能力的流动比率有关。该指标数值越高，现金流入对当期债务清偿的保障越强，表明流动性越好；反之，则表明流动性较差。

2. 债务保障率。

债务保障率是以年度经营活动所产生的现金净流量与全部债务总额相比较，表明现金流量对其全部债务偿还的满足程度。其计算公式为

$$债务保障率 = 经营活动现金净流量/（流动负债 + 长期负债）\times 100\%$$

现金流量与债务总额之比的数值也是越高越好，它同样也是债权人所关心的一种现金流量分析指标。

（二）获取现金能力分析

获取现金能力分析的指标主要有：每元销售现金净流入、每股经营现金流量和全部资产现金回收率。

1. 每元销售现金净流入。

每元销售现金净流入是指应用净现金流入与主营业务销售收入的比值，它反映通过销售获取现金的能力。其计算公式为

$$每元销售现金净流入 = 经营活动现金净流量/主营业务收入$$

2. 每股经营现金流量。

每股经营现金流量是反映每股发行在外的普通股票所平均占有的现金流量，或者说是反映公司为每一普通股获取的现金流入量的指标。其计算公式为

$$每股经营现金流量 = （经营活动现金流量 - 优先股股利）/发行在外的普通股股数 \times 100\%$$

该指标所表达的实质上是作为每股盈利的支付保障的现金流量，因而每股经营现金流量指标越高越为股东们所乐意接受。

3. 全部资产现金回收率。

全部资产现金回收率，是指营业净现金流入与全部资产的比值，反映公司运用全部资产获取现金的能力。其计算公式为

$$全部资产现金回收率 = 经营活动现金净流量/全部资产$$

（三）财务弹性分析

所谓财务弹性是指公司自身产生的现金与现金需求之间的适合程度。反映财务弹性的财务比率主要有现金流量适合率、现金满足投资比率和现金股利保障倍数。

1. 现金流量适合比率。

现金流量适合比率是指经营活动现金净流入与同期资本支出、存货购置及发放现金股利的比值，它反映经营活动现金满足主要现金需求的程度。其计算公式为

$$现金流量适合比率 = 一定时期经营活动产生的现金净流量/（同期资本支出$$
$$+ 同期存货净投资额 + 同期现金股利）\times 100\%$$

2. 现金再投资比率。

现金再投资比率是指经营现金净流量减去股利和利息支出后的余额与总投资之间的比率。总投资是指固定资产总额、对外投资、其他长期资产和营运资金的总和，这个比率反映有多少现金留下来并投入公司用于资产更新和发展。其计算公式为

$$现金再投资比率 = 经营活动现金净流量/（固定资产原值 + 对外投资$$
$$+ 其他资产 + 营运资金）$$

现金再投资比率的行业比较有重要意义，通常它应当在 7% ~ 11%。各行业有区别，同一公司不同年份有区别，高速扩张的年份这个比率低一些，稳定发展的年份高一些。

3. 现金股利保障倍数。

现金股利保障倍数是指经营活动净现金流量与现金股利支付额之比。支付现金股利率越高，说明现金股利占结余现金流量的比重通常较小，公司支付现金股利的能力越强。其计算公式为

$$现金股利保障倍数 = 经营活动现金净流量/现金股利额$$

应当注意的是，仅仅以 1 年的数据很难说明该指标的好坏，利用 5 年或者更长时间的平均数计算更能说明问题。

（四）收益质量分析

评价收益质量的财务比率是营运指数，它是经营活动现金净流入与经营所得现金的比值。其计算公式为

$$营运指数 = 经营活动现金净流入/经营所得现金$$

经营所得现金是指经营活动净收益与非付现费用的总和。

营运指数反映公司营运管理的水平和收益的质量。营运指数等于 1，说明经营所得现金全部实现；营运指数小于 1，说明经营所得现金被营运资金占用；营运指数大于 1，说明一部分营运资金被收回，返回现金状态。

八、现金流量的结构分析和趋势分析

（一）现金流量的结构分析

现金流量表结构分析就是在现金流量表有关数据的基础上，进一步明确现金流入的构成、现金支出的构成及现金余额是如何形成的。现金流量的结构分析可以分为现金流入结构分析、现金支出结构分析及现金余额结构分析。

1. 现金流入结构分析。

现金流入构成是反映公司各项业务活动现金流入，如经营活动的现金流入、投资活

动现金流入和筹资活动现金流入等，在全部现金流入中的比重以及各项业务活动现金流入中具体项目的构成情况，通过现金流入构成分析可以明确公司的现金究竟来自何方以及增加现金流入主要应在哪些方面采取措施等。

2. 现金支出结构分析。

现金支出结构分析是指各项现金支出占当期全部现金支出的百分比，它具体地反映公司的现金用于哪些方面。

（二）现金流量的趋势分析

现金流量的趋势分析通常是采用编制历年财务报表的方法，即将连续多年的报表（至少是最近两年甚至五年、十年的财务报表）并列在一起加以分析，以观察变化趋势。观察连续数期的会计报表比单看一个报告期的财务报表能了解到更多的信息和情况，有利于分析变化的趋势。运用趋势分析法通常应计算趋势百分比，趋势百分比有定比和环比两种类型。

第二节　预计资产负债表的编制

一、编制预计资产负债表的作用

预计资产负债表是依据当前的实际资产负债表和全面预算中的其他预算所提供的资料编制而成的，反映公司预算期末财务状况的总括性预算。

预计资产负债表可以为管理层提供会计期末的公司预期财务状况的信息，它有助于管理层预测未来期间的经营状况，并采取适当的改进措施。

预计资产负债表是以货币为单位，全面综合地表现预算期内经营成果。该表既可以按季编制，也可以按年编制。它主要是利用本期期初资产负债表，根据销售、生产、资本等预算的有关数据加以调整进行编制。编制预计资产负债表的目的在于判断预算反映的财务状况的稳定性和流动性。如果通过预计资产负债表的分析发现某些财务比率不佳，必要时可修改有关预算，以完善财务状况。

二、编制预计资产负债表的步骤

1. 区分敏感项目与非敏感项目（针对资产负债表项目）。

敏感项目是指直接随销售额变动的资产、负债项目，例如现金、存货、应付账款、应付费用等项目。

非敏感项目是指不随销售额变动的资产、负债项目，如固定资产、对外投资、短期借款、长期负债、实收资本、留存收益等项目。

2. 计算敏感项目的销售百分比。

其计算公式为

销售百分比 = 基期敏感项目/基期销售收入

3. 计算预计资产、负债、所有者权益。

预计资产是敏感资产和非敏感资产的结合，非敏感资产保持不变；预计负债是敏感负债与非敏感负债的结合，非敏感负债保持不变；而预计所有者权益为实收资本。其中相关的计算公式为

敏感资产 = 预计销售收入 × 敏感资产销售百分比

敏感负债 = 预计销售收入 × 敏感负债销售百分比

留存收益 = 基期数 + 增加留存收益

4. 预算需从外部追加的资金。

其计算公式为

外部追加资金 = 预计资产 - 预计负债 - 预计所有者权益

预算资产负债表反映了公司在预算期末的资产、负债和所有者权益的全貌及财务状况。

编制预算资产负债表以资产负债表期初数为基点，充分考虑预算损益表、预算现金流量表的相关数据对资产、负债、所有者权益期初数的影响，采用平衡法加以增减后计得。

其计算公式为

资产及负债的期末数 = 期初余额 + 预算期增加数 - 预算期减少数

所有者权益期末数 = 期初余额 + 预算期增加数 - 预算期分红数

按资产负债表的分类和顺序，把资产、负债和所有者权益的期末数据予以适当排列后，可以用于编制预算资产负债表。

预计资产负债表是反映公司在预算期内各项资产、负债及所有者权益数额的一种报表，是以预算年初的资产负债表为起点，根据其他预算的数据调整而得的。

假定某公司 2016 年度实际销售收入 30000000 元，2017 年度预测销售收入 38000000 元。2016 年度资产负债表见表 3 - 10。

表 3 - 10　　　　　　　　　**2016 年度资产负债表（简表）**　　　　　　　　单位：元

项目	金额
资产：	
现金	150000
应收账款	4800000
存货	5220000
预付费用	20000
固定资产净值	570000
资产总额	10760000
负债及所有者权益：	
应付票据	1000000

项目	金额
应付账款	5280000
应付费用	210000
长期负债	110000
负债合计	6600000
实收资本	500000
留存收益	3660000
所有者权益合计	4160000
负债及所有者权益总额	10760000

根据上列资料，编制该公司 2017 年预计资产负债表如表 3-11 所示。

表 3-11　　　　　　　　**2017 年预计资产负债表（简表）**　　　　　单位：元

项目	金额	2016 年销售百分比（%）	2017 年预计数
资产：			
现金	150000	0.50	190000
应收账款	4800000	16.00	6080000
存货	5220000	17.40	6612000
预付费用	20000	—	20000
固定资产净值	570000	—	570000
资产总额	10760000	.	13472000
负债及所有者权益：			
应付票据	1000000		1000000
应付账款	5280000	17.60	6688000
应付费用	210000	0.70	266000
长期负债	110000	—	11000
负债合计	6600000		8064000
实收资本	500000		500000
留存收益	3660000		3660000
所有者权益合计	4160000		4160000
负债及所有者权益总额	10760000		12224000

"应付账款"是根据第四季度采购金额和付现率计算的，即

期末应付账款＝本期采购额×（1－本期付现率）

"留存收益"是根据以下公式计算的：

期末留存收益＝期初留存收益＋本期利润净额－本期支付股利

如同预计利润表一样，预计资产负债表也可以不通过现金预算，而根据销售百分比法原理通过预测进行编制。

三、编制预计资产负债表的注意事项

预算资产负债表反映公司在预算期末的资产、负债和所有者权益的全貌及财务状况。预算资产负债表也称为全面预算方案收尾试算平衡表，用来测试整个预算方案的编制数据是否连续、完整、系统。如果预算资产负债表最后的资产和负债、所有者权益能平衡，说明全面预算方案编制工作完整、规范，总预算方案编制正式完成。编制预算资产负债表以资产负债表期初数为基点，充分考虑预算利润表、预算现金流量表的相关数据对资产、负债、所有者权益期初数的影响，采用平衡法加以增减后计得（公式见上述有关内容）。

编制预算资产负债表时，由于经营资产、经营负债与销售收入、利润会有较大的变化，一般会导致资本结构发生改变，因此编制期末预算资本结构表是必要的。

最后确定股本及年末未分配利润的金额。剩余股利政策要求公司实现的净利润在满足未来生产经营活动所需追加的权益资本后，如果有剩余则给股东派发现金股利，否则就不能给股东派发现金股利。这时，就要比较净利润与股东权益的增加。股东权益增加有两个途径：一是依靠税后利润留存形成的留存收益，二是依靠外部股权融资。筹集权益资本时应优先考虑税后利润留存形成的留存收益，留存收益不够再考虑外部股权融资。如果净利润大于股东权益的增加，意味着依靠内部留存收益即可满足追加的权益资本，无须增发普通股，那么股本数额就维持不变。依照剩余股利政策，净利润与股东权益的差额为现金股利数额，净利润与分配的现金股利数额之差就是本年的留存收益，年初的未分配利润与本年的留存收益之和就是本年年末的未分配利润数额。如果净利润小于股东权益增加额，意味着税后利润全部留存下来还不够未来追加的权益资本，那就要增发普通股，股本数额就要增加。如果公司实现的净利润全部为留存收益，年初未分配利润与净利润之和便为年末未分配利润。

第三节　预计利润表的编制

预计利润表用来综合反映计划期的预计经营成果，是公司最主要的财务预算表之一。通过编制预算利润表可以了解预期的盈利水平。如果预算利润与最初编制方针中的目标利润有较大的不一致，就需要调整部门预算，设法达到目标，或者修改目标利润。

一、预计利润表的编制依据

编制预计利润表的依据是各业务预算、专门决策预算和现金预算。

预算年度的预计利润＝主营收入预算－主营成本预算－主营业务税金及附加预算
　　　　　　　　＋其他业务利润－管理费用预算－销售费用预算
　　　　　　　　－财务费用预算－所得税

或者，

　预算年度的预计利润＝销售收入预算－变动成本－固定成本－预计所得税

其中，预计所得税按预计利润乘以适用税率来确定。

其计算公式如下：

　　　其他业务利润＝其他业务收入－其他业务支出（包括税费支出）

　　　销售毛利＝销售收入－销售成本（不包括主营业务税金及附加）

　营业利润＝销售毛利－主营业务税金及附加＋其他业务收入－其他业务支出
　　　　　　－管理费用－销售费用－财务费用

　　　利润总额＝营业利润＋投资收益＋营业外收支净额

二、预计利润表的编制步骤

预计利润表是应用销售百分比法原理预测利润的一种报表，通过提供预计利润表可预测利润和内部筹资方式的数额。

用销售百分比法制定预计利润表，并据此获得相关项目的资本需求量，通常采取以下三个步骤：

第一，根据基年预计利润表的资料，确定相关项目在销售收入中所占百分比；

第二，对计划年度的销售收入做出预测，并用基年的相关项目在销售收入中所占百分比预测相关项目的资本需求量，并编制预计年度利润表；

第三，利用预计的比率测算出年度的留存利润数额。

例3.8 某公司年度销售收入预算为12.6万元，销售成本为5.5625万元，其中固定成本（固定制造费用：管理人员工资、基本办公费用、折旧等）0.848万元。增值税销项税额为2.142万元，增值税进项税额为0.5525万元，城建和教育附加税率为10%。其他业务收入为0.4万元，为非税劳务收入，适用营业税税率为5%，另支付人工费用0.08万元。预算年度的管理费用为1.8562万元，销售费用为3.06万元（其中变动销售费用为1.008万元），财务费用为0.0375万元。试计算编制预计利润表的相关项目内容。

解：销售毛利＝销售收入－销售成本＝12.6－5.5625＝7.0375（万元）

销售毛利率＝销售毛利/销售收入＝7.0375/12.6＝55.85%

主营业务税金及附加＝（增值税销项税－增值税进项税）×城建和教育附加税率＝（2.142－0.5525）×10%＝0.159（万元）

其他业务利润＝其他业务收入－其他业务支出（包括税费支出）＝0.4－[0.4×5%＋

0.4×5%×10%+0.08〕=0.298（万元）

　　管理费 = 1.8562（万元）

　　销售费用 = 固定销售费用 + 变动销售费用 = 3.06（万元）

　　财务费用 = 0.0375（万元）

　　变动成本 = 销售变动成本 + 销售变动费用 + 主营业务税金及附加 + 其他业务税金及附加 = (5.5625 − 0.848) + 1.008 + 0.159 + 0.022 = 5.9035（万元）

　　营业利润 = 销售毛利 − 主营业务税金及附加 + 其他业务收入 − 其他业务支出 − 管理费用 − 销售费用 − 财务费用 = 7.0375 − 0.159 − 1.8562 − 3.06 − 0.0375 = 1.9248（万元）

　　利润总额 = 营业利润 + 投资收益 + 营业外收支净额 = 1.9248 + 0.298 = 2.2228

　　所得税 = 2.2228 × 0.25 = 0.5557（万元）

　　净利润 = 2.2228 − 0.5557 = 1.6671（万元）

三、预计利润表的编制实例

　　传统的运营预算是编制完成销售预算、生产预算、直接材料预算、直接人工预算、制造费用预算、产品销售成本预算、期间费用预算等之后汇总编制预计利润表，工作量大且费时费力，可以借鉴既有的利润表格式略做调整，在上述销售预算完成之后，在利润表上整体完成运营预算，预计利润表格式可见表3-12。

表3-12　　　　　　　　　　2017年第二季度预计利润表　　　　　　　　　　单位：元

项目	2017年7月		2017年8月		2017年9月		2017年第二季度	
	本期数	销售百分比（%）	本期数	销售百分比（%）	本期数	销售百分比（%）	本期数	销售百分比（%）
一、营业收入	19298436	100	16108342	100	16409542	100	51816380	100
减：营业成本	16346508	84.70	13548976	64.11	13751257	83.80	43646741	84.23
主要原材料	5063069	26.24	4253157	26.40	4347769	26.50	13663995	26.37
覆铜板、铜箔、半固化片	5063069	26.24	4253157	26.40	4347769	26.50	13663995	26.37
调整项		0.00		0.00		0.00		0.00
辅助原材料	3692591	20.17	3248042	20.16	3308513	20.16	10449146	20.17
化学药水	1429998	7.40	1193548	7.41	1215769	7.41	3838316	7.41
金盐	657339	3.41	549032	3.41	559254	3.41	1765625	3.41
工具	405835	2.10	335796	2.08	342036	2.08	1083657	2.09
金属球	364877	1.99	321482	2.00	327447	2.00	1033786	2.00
垫板	323906	1.68	270538	1.68	275574	1.68	870018	1.685
干菲林	310569	1.61	259398	1.61	264227	1.61	834194	1.61
油墨	285800	1.48	239710	1.48	243154	1.48	767663	1.48

项目	2017 年 7 月		2017 年 8 月		2017 年 9 月		2017 年第二季度	
	本期数	销售百分比（%）	本期数	销售百分比（%）	本期数	销售百分比（%）	本期数	销售百分比（%）
包装	57160	0.30	47742	0.30	48631	0.30	153533	0.30
钻嘴	38107	0.20	31828	0.20	32421	0.20	102355	0.20
调整项		0.00		0.00		0.00		0.00
直接人工	2198582	11.39	1828621	11.35	1823021	11.11	5850204	11.29
基本工资	760813	3.97	615051	3.82	615051	3.75	1990915	3.84
加班费	753937	3.91	524834	3.26	520660	3.17	1799431	3.47
员工福利费	683812	3.54	688736	4.28	687310	4.19	2059858	3.98
调整项		0.00		0.00		0.00		0.00
制造费用	5192297	26.91	4219156	26.19	4271954	26.03	13683396	26.41
外发加工费	572256	2.97	431289	2.68	439946	2.68	1413470	2.79
间接人工费	1096917	5.63	856221	6.38	852557	5.20	2805694	5.41
折旧费用	1047775	5.43	849217	5.27	867029	5.28	2763021	5.33
设施维修费	1509833	7.82	1260151	7.82	1283715	7.82	4053709	7.82
修理费	601548	3.12	501960	3.11	511047	3.11	1614155	3.12
物料消耗	373980	1.94	311729	1.94	317658	1.94	1003347	1.94
调整项								
营业税金及附加	62678	0.33	52518	0.33	53424	0.33	168886	0.33
销售费用	84842	0.41	67879	0.42	67879	0.41	220607	0.43
管理费用	90323	0.47	72282	0.45	72262	0.44	234852	0.45
财务费用	9038	0.05	7230	0.04	7230	0.04	23499	0.05
二、营业利润	2951987	15.30	2550396	15.89	2658285	16.20	8159638	15.77

表3-12 数据来自某生产型公司。采用滚动预算法来编制预计利润表时，在 Excel 表中可以逐月进行编制，用公式汇总出季度和年度的数据。由于排版限制，仅以 2017 年第二季度的数据进行说明。从表3-12 可以看出，这里并没有包括生产预算，完全是在利润表的基础上进行的调整。前文已经说明由于在编制销售预算时已经综合考虑了生产情况，所以此时假设既定的销售预算生产是一定可以满足的，下面从四部分来介绍如何编制预计利润表。

1. 项目介绍。

预计利润表中，营业成本这部分内容是编制的重点，列示了组成营业成本的主要内容，包括耗用的主要材料、辅助材料、直接人工、制造费用。每一部分内容根据公司成本费用的特点列示出其重要项目，包括主要材料、辅助材料、直接人工和制造费用。主要材料根据产成品耗用的主要材料进行列示，如覆铜板、铜箔、半固化片等；辅助材料根据产成品耗用的主要辅助材料进行列示，如化学药水、金盐、工具、金属球、垫板、干菲林、油墨、包装、钻嘴等；直接人工根据生产员工的工资结构进行列示，如基本工资、加班费、福利费等；制造费用根据制造费用的主要项目进行列示，如外发加工费、间接人工、折旧费用、设施维修费、修理费、物料消耗等。

以上列示的内容会因产品不同而不同，遵循的原则是选择每一项目中占比例较大的成本费用项目，这部分成本费用在成本控制中是重点控制的对象，也是考核预算执行部门业绩的指标，它们将直接影响公司的利润。

对于期间费用，如果占销售收入的比例较大，也可在每一期间费用项目下列示出其需要重点考核的对象，作为考核职能部门执行预算业绩的指标。如果比例不大，可以综合反映。

2. 销售百分比。

在预计利润表中加入每个项目占销售收入的比例，简称销售百分比。从表 3 – 12 可以看出，在生产和产品品种比较稳定的情况下，每个项目占销售收入的比例是基本保持不变的，在刚开始编制预算时需根据历史水平做一个合理的估计，之后再根据实际数据逐月更新，一般取最近半年或三个月的平均数。

3. 调整项。

每一个大的项目下加入"调整项"可以作为调整预算的工具，每一个调整项可以另外再单独编制一个数据表，反映调整的内容。

比如原材料部分，如果当前管理层认为原材料价格偏高，可以加入对采购部业绩的考核指标。如果当前产品结构发生变化，也可以加入对某个原材料的考核指标。

对于直接人工部分，任何对员工的加班费、福利变动或整体薪资的变化也都会影响直接人工。因此，这些重要因素都可以作为考核指标加在调整项里。

对于制造费用部分，固定资产的投资会影响折旧总额，生产能力的不足会影响外发加工的成本，生产线的大修理或保养支出会影响修理费等，厂房或大型设施的维修会影响设施维修费，还有水、电的价格以及日常消耗性物资的使用量或价格都会影响到制造费用。因此，根据公司费用特点，可以将需要进行重点管控的内容加进来，作为月末考核各项业绩的指标。

4. 数据的填列。

开始编制预算时，首先必须确定每一项目占销售收入的比例，这个比例可以根据历史水平做一个合理的估计，之后再根据实际数据逐月更新，一般取最近半年或三个月的平均数。如果因产品结构变化或技术更新造成价格波动影响销售比例时，需对预期比例做出适当的调整。确定了这个比例之后，在 Excel 表里根据公式可以很快算出每一项目的金额，并计算出一个初步的营业利润。如果此营业利润没有达到公司的预计利润目标，再通过调整项进行调整，每一个调整项都是成本控制的目标，月末时将调整项分解到具体项目上，与实际数进行对比，分析预算与实际的差异，从而评价每一个执行部门的业绩。

通过此方法编制的滚动预计利润表，不仅可以反映最近年份的利润目标以及公司的战略目标，同时也可以反映成本控制的内容以及采取的措施。通过设计好 Excel 模板，每个月或每个季度只需要根据最新的销售预算更新利润表中的营业收入，计算出初步的利润之后，再根据目标利润以及实际情况进行适当的调整即可。因此，不管是运营环境发生较大变化，还是公司战略发生改变，预算编制单位都很容易跟踪调整预算，呈现给管理层一个及时、科学、合理的预计利润表。

预计利润表是对未来某一时期的收益进行预算。同现金预算一样，销售预测是编制预计利润表的关键，它决定公司的生产以及各项成本消耗。对于销售和行政管理费用的估计，可以从事先编制的预算中得到有关这类费用的数额，这类费用通常不会随销售量的变化而变化。另外，通过预测其他收入、其他费用以及利息费用，从而计算出税前利润，并扣除所得税，最终得到税后净利润，最终形成所要获得的预计利润表。

预计利润表并非一定要结合现金预算进行编制，完全可以直接对利润表中的各项目进行预测，然后根据历史数据计算出销售成本和各项费用与销售收入的比率，再用这些比率分别去乘预计销售收入，即可得出预计利润表的项目内容。

| 课堂案例 3 - 1 |

全面预算管理案例分析

（一）案例内容

华润公司是一家有 50 多年发展历史的国有骨干企业，管理总部设在香港，由于熟悉成熟市场经济环境下的运作，加上资产上市后受到资本市场的约束，公司预算责任意识较强，较早地实行了全面预算管理，并在经过多年的实践和不断改进后总结了一套旨在贯彻全面预算管理的运行体系，即"6S"管理体系。

"6S"管理体系是华润公司从自身实际出发探索出的管理多元化集团的一种系统化管理模式。"6S"管理体系是 6 个体系的简称，具体是指：利润中心编码体系、利润中心管理报告体系、利润中心预算体系、利润中心评价体系、利润中心审计体系、利润中心经理人考核体系等。

"6S"管理体系是将集团内部多元化的业务及资产划分为责任单位并作为利润中心进行专业化管理的一种体系，其组织领导及监督实施机构是集团董事会下设的"6S"委员会。"6S"既是一个全面预算管理体系，也是一个多元化的信息管理系统。它以管理会计理论为基础，以全面预算为切入点，其目的不仅仅是解决财务管理方面的问题，还要解决集团的系统管理问题，比如经营中存在的管理重点不突出、约束机制不健全、管理信息反馈不及时、财务及经营风险控制不到位、发展方向不明确、人才激励机制不科学等问题。

"6S"管理体系的系统化构想是：以专业化管理为基本出发点，突破财务会计上的股权架构，首先把集团及属下所有业务及资产分成多个利润中心，并逐一编制号码。每个利润中心按规定格式和内容编制管理会计报告，并汇总成为集团总体管理报告。在利润中心推行全面预算管理，将经营目标层层分解，落实到每个责任人每个月的经营上。根据不同利润中心的业务性质和经营现状，建立切实可行的业务评价体系，按评价结果确定奖惩。对利润中心经营及预算执行情况进行审计，确保管理信息的真实性。最后对利润中心负责人进行每年一次的考核，并兑现奖惩，拉开薪酬档次，同时通过实行利润中心负责人考核上岗制，逐步建立起选拔管理人员的科学程序。

（二）"6S" 管理体系的基本思路

1. 利润中心编码体系。

在专业化分工的基础上，将集团及属下公司按管理会计的原则划分为多个业务相对统一的利润中心（称为一级利润中心），每个利润中心再划分为更小的分支利润中心（称为二级利润中心等），并逐一编制号码。这个体系较清晰地包括集团绝大部分资产，同时使每个利润中心对自身的管理也有清楚的界定，便于对每项业务实行监控。

2. 利润中心管理报告体系。

在利润中心编码体系的基础上，每个利润中心按规定的格式和内容编制管理会计报表，具体由集团财务部统一制定并不断完善。管理报告每月一次，包括每个利润中心的营业额、损益、资产负债、现金流量、成本费用、盈利能力、应收账款、不良资产等情况，并附有公司简评。每个利润中心报表最终汇总为集团的管理报告，由此解决了集团以往财务综合报表过于概括并难以适应管理需要的问题。

3. 利润中心预算体系。

在利润中心分类的基础上全面推行预算管理，将经营目标落实到每个利润中心，并层层分解，最终落实到每个责任人每个月的经营上。这样不仅使管理者对自身业务有较长远和透彻的认识，还能从背离预算的程度上去发现问题并及时加以解决。预算的方法自下而上，自上而下，不断反复和修正，最后汇总形成整个集团的全面预算报告。需要强调的是，预算管理对于一个多元化集团公司尤显重要，如果没有预算，集团将难以预计下一个年度乃至今后几年能够达到什么样的目标，也就不可能在资金安排、投资决策、人力资源等方面进行总体规划。

4. 利润中心评价体系。

预算执行情况需要进行评价，而评价体系要能促进经营目标的实现。根据每个利润中心业务的不同，度身订造一个评价体系，但总体上主要是通过获利能力、过程及综合能力指标进行评价。每一个指标项下再根据各业务点的不同情况细分为能反映该利润点经营业绩及整体表现的许多明细指标，目的是要做到公平合理，既可以兼顾到不同业务点的经营情况，又可以加强管理，促进业务改进提高。评价指标包含定量指标和定性指标，而对不确定部分集团则有最终决定权。集团可以根据各利润中心业务好坏及其前景决定资金的支持重点，同时根据业务发展方向统一决定对下属公司的资金使用和派息政策，不实行包干式资金管理。对利润中心非经营性资产转让或会计调整的盈亏，则不与经营性业绩混在一起评价，而是视具体情况给予奖惩。

5. 利润中心审计体系。

管理报告的真实性、预算的完成度以及集团统一管理规章的执行情况都需要通过审计进行再认定。集团内部审计是管理控制系统的再控制环节，集团通过审计来促进全面预算管理的推行，提高管理信息系统的质量。

6. 利润中心经理人考核体系。

预算的责任具体落实到各级责任人，考核也落实到利润中心经理人。利润中心经理人考核体系主要从业绩评价、管理素质、职业操守三方面对经理人进行评价，得出利润中心经理人目前的工作表现、发展潜力、胜任性和工作建议，最终根据三部分的考核结果进一步决定对经理人的奖惩和使用。

围绕"6S"管理体系的建设，集团还做了一些完善和配套工作：

第一，建立服务中心考核体系。将集团职能部室设定为服务中心，并对这些与利润没有直接联系的管理部门如何进行考核做出规定。主要做法是对各服务中心进行定位，明确其主要职能，提出评价及量化服务中心工作质量的指引，制定服务中心考核办法，根据考评结果决定奖惩办法。

第二，改革用人制度。一级利润中心经理人聘任增加了内部公开招聘的程序。另外，根据对一级利润中心、服务中心的考评结果，对表现优异者由集团总经理向常务董事会建议进入新一届领导班子。这样，使干部提拔使用进一步透明化、规范化，并促使"6S"管理体系真正落到实处。

（三）案例分析

"6S"管理体系保证了集团全面预算管理的运行，实际上是一个系统化的全面预算管理实施方案，它对公司管理的变革性推动作用从多个角度得到了反映。

1. 为管理层的重大决策提供依据。

通过"6S"体系，集团决策层能够及时、准确地获取管理信息，加深了对每个一级利润中心实际经营状况和管理水平的了解。一级利润中心主业清晰了，便于决策层抓重点，同时把一些非主营业务卸去，从而使公司的业务运作架构、分类、整体资产组合等方面清晰化，促进了资产结构的调整和资源的合理配置。正是在"6S"体系运行基础上，华润才能够逐步将原来较为庞杂的业务及资产重组为分销、地产、科技及策略性投资四大类和23个一级利润中心，从而走上了从多元化经营转向有限度、相关联、多元化战略下的专业化发展道路。

2. 促进公司对自身业务的理解。

"6S"体系的实施提供了一种科学性和前瞻性的思维指导原则，利润中心可以根据自身实力和市场判断实实在在地规划和核算自己的目标，杜绝预算"编数"，促进利润中心对自身业务的理解。

3. 公司管理更深入细致。

"6S"体系的深入实施使经理人的注意力盯住了每个利润点的具体经营情况。决策层能够直接了解到每个利润中心的经营状况，及时发现和解决问题。另外，"6S"管理体系中的信息系统使利润中心经营状况透明化，成为一个监督制约机制，有效地防止了内部的贪污腐败。

4. 推动公司的良性互动。

"6S"体系要求有人能不断发现和提出问题，有人不断研究和解决问题。集团审计部通过监督检查，明确提出问题；一级利润中心妥善利用所提供的信息，积极做出有效回应和改进。这些都源于"6S"管理体系实施过程中自然培养出来的良性互动意识。

5. 考核评价机制公开公平。

利润中心评价体系、利润中心经理人考核体系通俗易懂，同时严格执行，促使集团的管理重点和激励机制发生转变，减少了管理政策、人事政策的随意性，集团的业务得以沿着健康的轨道良性发展。

"6S"管理体系在华润运行至今，经过不断地调整、补充，目前框架基本上稳定下来，是华润公司目前运用得最为成功的管理系统，为华润管理强势的逐步形成发挥着日益重要的作用。

关 键 术 语

现金预算　销售预算　生产预算　采购预算　直接人工预算　间接制造费用预算　产品单位成本预算　销售及管理费用预算　现金流构成　直接法　间接法　现金流动性　财务弹性　收益质量　营运指数　现金流量结构　现金流量趋势　预计资产负债表　敏感项目　非敏感项目　预计利润表　销售百分比

本 章 练 习

一、思考题

1. 现金预算包括哪些具体内容？试阐述各项内容的资料来源。

2. 预算利润表的作用是什么？包括哪些内容？

3. 如何编制预计资产负债表？

二、单项选择题

1. 年度预算的编制关键和起点是（　　　）。

A. 生产预算　　　　B. 现金预算　　　　C. 销售预算　　　　D. 直接材料预算

2. 某公司每季度销售收入中，本季度收到现金60%，另外的40%要等到下一季度才能收回现金。若预算年度的第四季度销售收入为40000万元，则预计资产负债表中年末应收账款项目金额为（　　　）。

A. 16000万元　　　B. 24000万元　　　C. 40000万元　　　D. 20000万元

3. 预计明年通货膨胀率为10%，公司销量增长5%，则销售额的名义增长为（　　　）。

A. 15%　　　　　　B. 15.5%　　　　　C. 10.5%　　　　　D. 5.5%

三、多项选择题

1. 某公司只生产一种产品，单价为10元，单位变动成本为6元，固定成本5000元，销量1000件。欲实现目标利润1000元，可采取的措施有（　　　）。

A. 单价提升到12元　　　　　　　B. 单位变动成本降低至4元

C. 固定成本降低至4000元　　　　D. 销量增加至1500件

2. 现金预算的组成部分有（　　　）。

A. 资金筹措预算　　　　　　　　B. 预计损益表

C. 现金收入预算　　　　　　　　D. 现金支出预算

3. 下列措施中，通过（　　　）可以提高销售利润率。

A. 提高安全边际率

B. 提高边际贡献率

C. 降低变动成本率

D. 提高利润敏感度

四、计算题

1. 某公司只生产一种产品，单价 50 元，单位变动成本 30 元，预计每年固定成本 50000 元，计划产销量每年 3000 件，请计算并回答以下互不关联问题。

（1）如果单价提高 10%，利润增长的百分率是多少？

（2）如果销量减少 10%，利润减少的百分率是多少？

（3）如果固定成本上升 10%，利润减少的百分率是多少？

2. 某公司 2017 年 1 月 31 日的资产负债表反映的部分数据如下（金额单位：元）：

现金	应收账款	存货	固定资产	资产总计
35000	79200	160000	250000	524200

补充资料如下：

①销售收入预算：2 月 100000 元，3 月 120000 元。

②预计销售当月可收回货款 60%，其余款项可在次月收回。

③每月购货为下月计划销售额（含税）的 70%，均为当月付款。

④预交所得税 5000 元。

⑤每月用现金支付的其他费用为 5000 元，每月发生的各种非付现费用为 15000 元。

⑥公司适用的消费税税费为 8%，增值税税费为 17%，城建税税费为 7%，教育附加增收比率为 3%，假定流转税均需在当月支付，所得税税率为 25%。

要求：根据上述资料计算

（1）2017 年 2 月预算的现金期末余额。

（2）若销售毛利率为 30%，2017 年 2 月的预计税后利润总额。

（3）2017 年 2 月 28 日的应收账款金额。

（4）2017 年 2 月 28 日的未交所得税。

3. 2017 年 12 月 31 日，某公司拟编制现金预算。该公司已收到了大量订单，并且已取得银行 40 万元的一年期到期一次还本付息的借款，以备来年生产经营所需。公司销售贷款回收情况：当月收回现金 30%，次月收回 60%，第三个月收回 10%，所有销售均为赊销，该公司 2016 年 12 月 31 日现金余额为 5 万，通常在销售前一个月购买存货，购买量为次月销售额的 50%，购买次月付款。预计 2018 年 1～3 月工资分别为 45 万元、50 万元和 46 万元；1～3 月其他费用分别为 60 万元、60 万元、40 万元；1～4 月销售收入分别为 120 万元、200 万元、130 万元、150 万元。2017 年 11 月和 12 月销售收入分别为 100 万元和 120 万元。该公司每月现金最佳余额为 5 万元，不足时还可以申请临时借款，借款利息率为 10%，多余时归还借款（借款在期初、还款在期末），借款、还款均为 1 万元的倍数。要求：根据以上资料编制 2018 年 1～3 月现金预算。

项目	1月	2月	3月
期初余额			
现金收入			
现金支出			
采购支出			
工资支出			
其他支出			
现金多余或不足			
一年内借款			
临时借款			
归还借款			
利息			
期末余额			

第 四 章 公司财务报表与分析

学习目标

1. 了解财务报表体系的主要内容。
2. 了解财务报表分析的内容、作用与意义。
3. 掌握相关财务比率的公式。
4. 掌握偿债能力、营运能力、盈利能力及发展能力的具体计算。

先导案例

重要的无形资产

某夫妻二人均从事财务工作，某日妻子购买化妆品，丈夫说这次购买的处理方法是计入维修费用，妻子大怒，说：这怎么能算维修费用呢？应该计入无形资产！因此，理解资产的处理方式特别重要，否则会出大事的，你懂的。当然，如果你想获得更多的财富，首先必须明白资产和负债的区别！

第一节 财务报表及其作用

一、财务报表体系的主要内容

一家公司无论处于什么行业，规模有多大，用什么样的管理模式，财务部门通常是十分重要的。公司利益相关者想知道某段时间公司的现金流量情况、盈利情况或者经营情况，最直接的方式就是了解财务报表，因为财务报表是对公司业务真实发生事实的详细陈述。比如公司销售一件产品单价是 2000 元，某企业购买了 100 套这种产品，那么它是通过现金支付还是赊销？现金支付多少？赊销多少？这一切可以通过财务方式予以说明。

会计人员在编制财务报表时，以财务的专业术语阐述公司的财务情况和运营情况，财务报表就是以货币单位如人民币为表达方式，对认为真实的业务情况所进行的陈述。

如果公司的决策者想知道公司的财务状况如产品销售情况和现金流量情况，也可以通过考察财务报表得到相关的信息。

从基本财务报表的演变过程看，世界范围内各国的财务报表体系趋于形式上的一致。基本财务报表包括资产负债表、利润表、现金流量表和股东权益变动表。

资产负债表反映公司报表日的财务状况，利润表反映公司会计期间的盈利情况，现金流量表反映公司会计期间的经营、投资、筹资现金流情况，股东权益变动表反映构成所有者权益的各组成部分当期的增减变动情况。由于资产负债表、利润表和现金流量表主要是反映公司经营成果和综合情况的报表，而股东权益变动表是反映所有者权益情况的报表，本书重点探讨资产负债表、利润表和现金流量表。

资产负债表、利润表和现金流量表在编制上相对单独存在，而在进行财务分析时却相互依存、相互影响。因此，在实际使用中一定要把它们综合起来，要辩证地看待各种财务数据的关系。例如，净利润增大而经营性现金流量反而减少，那这个业绩增长的质量就可能不可靠了，很可能是"突击销售"的结果；又如负债水平与财务费用不匹配，有可能这些负债是预收账款，该类负债不增加费用反而增加利润，这样的负债多些未必是坏事。

年度财务报表反映的是公司为期一年的运行情况，期间间隔三个月编制的财务报表称为中期财务报表或者是季度财务报表。也有期间间隔一个月甚至是一周的财务报表，这要根据公司的业务量、规模和运营等情况具体而定。

三张报表以三维立体的形式体现了公司的财务状况，多角度对同一经济实体的资产质量、经营业绩和盈利质量等情况进行了展示。从三大报表的时间属性上看，利润表和现金流量表属于期间报表，反映的是某一段时期内公司的经营业绩。资产负债表是期末报表，反映的是报表制作时公司的资产状况。从相互关系上看，经营期间利润表、现金流量表的结果会改变资产负债表结构，但长期而言资产质量对盈利能力起到决定性作用，资产负债表最终会影响甚至决定利润表和现金流量表的内容和结果。

从某种意义上讲，资产负债表更像是静态报表，反映的是某个时点的状况。而利润表、现金流量表更像是动态报表，表现为一段时期内源源不断地为资产负债表提供素材。从这点上看，公司财务状况的分析应该以资产负债表为根本，以利润表和现金流量表为出发点，这样可以更好地反映一个期间内公司的经营成果，因为高质量的资产只有通过盈利水平和现金流才能体现出价值。

二、如何看待资产负债表

资产负债表最主要涉及公司的资产负债情况，即资产的配置及负债和权益的组成。从平衡的角度看，资产 = 负债 + 所有者权益。因此，报表是从等号双边两个角度分别反映公司资产组成明细，一方面是资产的配置情况；另一方面是负债与股东权益的比例和组成。这两个方面在报表中分左右两列记录，在财务会计上是最主要、最基本的表内勾稽关系，很多其他会计勾稽关系都以此作为基础。

资产可分为流动资产和非流动资产，故上面等式可变成：流动资产 + 非流动资产 =

负债＋所有者权益，也可进一步分解成：流动资产＋长期投资＋固定资产＋无形资产＝流动负债＋非流动负债＋所有者权益。

在等号左边的资产形态中，固定资产占比通常越少越好。购置固定资产通常需要花费大量的资金，每年需要计提大量折旧，且固定资产更新换代速度快，通常会影响公司的盈利表现。固定资产多的公司后期的投入相对也大，一旦宏观经济出现不景气，公司往往出现亏损。此外，尽管可能在账面有不错的固定资产记录，但如果公司倒闭清算了，这些固定资产通常会被贱价拍卖。由于债权人、银行、优先股股东的清偿优先权，普通股投资者面临较大的风险，"资产负债表上的净资产到哪去啦？"的提问不绝于耳，这是大量投资固定资产的公司要面对的实际问题。

负债管理很能够考验管理者的能力，负债过多的公司负担会比较沉重，负债过少则经常不能满足发展需要，恰到好处的负债水平是一家优秀公司和管理者的重要体现。除了负债水平外，负债结构也需要重视，负债结构涉及流动负债与非流动负债。流动负债多可以减少利息支出，但却增加负债管理难度，要求有充足现金流和再融资偿付能力。非流动负债多没有这个问题，但需要增加利息费用，故流动负债与非流动负债比例也十分重要，要结合公司的实际情况综合分析。

公司日常经营有许多账务往来，不可能完全做到绝对意义上的零负债，很多负债率在25%以内的公司可以看作是实际意义上的零负债，这些25%基本来源于应付账款、预收款项、应交税费、应付职工薪酬这些项目，属于"被动负债"，这样可证明公司有良好的经营状态、盈利状况和现金流水平。

三、如何看待利润表

利润表依据"利润＝收入－费用"来编制，主要反映一定时期内公司的营业收入减去营业支出之后的净收益。通过利润表，一般可以对上市公司的经营业绩和管理情况做出评估，进而评价投资者的投资价值和报酬。新会计准则增加了利得与损失的概念，使得利润金额不仅取决于收入和费用，还要考虑直接计入当期利润的利得和损失的金额。

利润表包括两个方面：一方面是反映公司的收入及费用，说明公司在一定时期内的利润或亏损数额，据以分析公司的经济效益及盈利能力，评价公司的管理业绩；另一方面反映公司财务成果的来源，说明公司的各种利润来源在利润总额中占的比例，及这些来源之间的相互关系。对利润表进行分析主要从以下几方面入手：

第一，收入项目分析。公司通过销售产品、提供劳务取得各项营业收入，也可以将资源提供给他人使用获取租金与利息等营业外收入。记入收入账的包括当期收讫的现金收入、应收票据或应收账款。

对于长期投资项目，要关注相同项目的收益变化情况，判断该项目的运营趋势。新颁布的"投资性房地产"准则规定：公司已经出租的土地使用权或建筑物、持有并准备增值后转让的土地使用权可以采用成本模式或公允价值模式进行计量，在采用公允价值模式计量时由于不对投资性房地产计提折旧或摊销而以资产负债表的投资性房地产的公允价值为基础调整其账面价值，公允价值与原账面价值之间的差额即为当期损益。因此，投资者应当注意房地产类上市公司的利润变化是否由于采用公允价值计量模式所导致。还有，"交易性金融资产"项目下的收益会被纳入主营业务利润，这样收入很大程度就具有不确定性和非持续性。

第二，费用项目分析。费用是收入的扣除，费用的确认和直接关系到公司的盈利。所以分析费用项目时应首先注意费用包含的内容是否适当，确认费用应贯彻权责发生制原则、历史成本原则、划分收益性支出与资本性支出的原则等。其次，要对成本费用的结构与变动趋势进行分析，看看各个项目的增减变动趋势以此判定公司的管理水平和财务状况，预测公司的发展前景，分析费用结构是否合理，对不合理的费用要查明原因，特别是"管理费用"项目是很多公司的"大箩筐"。

新颁布的"股份支付"准则规定：股份支付是指公司为获取员工和其他方提供服务或商品而授予权益工具或者以权益工具为基础确定的负债的交易，无论是权益结算还是现金结算的股份支付都应当在授予后将股份支付的公允价值计入相关成本或费用。因此，投资者在分析上市公司的成本费用变化时应当关注其关于股份支付的信息披露。

第三，关联交易分析。上市公司的一些收入、费用的发生来源于关联交易，投资者应当重点关注关联交易的定价是否合理、程序是否合规、关联交易占正常交易的比例等。如果公司关联交易的比重很大，则认为调节利润的可能性也很大。

事实上，利润表难以满足价值投资者的信息需求，它只给出大致的利润结构，在实际分析中还应该从其他方面去了解利润的组成，投资者要跳出财务报表从更高的视角去探究详细的利润来源。

四、如何看待现金流量表

现金流量表记录公司"真金白银"往来的情况，一般情况下现金流量很难造假，所以现金流量表自然也成为投资者考察公司盈利质量优劣的重要依据。现金流量表等式为：现金流净额＝现金流入－现金流出。公司现金及等价物往来分三个方面：经营活动、投资活动和筹资活动，报表分别从这三个方面所产生的现金收支情况以及现金流量净额进行记录。通过分析现金流量表，可以让投资者了解、评价和预测公司目前和未来获取现金的能力、偿债能力和支付能力，评估和判断公司所获得利润的质量。

现金流量表应该说是利润表的"最佳拍档"，也可用于验证利润表的真实性，说明公司资金链是如何运作的。许多投资者比较看重利润表，其实现金流量表的重要性更高，公司的现金收支通常比账户上的利润真实许多。

从经营活动、投资活动和筹资活动现金流量净额看，没有绝对的越多越好或越少越好，要进行具体的分析。"经营活动产生的现金流量净额"较高很可能是收回了以前年度的赊账，"投资活动产生的现金流量净额"和"筹资活动产生的现金流量净额"很大程度上取决于公司自身的发展情况，正常情况下都可能产生较大的变动。

投资与筹资活动之间的相互关系有时可以说明公司正处在什么发展阶段。投资与筹资现金流量净额同时为正可能说明公司增加投入，往往意味着公司开始新的运营或为转型做准备；投资现金流量净额为正而筹资现金流量净额为零（或负），往往说明公司进入投入尾声或自身盈利可以满足投资需要；投资现金流量净额为负而筹资现金流量净额为正，往往说明公司处在高速扩张发展过程；投资与筹资现金流量净额都为负，往往说明公司自有资金充足，可以同时满足投资与筹资的资金需求。

因此，三张基本财务报表不是独立存在，而是相互关联的，共同体现了公司的资产状况、营运情况和盈利质量。

第二节　偿债能力分析

偿债能力分析是公司财务报表分析中一个很重要的内容，它可以反映公司的财务灵活性及其偿还债务的能力。通过偿债能力分析，可以使债权人全面客观地了解公司的盈利能力和偿还能力，从而做出正确的借贷决定。

一、偿债能力分析的含义

偿债能力是指公司对到期债务的清偿能力，包括短期内对到期债务的现实偿付能力和对未来债务预期的偿付能力，偿债能力分析对促进公司发展的作用越来越大。

对于一个现代企业，负债是其资金来源的重要组成部分，偿债能力是财务状况的重要体现。适当的举债经营可以创造更多的财富，现代企业也通常是充分利用外来资金成本低的优点，将自有资金与外来资金相结合而实现其持续经营的。当公司投资回报率大于借入资金成本时，适当的举债经营会带来多方面的好处，比如财务杠杆效应和通货膨胀效益。

二、短期偿债能力分析

（一）短期偿债能力影响因素

短期偿债能力是公司偿还流动负债的能力，短期偿债能力的强弱取决于流动资产的流动性，即资产转换成现金的速度。如果公司流动资产的流动性强，相应的短期偿债能力也强。因此短期偿债能力通常用营运资本、流动比率、速动比率和现金负债比率等表示。

短期偿债能力受多种因素的影响，包括行业特点、经营环境、生产周期、资产结构、流动资产运用效率等。在分析短期偿债能力时，一方面应结合指标的变动趋势动态地加以评价；另一方面要结合同行业平均水平，进行横向比较分析。

（二）短期偿债能力的评价指标

营运资金、流动比率、速动比率、现金比率等是用于短期偿债能力分析的基本指标。

1. 营运资金。

营运资金是流动资产与流动负债的差额，它是反映公司短期偿债能力大小的绝对数

值，代表公司除去用于偿付短期负债之后剩下的可用于营运周转的资金。营运资金的计算公式为

$$营运资金 = 流动资产 - 流动负债$$

一般来说，营运资金的金额越大，代表偿付流动负债的能力越强；营运资金的金额越小，代表偿付流动负债的能力越弱；营运资金的金额为零或出现负数时，代表偿付流动负债已出现困难，债权人的权益将受到影响。

但是，并不能说营运资金的金额越大越好。如果营运资金的金额过大，说明闲置资金比较多，这些资金既未用于投资也未用于偿还债务，增加了公司的机会成本，影响了公司的营利性。一般认为，营运资金的金额大约等于流动负债的金额是比较合适的，这样既保证公司对资金的充分利用，又保证对流动负债的偿还性。

2. 流动比率。

流动比率是流动资产与流动负债的比率，表示平均每一元的流动负债能够有多少流动资产作为偿还保障。流动比率用相对数来说明公司的流动性，避免了用绝对数即营运资金来说明公司流动性的片面性，在公司短期偿债能力方面能起到补充说明的作用。流动比率的计算公式为

$$流动比率 = 流动资产/流动负债 \times 100\%$$

流动比率越大，说明公司短期偿债能力越强。一般来说，流动比率为 2 比较合适，这个比率一方面说明公司能够满足正常生产经营所需的资金；另一方面还有足够的资金用于偿还短期负债。但是流动比率也不是越大越好，如果流动比率超过 2，说明公司资金除了满足正常生产经营和短期偿债资金以外还有闲置，没有充分利用负债经营带来的财务杠杆效应。如果流动比率低于 2，则可能面临财务风险，所以应该保持一个合适的流动比率。

3. 速动比率。

速动比率是速动资产与流动负债之间的比率，可用于衡量公司紧急清偿流动负债的应变能力。速动资产是流动资产除去存货、预付账款等部分后剩下的资产，几乎能随时用来偿还债务。由于存货变现速度比较慢，同时可能出现部分积压、残次的存货无法正常变现的情况，这使得存货未来变现价值存在不确定性，因此存货不能作为速动资产。预付账款是提前付给销货者或提供劳务者的款项，当得到了货物或劳务时预付账款就转为了购货的成本或相应费用，也无法变现。实际应用中，预付账款的金额往往不大，人们也常用流动资产与存货的差额作为速动资产。速动比率的计算公式为

$$速动比率 = 速动资产/流动负债 \times 100\%$$

由于去除存货、预付项目等资产，相较于流动比率而言，速动比率能够更加准确、可靠地评价资产的流动性及其偿还短期负债的能力。

速动比率越高，表示公司在使用期内（一般为 90 天）资产变现能力将越快，清偿债务能力越强；反之，速动比率越低，表示其清偿短期债务的能力越弱。一般来说，速动比率为 1 比较合适。如果速动比率大于 1，说明公司短期偿债能力较强，但也出现资金闲置的情况；如果速动比率小于 1，公司将面临偿债风险，速动比率越小，面临的偿债风险越大。然而，并不能单纯地认为速动比率低于 1 的公司流动负债绝对不能偿还，

只要保持较好的存货流转状况，即如果流动比率较高，公司仍有较强的短期偿债能力。

4. 现金比率。

现金比率是指公司货币资金和交易性金融资产与流动负债的比率。现金比率的资产包括货币资金和交易性金融资产，它是速动资产扣除应收账款后的余额。由于应收账款存在发生坏账损失的可能，某些到期的账款也不一定能按时收回，因此速动资产扣除应收账款后计算出来的金额更能反映公司对流动负债的偿还能力。

（三）短期偿债能力分析

短期偿债能力分析主要指流动比率与同行业比较、历史比较和预算比较的结果。

1. 同行业比较。

同行业比较包括同行业先进水平、同行业平均水平和竞争对手比较三类，比较原理是一样的，只是比较标准不同。同行业比较分析有两个重要的前提：一是如何确定同类公司；二是如何确定行业标准。

2. 历史比较。

短期偿债能力的历史比较采用的标准是过去某一时点的短期偿债能力的实际指标值，比较标准可以是公司历史最好水平，也可以是公司正常经营条件下的实际值。在分析时，经常与上年实际指标进行对比。

3. 预算比较。

预算比较是指对公司的本期指标实际值与预算值所进行的比较。预算比较采用的比较标准是反映公司偿债能力的预算标准，预算标准是公司根据自身经营条件和经营状况制定的目标。

三、长期偿债能力分析

（一）长期偿债特性

长期债务是指期限超过一年的债务，一年内到期的长期负债在资产负债表中列入短期负债。长期偿债能力是指公司对长期债务的承担能力和偿还债务的保障能力，其强弱是反映公司财务安全和稳定程度的重要标志。长期负债的偿还有以下几个特性：

第一，保证长期负债得以偿还的基本前提是短期偿债能力较强。短期偿债能力是长期偿债能力的基础。

第二，长期负债因为数额较大，其本金的偿还必须有资金积累的过程。从长期来看，所有真实的报告收益应最终反映为现金净流入，所以公司长期偿债能力与获利能力是密切相关的。

第三，长期负债数额大小关系到公司资本结构的合理性，所以对长期债务不仅要从偿债的角度考虑，还要从保持资本结构合理性的角度考虑，保持良好的资本结构能增强公司的偿债能力。

（二）长期偿债能力的影响因素

1. 长期资产。

资产负债表中的长期资产主要包括固定资产、长期投资和无形资产。将长期资产作为偿还长期债务的资产保障时，长期资产的计价和摊销方法对长期偿债能力的影响最大。

2. 长期负债。

在资产负债表中，属于长期负债的项目有长期借款、应付债券、专项应付款和其他长期负债。

3. 长期租赁。

融资租赁是由租赁公司垫付资金、按承租人要求购买设备、承租人按合同规定支付租金、所购设备一般于合同期满转归承租人所有的一种租赁方式，公司通常将融资租赁视同购入固定资产，并把与该项资产相关的债务作为负债反映在资产负债表中。

4. 退休计划。

退休金是支付给退休人员用于保障退休后生活的货币额。退休金计划是一种公司与职工之间关于职工退休后退休金支付的协议。

5. 或有事项。

或有事项是指过去的交易或事项形成的一种状态，其结果须通过未来不确定事项的发生或不发生予以证实。

6. 承诺。

承诺是公司对外发出的将要承担的某种经济责任和义务。在进行长期偿债能力分析时，报表分析者应根据报表附注及其他有关资料判断承诺变成真实负债的可能性，判断承诺责任带来的潜在长期负债并做相应处理。

7. 金融工具。

金融工具是指引起一方获得金融资产并引起另一方承担金融负债或享有所有者权益的契约。与偿债能力有关的金融工具主要是债券和金融衍生工具。金融工具对偿债能力的影响主要体现在两个方面：一是金融工具的公允价值与账面价值发生重大差异，但并没有在财务报表中或报表附注中揭示；二是未能对金融工具的风险程度恰当披露。

（三）长期偿债能力的评价指标

资产负债率、权益乘数、产权比率、有形资产负债率、有形净值负债率等是从资本结构角度进行长期偿债能力评价的指标。

1. 资产负债率。

它用来体现公司基本的资本结构，反映负债总额占资产总额的比重，表明由债权人提供的资金占公司全部资金总额的比例，是衡量长期偿债能力的重要指标之一。负债比率的计算公式为

$$资产负债率 = 负债总额 / 资产总额 \times 100\%$$

该指标用负债总额和资产总额的比率而不是用长期负债总额和资产总额的比率作为负债比率来反映长期偿债能力主要是因为公司的资产应首先满足短期负债的偿还，剩下的资产才用于长期负债的偿还，如果仅以长期负债的金额与资产总额相比，不符合实际，这样算出的负债比率才能真正反映长期负债偿债能力。

该比率越高说明负债越重，而用于偿债的资产相对而言越紧张，长期偿债能力越弱；反之，该比率越低说明用于偿债的资产越充足，长期偿债能力越强。一般来说该比率在50%左右，公司能够恰好满足自有资产与外借负债，潜在的和已有的债权人也通

常以这个比率作为标准来评价债务人的信用等级，作为是否给予贷款或是否催还贷款的一个重要考虑因素。当负债比率在 0~50% 时，公司长期偿债能力较强，债权人按期收回本息的风险较小，资产比较安全。当然，50% 的负债比率也不是衡量债务高低的唯一标准，其高低有时也会受到所在行业及公司发展阶段的影响。

2. 产权比率。

产权比率是公司负债总额与所有者权益总额的比率，用以衡量负债筹集的资金与自有资金的比重关系，又称负债对所有者权益比率。简单地说，就是每一元的所有者权益背负多少债务。产权比率的计算公式为

$$产权比率 = 负债总额 / 所有者权益总额 \times 100\%$$

产权比率用来表明由债权人提供的和由权益人提供的资金来源的相对关系，反映公司基本财务结构是否稳定。该指标同时也表明债权人投入的资本受到所有者权益保障的程度，或者是清算时对债权人利益的保障程度。产权比率越高说明偿还长期债务的能力越弱，产权比率越低说明偿还长期债务的能力越强。

3. 权益乘数。

权益乘数是指资产总额与所有者权益之间的比率，反映了资产总额与所有者权益总额的倍数关系。该指标的倒数是所有者权益比率，反映每一元的所有者自有资金能够"撬动"的总资金数。权益乘数的计算公式为

$$权益乘数 = 资产总额 / 所有者权益$$

权益乘数越大，资产中所有者权益的份额越小，公司长期偿债能力越弱，对负债经营的利用也越充分；权益乘数越小，资产中所有者权益的份额越大，公司长期偿债能力越强。一般来说，权益乘数为 2 比较合适，说明既有足够的自有资金偿付债务，同时也充分地利用了负债经营。当该指标大于 2 时，说明负债金额大于所有者权益金额，偿债压力比较大；反之，说明负债金额小于所有者权益金额，偿债压力比较小。

4. 有形资产负债率。

有形资产负债率是负债总额与有形资产总额的比率。有形资产是指资产总额减去无形资产、开发支出、商誉等后的资产。由于无形资产、开发支出、商誉等资产很难或无法变现，在偿还债务方面起不到多少作用，除掉这些资产后的有形资产才能真正变现用以偿还债务。因此，有形资产负债率能够进一步修正负债率，更能保守地反映长期偿债能力。有形资产负债率的计算公式为

$$有形资产负债率 = 负债总额 / 有形资产总额 \times 100\%$$

有形资产负债率指标从评价长期偿债能力的角度来说与资产负债率相似，该指标比率越大，说明负债相对有形资产总额的比重越大，则长期偿债能力越弱；反之，则长期偿债能力越强。

5. 有形净值负债率。

有形净值负债率是指负债总额与有形净值的比率。其中，有形净值是指净资产扣除无形资产等资产后的资产。有形净值负债率的计算公式为

$$有形净值负债率 = 负债总额 / 有形净值 \times 100\%$$

有形净值负债率指标用以评价长期偿债能力比负债比率、权益乘数和产权比率等指

标更为保守。实际上，公司用于偿债的也主要是净资产中去除变现能力不强资产（如商誉、专利权、商标权等无形资产）后的内容。该指标比率越大，说明长期偿债能力越弱；反之，则说明长期偿债能力越强。

除了上述的指标之外，还有利息保障倍数、固定费用保障倍数等从盈利能力角度对偿债能力进行分析的指标。

第三节　营运能力分析

营运能力是指通过生产经营资金周转速度的有关指标所反映出来的公司资金利用的效率，它表明管理人员运用资金的能力。生产经营资金周转的速度越快，表明资金利用的效率越高，管理人员的经营能力越强。通过对公司营运能力的分析可以知道经济活动的价值创造水平、经济活动价值来源以及经济活动最终受益者。

营运能力分析也称资金周转评价，它是指通过比较资金周转速度判断和评价经营管理水平和资源利用效率的高低，它的重要性在于为进一步提高经营管理水平和增强营运能力指明方向。

一、营运能力分析的内涵

公司的经营目的之一就是为了不断获得利润，如果公司资产不再流动，那么收益就无从谈起。营运能力分析可以：

1. 反映资产的流动性。

资产的流动是营运能力的具体表现，通过营运能力分析，可以对公司资产的流动方向做出评价，公司营运能力、资产的流动性通常和获得的利润成正比。

2. 反映资产的利用率。

分析用多少资产产出多少产品可以对资产的利用率做出评价，为公司下一步的发展指明方向。提高资产利用率是利用资产创造收益的重要手段，公司资产营运能力的根本目的就是用尽可能少的资金创造出更多的利润。

3. 反映资产的潜力。

营运能力的高低取决于多种因素，通过营运能力分析可以了解资产在经营活动中存在哪些问题，公司有多大的潜力，通过挖掘潜力提高公司综合实力。

二、营运能力分析的意义

1. 有利于加强经营管理。

当公司各项资产占用资金过多或者出现资产问题、资产利用率不高时，就会形成运营问题。通过资产结构分析可以发现并解释经营活动中各项资产比例问题，可以及时进行调整和改善形成合理的资产结构。

2. 有助于投资人进行正确地投资决策。

运营能力分析有助于判断信用的安全性，也有利于权益人的投资决策。如果流动性强的资产所占的比重比较大，那就说明该流动资金变现的能力比较强，公司一般不会遇到资金不足的问题，而通过资产结构和资产管理效果分析，可以有效地判断资本的安全程度。

三、营运能力的评价指标

营运能力通常可以用四个比率进行评价，即流动资产周转率、存货周转率、总资产周转率和应收账款周转率。

1. 总资产周转率。

总资产周转率是指一定时期主营业务收入净额同平均资产总额的比率，它是综合评价全部资产经营质量和利用效率的重要指标，也是考察资产运营效率的一项重要指标。总资产周转率的计算公式为

$$总资产周转次数 = 产品销售收入/资产$$
$$平均总额总资产周转天数 = 日历天数/总资产周转次数$$
$$= 总资产平均占用额/平均每日销售净收入$$

其中，产品销售收入来自损益表，资产平均余额来自资产负债表年初数和年末数的平均数。总资产周转率是从周转率的角度评价全部资产的使用效率，资产周转次数越多或周转天数越短（总周转期越短），说明全部资产的周转速度快，进而说明公司营运能力强；反之，总资产周转次数越少或总周转天数越长，说明全部资产的周转率速度慢（周转周期长），进而说明公司利用资产进行经营的效率较差，应采取措施提高销售收入或处置资产，以提高总资产利用率。

2. 流动资产周转率。

流动资产周转率指一定时期内主营业务收入净额同平均流动资产总额的比率，是评价资产利用率的另一项重要指标。它反映了流动资产的周转速度，是从全部资产中流动性最强的流动资产角度对资产的利用效率进行分析，以进一步揭示影响资产质量的主要因素。流动资产周转率的计算公式为

$$流动资产周转次数 = 流动资产周转额/流动资产平均占用额$$

计算式中，流动资产周转额一般有两种计算方式，一是按产品的销售收入计算；二是按销售产品的成本费用计算。在实际工作中，通常采用第一种方式计算流动资产周转额。

流动资产周转次数是分析流动资产周转情况的综合性指标，这一指标越高说明流动资产周转速度越快。类似地，考核流动资产的周转情况还可以采用完成一次周转所需的天数来表示，其计算公式为

$$流动资产周转天数 = 日历天数/流动资产周转率 = 流动资产平均占用额/平均每日周转额$$

流动资产周转天数是一项逆指标，周转天数越少说明流动资产利用率越高。

3. 存货周转率。

存货周转率是衡量和评价公司购入存货、投入生产、销售收回等各环节管理状况的

综合性指标。存货周转率快通常表示存货量适度，存货积压和价值损失的风险相对就低，存货所占资金使用效益高，变现能力和经营能力强。但存货周转率与生产经营周期有关，生产经营周期短通常无须储备大量存货，故其存货周转率就会相对加快。存货周转率的计算公式为

$$存货周转次数 = 销货成本/存货平均余额$$

$$存货周转天数 = 日历天数/存货周转次数 = 存货平均余额/平均每日销货成本$$

其中，存货平均余额 = (存货年初余额 + 存货年末余额)/2。

一般情况下，存货周转速度快（存货周转次数多、周转天数少）说明销售效率高，库存积压少，营运资本中存货占用的比相对较小，这无疑会提高经济效益。反之，存货周转率低则是管理不善和经营情况欠佳的重要表现。

4. 应收账款周转率。

应收账款周转率是主营业务收入除以平均应收账款的比值，它反映公司从取得应收账款到收回款项转换为现金所需要时间的长度。应收账款周转率可以用来估计应收账款变现的速度和管理的效率，一般认为周转率越高越好。由于赊销收入不容易取得，实务中多采用销售收入替代赊销收入进行计算。应收账款周转率的计算公式为

$$应收账款周转次数 = 赊销净额/应收账款平均余额$$

$$应收账款周转天数 = 日历天数/应收账款周转次数 = 应收账款平均余额/平均每日赊销额$$

$$应收账款平均余额 = (应收账款年初余额 + 应收账款年末余额)/2$$

其中，赊销净额等于现销收入减去销售退回、折扣、折让等，由于利润表中没有直接公布赊销净额这一数据，所以计算时多以销售收入代替。

应收账款周转率是考核应收账款周转变现能力的重要财务指标，应收账款周转次数越多或周转天数越少直接反映出收账速度较快，坏账出现几率低。如果应收账款周转次数较少，实际收回账款的天数超过了公司规定的应收账款天数，则说明债务人拖欠时间长、资信度低，公司信用调查和催收账款不力，造成资产流动性差，公司资源配置效益比较低。

第四节 盈利能力分析

盈利能力是指公司利用各种经济资源赚取利润的能力，它是获取现金能力、降低成本能力、营销能力和回避风险能力等的综合体现，也是公司各环节经营结果的具体表现。总体来说，公司通常的目标是利润，经营业绩好坏最终通过盈利能力来进行反映。

一、盈利能力

（一）资本盈利能力

资本盈利能力是指所有者对经营所投入的注册资本取得利润的能力，公司以资本为基础，通过优化配置来提高资本经营的效益经营活动。反映资本盈利能力的基本指标是净资产收益率和所有者权益报酬率。

净资产收益率是指本期净利润与净资产的比率，该比率越高说明所有者投资带来的收益越高，该比率越低说明所有者投资带来的收益越低。所有者权益报酬率是指利润额与平均股东权益的比值，该指标越高说明投资带来的收益越高，该指标越低说明所有者权益的获利能力越弱。

在进行资本盈利能力分析时要以资产经营为依托，资本经营不能离开资产经营而孤立存在。

（二）资产盈利能力

资产盈利能力是指运营资产所产生的利润能力，反映资产经营能力的基本指标是总资产报酬率、全部资产现金回收率、销售收现比率等。

1. 总资产报酬率。

它等于税前利润与平均总资产之间的比率，该指标反映运用全部资产取得报酬的能力，表明全部资产的回报情况。该指标越高说明公司运用全部资产获取经济利益的能力越强，反之则越弱。由于总资产来源于所有者投入资本和举债两个方面，在对该指标进行分析时不仅考察了总资产的利用效果，也是对公司利用债权人和投资人资金所获取收益的投资效果分析。总资产报酬率的计算公式为

$$总资产报酬率 = （利润总额 + 利息支出）/平均资产总额 \times 100\%$$

影响总资产报酬率的因素包括净利润和平均资产总额两个方面，为了提高该指标一方面必须提高盈利水平；另一方面还需要加强资产经营，提高资产利用率。

2. 全部资产现金回收率。

它等于经营活动产生的净现金流量与平均总资产之间的比率。比值越大说明资产利用效果越好，利用资产创造的现金流入越多，获取现金能力越强，经营管理水平越高。全部资产现金回收率的计算公式为

$$全部资产现金回收率 = 经营活动现金净流量/平均资产总额 \times 100\%$$

3. 销售收现比率。

销售收现比率是销售商品、提供劳务收到的现金与营业收入之比，它反映公司通过销售收取现金的能力。一般地，其数值越大，表明公司销售收取现金的能力越强，销售质量越高。销售收现比率的计算公式为

$$销售收现比率 = 销售商品提供劳务收到的现金/主营业务收入净额 \times 100\%$$

（三）上市公司盈利能力

对于上市公司而言，投资者更加关注公司的市场价值以及所能得到的投资回报。可以通过以下指标进行分析：

1. 每股收益。

每股收益也称为每股利润，反映普通股股东持有每一股份所能享有的利润或承担的亏损，它是衡量上市公司获利能力最常用的财务分析指标。指标数值越高，每股可得的利润越多，股东的投资效益越好。每股收益的计算公式为

$$每股收益 = 归属于普通股股东的当期净利润/当期发行在外普通股的加权平均数$$

2. 市盈率。

市盈率是指上市公司普通股股票每股市价相当于每股收益的倍数，反映投资者对于

公司所报告的每元净收益愿意支付的代价，可以用来估计股票的投资报酬和风险。市盈率的计算公式为

$$市盈率 = 普通股每股市场价格/普通股每年每股盈利$$

市盈率是股票投资者对股票进行技术分析的一个基本衡量标准，它表明每股普通股的现行市场价格与目前获利的关系，反映证券市场对公司将来收益和与之相关风险的评估。在实际操作中，正确的方法是在选择股票时将准备投资股票的市盈率与其同行业股票的市盈率水平作比较。

3. 股利支付率。

股利支付率是普通股每股股利与每股利润的比率，该指标反映普通股股东从每股的全部盈余中得到了多少。就单独的普通股投资者来说，这一指标比每股盈余更能直接体现当前利益。股利支付率的计算公式为

$$股利支付率 = 每股股利/每股净收益 \times 100\%$$

股利支付并没有一个固定的衡量标准，各公司可根据经营方针、市场变化等状况决定自己的股利政策。

二、盈利质量

分析企业盈利能力质量的指标主要有销售净现率、净利润现金比率和现金毛利率。

1. 销售净现率。

该比率反映了经营活动产生的现金净流量与销售收入之间的比率关系，反映了当期主营业务资金的回笼情况。销售净现率的计算公式为

$$销售净现率 = 经营现金流量净额/销售收入 \times 100\%$$

2. 净利润现金比率。

该比率反映经营活动产生的现金净流量与净利润之间的比率关系。净利润现金比率的计算公式为

$$净利润现金比率 = 经营现金流量净额/净利润 \times 100\%$$

3. 现金毛利率。

该指标是对销售净现率的有效补充。现金毛利率的计算公式为

$$现金毛利率 = 经营现金净流量/经营活动现金流入量 \times 100\%$$

三、盈利能力分析的局限性

现行以财务报表为基础的盈利能力分析存在着诸多局限性。主要表现在两个方面：一是这种方法所依据的会计信息的局限性；二是这种方法自身存在的局限性。盈利能力评价指标的主要数据源于公司利润表，该指标受许多主、客观因素的影响，从而使得指标在不同的公司甚至同一公司不同的时期不具备可比性。

1. 同一经济业务多种会计处理方法的存在使得净利指标失去可比性。

如存货计价、固定资产折旧、坏账、对外投资、外币汇率、所得税等业务的处理。

2. 净利润确定过程中存在着主观估计因素。

如坏账准备的计提比例允许在 0.3% ~ 0.5% 选择，固定资产的残值允许在 3% ~ 5% 估计，超出此范围也有一定的弹性（需要报经税务部门批复）。固定资产、无形资产、递延资产摊销年限的确定也都不同程度地存在主观估计因素，这些因素导致最终的净利指标主观成分颇重。

3. 净利润是会计四大假设的基础上遵循历史成本、权责发生制、配比原则计算的结果。

四大假设隐含着币值稳定的前提，在通货膨胀情况下公司收入按现时物价水平计量，而成本按历史水准计量，因而净利指标会出现不同程度的失真。从主观上来说，经营者为了达到自身的目的，往往会对会计报表进行不同程度的粉饰，刻意美化净利指标，例如虚列销售收入及应收账款、利用关联交易进行费用和利润转嫁、尽可能少地披露表外信息等。

此外，从财务报表分析方法来看，主要利用三种报表特定项目之间的逻辑关系并依此为基础进行评价。这些报表既可以反映特定日期财务状况的静态情况，也反映特定期间经营成果的动态情况，对二者之中的数据进行直接比较计算本身就缺乏可比性。另外，报表主要反映公司过去期间的财务状况及经营成果，而在此基础上计算得出的财务指标值要用来对公司的未来发展趋势进行分析预测，在现如今经济环境多变的情况下已经难以实现。公司过去、现在、未来之间的经营相关性逐步减弱，不确定性日益加大，会计利润与财务实力之间并不具有直接相关性，片面强调净利指标容易造成经营者为追求短期效益而牺牲长期效益的短期行为，不注重科技开发、新产品研制、人力资源投入等，这种行为不利于公司的健康发展，有悖于股东财富最大化的经营目标。

总之，通过财务报表对盈利能力进行分析是一种重量而轻质的分析、重结果而轻过程（或原因）的分析，是一种建立在静态数据基础之上的分析。而影响盈利能力的因素是复杂的、多方面的，在对现行盈利能力进行分析的同时应结合其他因素进行分析，包括非财务方面的综合信息。

第五节　发展能力分析

发展能力通常是指公司通过自身的生产经营活动，不断扩大积累而形成的发展趋势和发展潜能，发展能力分析的主要指标有销售增长率、营业利润增长率、净利润增长率、资本积累率和资产增长率，在分析发展能力指标时要注意指标间的联系，从合理的角度分析判断发展能力的强弱，进而正确判断公司的发展能力。

一、评价发展能力的主要指标

1. 销售增长率。

销售是公司价值的表现，公司产品市场占有率越高，说明竞争能力越强，发展前途越好，销售增长率的表现指标有主营业务收入增长率。为防止销售收入短期波动对指标产生的影响，分析时可同时计算三年销售的平均增长率。销售增长率的计算公式为

$$销售增长率 = (本期营业收入 - 上期营业收入)/上期营业收入 \times 100\%$$

销售增长率大于 0，表明营业收入增加，销售能力增强；销售增长率小于 0，表明营业收入减少，销售活动的发展能力减弱。营业利润增长率的计算公式为

$$营业利润增长率 = (本期营业利润 - 上期营业利润)/上期营业利润 \times 100\%$$

营业利润增长率是分析本期营业利润比上期营业利润增长幅度的财务指标，表明公司在营业活动盈利方面的发展能力。营业利润增长率大于 0，表明营业利润增加，营业活动的利能力增强；营业利润增长率小于 0，表明营业利润减少，营业活动盈利能力减弱。净利润增长率的计算公式为

$$净利润增长率 = (本期净利润 - 上期净利润)/上期净利润 \times 100\%$$

净利润增长率是分析本期净利润比上期净利润增长幅度的财务指标，表明公司在净盈利方面的发展能力。净利润增长率大于 0，表明净利润增加，净盈利能力增强；净利润增长率小于 0，表明净利润减少，净盈利能力减弱。

2. 资本积累率。

净资产积累越多，公司资本保全越强，其应付风险和持续发展的能力越强。在净资产收益率不变或增长的情况下，净资产规模与收入之间存在着同向变动的关系。净资产规模的增长反映着公司不断有新的资本收益留存，表明了公司在过去的经营活动中有较强的盈利能力，在实务分析中可以分析资本的积累率并同时计算三年资本的平均增长率。资本积累率的计算公式为

$$资本积累率 = (股东权益期末余额 - 股东权益期初余额)/股东权益期初余额 \times 100\%$$

上式是针对上市公司资本积累率的公式，对于非上市公司而言，资本积累率的计算公式为

$$资本积累率 = (所有者权益期末余额 - 所有者权益期初余额)/所有者权益期初余额 \times 100\%$$

资本积累率是分析股东权益或所有者权益期末余额比期初余额增长幅度的财务指标，表明公司资本的积累能力。资本积累率大于 0，表明股东权益或所有者权益增加，资本积累能力增强；资本积累率小于 0，表明股东权益或所有者权益减少，资本积累能力减弱。

3. 资产增长率。

资产是取得收入的保障，资产增长是公司发展的一个重要方面，也是实现价值增长的重要手段。在总资产报酬率固定增长的情况下，资产规模与收入规模之间存着同向变动的关系。因此，在实务分析中常采用计算三年总资产平均增长率的方式判断公司规模扩张的情况。资产增长率的计算公式为

$$资产增长率 = (资产期末余额 - 资产期初余额)/资产期初余额 \times 100\%$$

资产增长率是分析资产期末余额比资产期初余额增长幅度的财务指标。资产增长率大于 0，表明资产增加，资产规模扩大；资产增长率小于 0，表明资产减少，资产规模缩减。

二、发展能力指标分析中应注意的问题

（一）销售增长率的分析

销售增长不仅需要良好的销售策略，还需要生产和运营规模的扩大如增加固定资产和存货等资产项目的投资，只有资产投入的增长才能带动营业收入稳定、持续的增长。

在分析销售增长率时要把销售增长率与资产增长率相结合进行分析。如果销售增长率低于资产增长率，则表明营业收入的增长依赖于更多的资产投入，营业收入的增长不具有效益性，公司的发展能力较弱；如果销售增长率高于资产增长率，则表明营业收入的增长依赖于较少的资产投入，营业收入的增长具有效益性，公司在销售方面具有良好的发展能力。

（二）营业利润增长率的分析

营业利润受到营业收入、营业成本、营业税金及附加、销售费用、管理费用和财务费用等因素的影响，但营业利润的增长主要取决于营业收入的增长。如果营业收入保持不变甚至减少，单纯依靠营业成本、期间费用和资产减值损失等项目的减少或投资收益和公允价值变动收益项目的增加是难以形成营业利润的持续增长的。

在分析营业利润增长率时，要把营业利润增长率与销售增长率相结合进行分析。如果营业利润增长率低于销售增长率，则表明营业成本、营业税费和期间费用等成本费用项目的增长超过了营业收入的增长，公司营业活动的盈利能力减弱；只有营业利润增长率高于销售增长率，才表明营业活动的盈利能力增强，公司的发展能力增强。

（三）净利润增长率的分析

净利润受到营业利润和营业外收支项目的影响，其中营业利润是形成净利润稳定而持续的来源，而营业外收支受到偶然和非正常因素的干扰，对净利润的影响通常较小。在分析净利润增长率时，要把净利润增长率与营业利润增长率相结合进行分析。如果净利润的增长主要源于营业利润的增长，则表明营业活动的盈利能力较强；如果净利润的增长不是主要源于营业利润的增长而是源于营业外收入的增长，则表明营业活动的盈利能力较弱。

（四）资本积累率的分析

资本的积累一方面取决于股本或实收资本和资本公积的增长；另一方面取决于盈余公积和未分配利润即留存收益的增长，其中留存收益的增长是股东权益或所有者权益增长的稳定而持续的来源，而留存收益的增长则依靠净利润的增长。

在分析资本积累率时，要分析股东权益或所有者权益增长的来源。只有股东权益或所有者权益的增长主要源于留存收益的增长和净利润的增长，才表明公司的发展能力较强。如果股东权益或所有者权益的增长主要源于股本或实收资本的增长，则表明公司的发展能力较弱。

（五）资产增长率的分析

资产增长是销售增长的基础，只有能带来更多销售增长的资产增长才是有效的。否则，资产增长就是浪费资源，是无效的资产增长。

在分析资产增长率时，要把资产增长率与销售增长率相结合进行分析。如果资产增长率高于销售增长率，则表明用较多的资产投入产生了较少的营业收入回报，资产的增长不具有效益性，公司的发展能力较弱；如果资产增长率低于销售增长率，则表明用较少的资产投入产生了较多的营业收入回报，资产的增长具有效益性，公司的发展能力较强。

在分析资产增长率同时还要分析资产增长的来源，资产的增长一方面取决于股东权益或所有者权益的增长，另一方面取决于负债的增长。如果资产的增长主要取决于负债的增长，则表明公司债务负担加重，偿债能力减弱；如果资产的增长主要取决于股东权益或所有者权益的增长，则很可能表明公司的发展能力较强。

此外，在分析发展能力时要结合多期的指标数据，如果增长只发生在个别时期则表明公司的发展可能受到一些偶然和非正常因素的影响，发展能力的可持续性较差，只有长期持续稳定的增长才能表明公司发展能力较强，具有可持续性。

三、发展能力指标改进

（一）发展能力的内涵

现行许多公司财务管理的目标是价值最大化，基于此目标的内涵是价值的增长，即公司价值增长分析应当是发展能力分析的核心，公司的发展最终必须体现为价值的增长。

（二）发展能力评价的主要财务指标：经济增加值（EVA）

安然公司在 20 世纪 90 年代后期净利润和每股收益都呈上升趋势，按照传统财务评价方法，这表明安然公司美好的前景，但若用 EVA 来进行分析，结果将会大相径庭。1996～2000 年，安然公司的 EVA 除 1997 年为正值外其余年份均为负值，且 EVA 呈明显的下滑趋势，这说明安然公司利润增长的过程不仅没有创造价值，反而在侵蚀价值且呈扩展趋势。因此，如何看待传统的发展能力评价指标是重要的议题。比如，在传统的增长能力指标中，销售和市场份额等指标在提供财务信息方面存在着较大的不足，有可能出现在亏损的情况下还增加产量和市场份额的情形，也有可能存在忽视资金成本只注重账面利润的问题。

经济增加值是投资资本收益超过加权平均资金成本部分的价值，或者是未来现金流量以加权平均资金成本率折现后的现值大于零的部分，其计算公式为

$$经济增加值 = （投资资本收益率 - 加权平均资本成本率）× 投资资本总额$$

其中，投资资本总额等于计算期所有者权益与有息负债的平均数之和，有息负债一般仅指有息长期负债；投资资本收益率是息前税后利润除以投资资本总额后的比率；加权平均资金成本根据各项资金占全部资金比重和各资金成本加权平均计算确定。

经济增加值的增长率是本年经济增加值减去上年经济增加值后的差额与上年经济增加值的比率，为克服短期的异常波动，可以计算连续三年的平均经济增加值增长率。

以经济增加值增长率作为发展能力的考核指标具有普遍的实际意义，现代财务管理

要求公司建立以价值管理为核心的战略财务体系，以经济增加值作为评价指标可以使得公司的目标与投资者要求的目标相吻合。经济增加值可以促使高层更加有效地使用资本，努力提高资产的运作效率，促进公司的长期健康发展。

| 课堂案例 4-1 |

上市公司盈利能力

（一）案例内容

中国铁建股份有限公司于 2007 年在北京成立，是国资委管辖下的大型建筑企业，同时在上交所和港交所上市，为中国乃至全球最大和最有影响力的建筑公司之一。公司业务涵盖工程建设、房地产、工业制造、物流、特许经营、矿产资源和金融保险，经营范围几乎涵盖国内所有地域，海外业务也已经拓展到世界上 77 个国家和地区，在行业内多个领域处于领先地位。

（二）案例分析

1. 营业收入分析。

经过资料收集整理得到中国铁建股份有限公司 2010～2014 年的营业总收入分别为 2010 年的 47015879 万元、2011 年的 45736611 万元、2012 年的 48431293 万元、2013 年的 58678959 万元、2014 年的 59196845 万元。

该公司营业收入 2011 年与 2010 年相比略有下降，而 2012 年、2013 年、2014 年营业收入均比上年有所增加。

2. 营业成本分析。

对营业成本进行分析得到中国铁建股份有限公司 2010～2014 年的总营业成本分别为 2010 年的 46443412 万元、2011 年的 44757782 万元、2012 年的 47381492 万元、2013 年的 57448495 万元、2014 年的 57767914 万元。

该公司营业总成本与营业收入情况相似，2011 年与 2010 年相比略有下降，而 2012 年、2013 年、2014 年营业总成本均比上年有所上涨。

3. 费用分析。

从表 4-1 可以看出，2010～2014 年的五年间，中国铁建股份有限公司销售费用、管理费用及财务费用都是呈现上升趋势，其中管理费用在期间费用中占比最高，远超销售费用和财务费用，可见该公司未来如何实现管理费用的控制将对最终盈利产生极大的影响。

表 4-1　　　　　　　　　　　　　　费用分析表　　　　　　　　　　　单位：万元

年份	2010	2011	2012	2013	2014
销售费用	153099	174592	194645	250922	325161
管理费用	1915924	1985140	2070577	2271984	2284524
财务费用	51116	198175	350058	374944	428969

4. 盈利能力持续性分析。

从表4-2可以看出,从2010~2014年的五年间,中国铁建股份有限公司无论是利润总额还是营业利润抑或是净利润都实现了五连增。尤其是2011年相较于2010年净利润增长率更是达到82.59%,2012年净利润同比增长8.10%,2013年净利润同比增长22.52%,2014年净利润同比增长10.85%。无论是绝对数字还是相对数字,中国铁建股份有限公司近五年的盈利水平都是实现了较快幅度的增长,故可以判定公司盈利能力具有较好的持续性。

表4-2　　　　　　　　　　　　　利润分析表　　　　　　　　　　　　单位:万元

年份	2010	2011	2012	2013	2014
利润总额	608876	1005589	1089586	1303974	1495254
营业利润	583962	992957	1068819	1228341	1438059
净利润	431664	788196	852062	1043938	1157157

5. 以销售为基础的分析。

从表4-3可以看出,从2010~2014年的五年间,中国铁建股份有限公司销售收入基本呈现增长态势,销售毛利率保持基本稳定,销售收入增长率处于较大幅度的震荡中。从行业平均水平来看,该公司的销售毛利率依然有不小提升空间,所以对未来保证持续盈利的能力持乐观态度。

表4-3　　　　　　　　　　　　　销售收入对照表

年份	销售收入（万元）	销售毛利率（%）	销售收入增长率（%）
2010	47015879	8.83	32.25
2011	45736611	10.5	-2.72
2012	48431293	10.62	5.89
2013	58678959	10.15	21.16
2014	59196845	10.85	0.88

6. 营业利润率的分析。

从表4-4可以看出,2011年营业利润率相比2010年增长幅度高达75%,当年该公司的营业利润增长迅速,达到了992957万元。2012年和2014年营业利润也保持着很高的增长率,只有2013年营业利润率相比2012年有所降低,但是营业利润的净值依然达到了一个很高的水平。

表 4 - 4 营业利润对照表

年份	营业利润（万元）	营业利润率（%）	营业利润率增长率（%）
2010	583962	1.24	—
2011	992957	2.17	75
2012	1068819	2.21	18.43
2013	1228341	2.09	− 5.43
2014	1438059	2.43	16.27

7. 资产获利能力分析。

从表 4 - 5 可以看出，2010 年中国铁建股份有限公司净利润为 424622 万元，总资产净利率为 1.36%，2011 年该公司净利润为 785429 万元，而总资产净利率也增长到了 2.04%，增长幅度高达 50%。2012 年、2013 年、2014 年三年总资产净利率基本趋于稳定，呈现小幅波动。

表 4 - 5 总资产净利率分析表

年份	净利润（万元）	总资产净利率（%）	总资产净利率增长率（%）
2010	424622	1.36	—
2011	785429	2.04	50
2012	847889	1.89	− 7.35
2013	1034466	2.02	6.89
2014	1134327	1.98	− 1.98

关 键 术 语

资产负债表　利润表　现金流量表　股东权益变动表　资产质量　经营业绩　勾稽关系　流动资产　非流动资产　所有者权益　固定资产　无形资产　收入　费用　营运资金　流动比率　速动比率　现金负债比率　现金比率　资产负债率　权益乘数　产权比率　偿债能力　有形资产负债率　有形净值负债率　营运能力　流动资产周转率　存货周转率　总资产周转率　应收账款周转率　盈利能力　净资产收益率　所有者权益报酬率　总资产报酬率　全部资产现金回收率　销售收现比率　每股收益　市盈率　股利支付率　盈利质量　销售净现率　净利润现金比率　现金毛利率　发展能力　销售增长率　营业利润增长率　净利润增长率　资本积累率　资产增长率　经济增加值

本 章 练 习

一、思考题

1. 阐述偿债能力的意义。

2. 分析债权筹资与股权筹资分别对公司偿债能力的影响。

3. 公司盈利能力与偿债能力之间有何关系？

4. 何谓市盈率？市盈率的高低由哪些因素决定？

二、单项选择题

1. 如果流动比率为 2:1，速动比率为 1:1，如果部分存货被卖出，则（   ）。

A. 流动比率下降   B. 流动比率不变   C. 速动比率下降   D. 速动比率不变

2. 偿付应付账款，将使得速动比率（   ）。

A. 增加   B. 减少   C. 不变   D. 不一定

3. 某公司有普通股 20000 万股，当年实现的利润总额为 100000 万元，股票市场上该股票价格为 60 元/股，则该企业的市盈率（企业所得税税率为 25%）（   ）。

A. 10   B. 12   C. 16   D. 30

4. 某公司某年实现净利润 22000 万元，年末普通股股数为 6000 万股，年度内普通股股数没有变化，则该公司的每股收益为（   ）。

A. 3   B. 3.8   C. 4.2   D. 3.7

三、多项选择题

1. 分析短期偿债能力的比率有（   ）。

A. 流动速率   B. 资产负债率   C. 速动比率   D. 权益乘数

2. 下列各项指标中，可用于分析企业长期偿债能力的有（   ）。

A. 产权比率   B. 流动比率   C. 负债比率   D. 利息保障倍数

3. 对股份制企业，反映其获利能力的比率有（   ）。

A. 总资产净利率   B. 市盈率   C. 股东权益报酬率   D. 销售净利率

四、计算题

1. 已知泰山公司与黄山公司的相关财务数据如下：

泰山公司与黄山公司的相关财务数据　　　　　　单位：元

科目	泰山公司	黄山公司
货币资金	4698000	4266000
交易性金融资产	5400000	2808000
应收账款	10098000	8316000
存货	4212000	11556000
待摊费用	1350000	5130000
流动资产合计	25758000	32076000
应付账款	8154000	9882000
短期借款	6156000	6966000
流动负债合计	14310000	16848000

请回答下列问题：

（1）计算两家公司的营运资金，流动比率和速动比率；

（2）分析两家公司的短期偿债能力，并且作比较；

（3）计算速动比率可获得那些额外信息。

2. 某公司 2008 年度营业收入为 2000 万元，营业成本为 1600 万元；年初、年末收账款余额分别为 200 万元和 400 万元；年初、年末存货余额分别为 200 万元和 600 万元；年末速动比率为 1.2，年末现金与流动负债的比为 0.7，假定该企业流动资产由速动资产和存货组成，速动资产由应收账款和现金类资产构成，1 年按 360 天计算。

要求：

（1）计算 2008 年应收账款周转天数；

（2）计算 2008 年存货周转天数；

（3）计算 2008 年年末流动资产余额和速动资产余额；

（4）计算 2008 年年末流动比率。

3. 试根据下列补充资料计算新星公司 2016 年资产负债表上缺失数据的项目金额。

2016 年 12 月 31 日资产负债简表　　　　单位：元

资产	年末数	负债及所有者权益	年末数
货币资金	47500	应付账款	
应收账款		应交税费（所得税）	47500
存货		长期借款	
固定资产	558600	实收资本——普通股	418000
		未分配利润	
资产总计	820800	负债及所有者权益总计	820800

补充资料：

（1）销售毛利率 30%；

（2）毛利额 598500 元；

（3）应收账款周转率为 12.5 次；

（4）流动比率为 1.5；

（5）权益乘数为 1.8。

4. 某公司 2008 年利息费用 50 万元，所得税 35 万元，净利润 93 万元，资产总额年初、年末分别为 600 万元和 625 万元，所有者权益年初、年末分别为 350 万元和 380 万元，存货年初、年末分别为 190 万元和 200 万元，流动负债年初、年末分别为 210 万元和 230 万元，流动比率年初、年末分别为 1.8 和 2.1。试计算：

（1）总资产报酬率，净资产收益率；

（2）流动资产年初、年末数；

（3）速动比率的年初、年末数。

第五章 公司投融资决策

学习目标

1. 了解债券融资与财务杠杆的含义。

2. 了解财务杠杆收益和风险的含义；理解财务杠杆的作用机理和效应；掌握财务杠杆系数公式与相关的计算。

3. 理解成本习性和边际贡献的含义；掌握相关的计算公式。

4. 理解经营杠杆和联合杠杆的含义；掌握经营杠杆和联合杠杆系数公式与相关的计算。

5. 了解公司债券发行的发行资格、条件、方式、程序、要素和价格；了解公司采用债券筹措资金的主要优点和缺点。

6. 了解可转换债券的发行条件；理解可转换债券的转换价格、转换比率、转换期、赎回条款、回售条款、强制性转换条款等内容。

7. 理解课堂应用案例中债转股筹资方式的应用。

8. 了解股权融资含义和渠道；理解股权融资在公司投资与经营方面具有的优势。

9. 了解中国现有许多上市公司股权融资偏好的根本原因。

10. 了解股利政策的含义、涉及的内容、不同股利政策的利弊和上市公司股利支付的形式；了解中国上市公司股利分配的现状；了解股利政策的相关理论。

11. 了解股票分割和股票回购的含义；了解公司发放股票股利时对股票市价的影响；了解股票回购含义、方式、价格、传递的信号和产生的作用及回购需满足的条件。

12. 理解课堂案例中股利政策和资本结构的应用内容。

13. 了解股权投资的含义和类型；掌握股权投资的成本法核算和权益法核算的内容和方法；确认股权投资成本核算等内容。

14. 了解公司证券投资的含义、目的和风险；了解证券投资的种类和风险；掌握短期证券收益率和长期证券收益率计算公式；掌握股票投资收益率公式；了解证券投资的影响因素；了解证券投资组合相关理论，了解系统性风险和非系统性风险的含义及 β 计算方式；会利用资本资产定价模型计算证券投资组合的风险收益；了解证券投资组合的策略与方法。

先导案例

不要把鸡蛋放在一个篮子里

美国曾有一家银行因违规营业以及财务上的问题被联邦政府勒令关闭。该公司被接管后，马上通知所有的有款人前往提款。因为美国的银行有十万美元的存款保障，也就是说银行倒闭时客户的存款若在十万美元以内，都不会受到损失。可是许多人的存款超过十万美元，有的甚至高达百万美元，结果毕生积蓄化为乌有。公司、个人和家庭在进行资产配置时，记住不要把所有的鸡蛋放在一个篮子里，尽量做到多元化投资，分散风险。

第一节 债券融资与财务杠杆

自从著名的MM定理被提出以来，财务理论界和实务界就开始将关注的焦点放在最佳资本结构决策领域，提高公司市场价值和实现财务管理目标就成为调整资本结构的最终目标。对于上市公司而言，想要使公司价值最大限度地提升，尽量扩大股东收益规模是其主要途径。财务杠杆和资本结构联系紧密，财务杠杆效应是资本结构效应的一种重要表现。

一、债务融资与财务杠杆机理

（一）息税前利润

息税前利润（earnings before interest and tax，EBIT）就是在不考虑利息的情况下上交所得税前的利润，也可以称为息前税前利润。

比如一个公司营业收入200000元，总成本150000元，其中发生财务费用下利息支出10000元，所得税税率为25%，则

公司净利润 =（200000 - 150000）×（1 - 25%）= 37500（元）

税前利润就是在交税前的利润总和，本例的税前利润是50000元（200000 - 150000），这还不是息税前利润。再来看利息，如果在求利润的时候不考虑利息，那么计算出来的就是息税前利润，由于公司成本是包括财务费用下利息的，所以不考虑利息的成本为140000元（150000 - 10000），所以息税前利润为60000元（200000 - 140000）。

（二）财务杠杆的含义

财务杠杆是指由于固定融资成本特别是债务利息和优先股息的存在而导致普通股每股利润变动率大于息税前利润变动率的杠杆效应。从西方理财学到中国学术界对财务杠杆的理解大体有以下几种观点：第一，将财务杠杆定义为"公司在制定资本结构决策时对债务融资的利用"，因而财务杠杆又被称为融资杠杆、资本杠杆或者负债经营，这种定义强调财务杠杆是对负债的一种利用；第二，认为财务杠杆是指在筹资中适当举债，

通过调整资本结构给公司带来额外收益，如果负债经营使得每股收益上升便称为正财务杠杆，如果使得每股收益下降则称为负财务杠杆，这种定义中的财务杠杆强调的是通过负债经营而引起的结果。

（三）财务杠杆的作用机理

财务杠杆是公司利用负债和优先股融资来调节普通股权益资本收益的一种手段，财务杠杆产生的前提是固定融资成本与所得税两个具体条件，而财务杠杆的具体作用原理可以从净资产利润率的角度分析。由于支付利息和优先股股息费用可以看作是固定的，不论公司的经营情况如何，固定性财务费用会伴随公司负债经营而产生。如果公司利息和优先股息费用处于一个基本固定的状态，那么当公司盈利水平提高时，扣除债权人相对固定利息费用和优先股息费用后，普通股投资者获得的实际利润会相对提高。反之，公司盈利水平较低时，扣除债权人相对固定利息费用和优先股息费用后，普通股投资者获得的实际利润就相对较少。一旦财务杠杆在公司中产生，通常便会孕育出正负两种性质的结果。若单位利润所摊派的固定费用随着息税前利润的增加而下降，促使每股普通股的利润增加，则给股东带来收益，如果公司需要支付更多的利息而使得公司股东权益受损，则财务杠杆的使用是不恰当的。

财务杠杆效应就是通过对财务杠杆的选择而对净资产利润率造成影响。假设公司总资产为 A，净资产为 NA，负债为 B，负债利率为 R_b，所得税税率为 T，EBIT 为息税前利润，假定财务杠杆变动前后公司运用资产的效率不变，即公司息税前总资产利润率 $ROA = EBIT/A$ 为定值，则在公司运用财务杠杆时净资产利润率为

$$\begin{aligned}
ROE_{FL} &= [EBIT - B \times R_b] \times (1 - T)/NA = A/NA \times EBIT/A \times (1 - T) - B \times R_b \times (1 - T)/NA \\
&= (1 + B/NA) \times ROA \times (1 - T) - B \times R_b \times (1 - T)/NA \\
&= ROA \times (1 - T) + B/NA \times ROA \times (1 - T) - B \times R_b \times (1 - T)/NA \\
&= [ROA + (ROA - R_b) \times B/NA] \times (1 - T)
\end{aligned}$$

当公司无财务杠杆即 $B = 0$、$NA = A$ 时，净资产利润率为

$$ROE = EBIT \times (1 - T)/A = ROA \times (1 - T)$$

用公司运用财务杠杆时的 ROE_{FL} 减去无财务杠杆时的 ROE，则

$$\Delta ROE = ROE_{FL} - ROE = [(ROA - R_b) \times B/NA] \times (1 - T)$$

从上式不难发现，财务杠杆的效应取决于总资产息税前利润率，当总资产息税前利润率大于负债利率时，公司运用财务杠杆就可以提高净资产利润率，这时财务杠杆就产生正效应；当总资产息税前利润率小于负债利率时，公司运用财务杠杆就会降低净资产利润率而产生负效应，甚至因不能按期履行还本付息的义务而出现财务困境，由此产生一系列的成本而抵消财务杠杆的抵税优势。

二、财务杠杆的衡量

（一）财务杠杆收益和风险

从每股利润的角度分析，财务杠杆反映息税前利润与普通股每股利润之间的关系，特别用于衡量息税前利润变动对普通股每股利润变动的影响程度，它是作为财务杠杆收

益和财务杠杆风险的衡量指标。

例 5.1 S 公司资本总额为 1000 万元,权益资本 800 万元(权益资本全部为普通股,每股 1 元),负债资本 200 万元。现公司为筹建大型基础设施需追加资本 200 万元,有两种方案:方案 A 是继续增加权益资本 200 万元(按照每股 1 元发行股票);方案 B 是继续增加负债资本 200 万元。假定 S 公司的负债年利息率为 10%,该公司所得税税率为 25%。通过分析两种方案下的相关财务指标来进行负债融资决策。

解:首先进行无差异息税前利润的计算,即分析两种方案下普通股每股利润(EPS)相同时 EBIT 的数值:

$$(EBIT - 200 \times 10\%) \times (1 - 25\%)/(800 + 200) = (EBIT - 400 \times 10\%) \times (1 - 25\%)/800$$

$$EBIT = 120(万元)$$

可见,当息税前利润 EBIT 为 120 万元时两种方案下普通股每股利润相同。

当公司根据财务预算已知息税前利润大于 120 万元,取 EBIT 为 240 万元,计算两种方案下的 EPS。

方案 A:$EPS = (EBIT - 200 \times 10\%) \times (1 - 25\%)/(800 + 200) = 0.165(元)$

方案 B:$EPS = (EBIT - 400 \times 10\%) \times (1 - 25\%)/800 = 0.1875(元)$

当公司根据财务预算已知息税前利润小于 120 万元,取 EBIT 为 80 万元,计算两种方案下的 EPS。

方案 A:$EPS = (EBIT - 200 \times 10\%) \times (1 - 25\%)/(800 + 200) = 0.045(元)$

方案 B:$EPS = (EBIT - 400 \times 10\%) \times (1 - 25\%)/800 = 0.0375(元)$

通过以上财务指标分析,可以得出以下结论:本例中无差异点的 EBIT 为 120 万元时,方案 A 的普通股每股利润和方案 B 的普通股每股利润是相同的,即 $EPS_A = EPS_B = 0.075$ 元,说明负债融资所筹资金的收益刚好够支付负债的利息,既没有剩余也没有不足,此时两种方案均可行。在息税前利润 EBIT 为 240 万元时,方案 B 的普通股每股 0.1875 元的利润高于方案 A 的普通股每股 0.165 元的利润,说明负债所筹资金的收益除支付负债的利息外还有剩余,这些剩余部分会加到普通股上进行分配,从而使普通股每股利润提高,这种普通股每股利润随着负债金额的增加而提高的现象就是财务杠杆正效应的表现。在息税前利润 EBIT 为 80 万元时,方案 A 的普通股每股 0.045 元的收益高于方案 B 的普通股每股 0.0375 元的利润,说明负债所筹资金的收益不足以支付负债的利息,不足部分须从普通股的收益中拿去一部分去支付,从而使普通股每股利润降低,这种普通股每股利润随着负债金额的增加而降低的现象就是财务杠杆负效应的表现。因此,财务杠杆收益和财务杠杆风险始终伴随着财务杠杆的出现而出现。

(二)财务杠杆系数

为了反映息税前利润变动对普通股每股利润变动的影响程度,本节引入财务杠杆系数(degree of financial leverage,DFL),它是指息税前利润变动率所引起的普通股每股利润变动率的大小,它的计算公式为

$$DFL = \frac{普通股每股利润变动率}{息税前利润变动率} = \frac{\Delta EPS/EPS}{\Delta EBIT/EBIT}$$

其中,DFL 为财务杠杆系数;ΔEPS 为普通股每股税后利润变动额;EPS 为普通股

每股税后利润额（每股盈余）；ΔEBIT 为息税前利润变动额；EBIT 为息税前利润。

为了便于计算，将公式变化如下：

假设债务利息为 I，公司所得税率为 T，N 为普通股股数，则

$$EPS = \frac{(EBIT - I) \times (1 - T)}{N}$$

$$\Delta EPS = \frac{\Delta EBIT \times (1 - T)}{N}$$

那么，

$$DFL = \frac{\Delta EPS/EPS}{\Delta EBIT/EBIT} = \frac{\dfrac{\Delta EBIT \times (1 - T)}{N} \bigg/ \dfrac{(EBIT - I) \times (1 - T)}{N}}{\Delta EBIT/EBIT} = \frac{EBIT}{EBIT - I}$$

当存在优先股时，财务杠杆系数公式为

$$DFL = \frac{\Delta EPS/EPS}{\Delta EBIT/EBIT} = \frac{\dfrac{\Delta EBIT \times (1 - T)}{N} \bigg/ \dfrac{(EBIT - I) \times (1 - T) - D}{N}}{\Delta EBIT/EBIT} = \frac{EBIT}{EBIT - I - \dfrac{D}{1 - T}}$$

其中，D 为优先股股利。

从以上公式可以看出，财务杠杆系数与财务风险同方向变化，如果没有债务利息和优先股股利，则不存在财务杠杆作用。

例 5.2 某公司全部资本为 2800 万元，负债比率为 40%，负债利率为 10%，当销售额为 2000 万元时，息税前利润为 400 万元，公司所得税税率为 25%，该公司财务杠杆系数为多少？

解：

$$DFL = \frac{EBIT}{EBIT - I} = \frac{400}{400 - 2800 \times 40\% \times 10\%} = 1.39$$

假设该公司优先股股利为 100 万元，

$$DFL = \frac{EBIT}{EBIT - I - \dfrac{D}{1 - T}} = \frac{400}{400 - 2800 \times 40\% \times 10\% - 100/(1 - 25\%)} = 2.59$$

三、杠杆利益

财务管理中的杠杆效应除财务杠杆外还有经营杠杆和复合杠杆，要说明这些杠杆的原理，需要首先分析成本习性和边际贡献。

（一）成本习性和边际贡献

成本习性是指成本总额与业务量之间在数量上的依存关系，公司全部成本按照习性可以分成固定成本、变动成本和混合成本三类。固定成本是指其总额在一定时期和一定业务量范围内不随业务量发生变动的那部分成本，固定成本可进一步区分为约束性固定成本和酌量性固定成本两类，约束性固定成本属于"经营能力"成本，是公司为维持一定的业务量所必须负担的最低成本；酌量性固定成本属于"经营方针"成本，即根

据公司经营方针由管理层确定的一定时期（通常为一年）的成本，如广告费、研究与开发费、员工培训费等都属于这类成本。应当指出的是固定成本总额只是在一定时期和一定业务量范围内保持不变。

变动成本是指其总额随着业务量成正比例变动的那部分成本，如直接材料、直接人工等都属于变动成本，变动成本也要研究"相关范围"问题，也就是说只有在一定范围之内产量和成本才能完全成同比例变化，即完全的线性关系，超过了一定范围这种关系就不存在了。

有些成本虽然也随业务量的变动而变动，但不成同比例变动，不能简单地归入变动成本或固定成本，这类成本称为混合成本，混合成本按其与业务量的关系又可分为半变动成本和半固定成本。

边际贡献（contribution margin，CM）是指销售收入减去变动成本以后的差额，通常有单位边际贡献（unit contribution margin，UCM）和边际贡献总额（total contribution margin，TCM）两种形式。单位边际贡献等于销售单价减去单位变动成本，边际贡献总额是各种产品的销售收入总额与销售变动成本总额之差，它反映一定时期一定数量产品将为公司的营业净利能作出多大贡献，即边际贡献总额等于销售收入总额减去销售变动成本总额。

在产品销售过程中，一定量边际贡献首先是用来弥补生产经营活动所发生的固定成本总额，如有多余才能构成公司利润，这就有可能出现以下三种情况：

第一，当提供的边际贡献刚好等于所发生的固定成本总额时，公司不盈不亏。

第二，当提供的边际贡献小于所发生的固定成本总额时，公司发生亏损。

第三，当提供的边际贡献大于所发生的固定成本总额时，公司将会盈利。

因此，边际贡献的实质所反映的就是产品为公司盈利所能作出的贡献大小，只有当产品销售达到一定的数量后，所得边际贡献才有可能弥补所发生的固定成本总额并产生收益。

（二）经营杠杆

又称营业杠杆或营运杠杆，是指公司在经营中由于固定成本相对固定而引起的息税前利润的变动幅度超过销售收入的变动幅度，通常是单价和单位变动成本水平不变，在某一固定成本比重的作用下销售量的变动会引起息税前利润以更大的幅度变动，这可以从表5－1中得到说明。

表5－1　　　　　　　　　　销售收入与息税前利润变动幅度　　　　　　　　　单位：元

销售收入	变动成本	固定成本	息税前利润
300000	240000	60000	0
350000	280000	60000	10000
400000	320000	60000	20000
450000	360000	60000	30000
500000	400000	60000	40000

从表 5 - 1 中可以看出，假定销售收入在 30 万 ~50 万元变化，固定成本 6 万元保持不变，随着销售收入的增长，息税前利润以更快的速度增长。

经营杠杆大小一般用经营杠杆系数表示，经营杠杆系数（degree of operating leverage，DOL），是指销售量变动率引起的息税前利润变动率的大小，其计算公式为

$$DOL = \frac{息税前利润变动率}{销售量变动率} = \frac{\Delta EBIT/EBIT}{\Delta Q/Q}$$

其中，DOL 为经营杠杆系数；$\Delta EBIT$ 为息税前利润变动额；EBIT 为息税前利润；ΔQ 为销售量（额）变动额；Q 为销售量（额）。

为了便于计算，将公式变化如下：

假设 P 为销售单价，Q 为销售量，S 为销售额，F 为固定成本总额，v 为单位销量的变动成本，V 为变动成本总额，则

$$EBIT = Q \times (P - v) - F$$
$$\Delta EBIT = \Delta Q \times (P - v)$$

因此，

$$DOL = \frac{\Delta EBIT/EBIT}{\Delta Q/Q} = \frac{\Delta Q \times (P - v)/[(P - v) \times Q - F]}{\Delta Q/Q}$$

$$= \frac{Q \times (P - v)}{Q \times (P - v) - F} = \frac{S - V}{S - V - F} = \frac{TCM}{TCM - F} = \frac{TCM}{EBIT}$$

在实际中，经营杠杆系数基本公式可用于计算单一产品的经营杠杆系数，变化后的公式除可用于单一产品外，还可用于计算多种产品的经营杠杆系数。经营杠杆系数与经营风险同方向变化，如果固定成本为零，则无经营杠杆作用。

例 5.3 某公司生产 A 产品，固定成本为 60 万元，变动成本率为 40%，当销售额分别为 400 万元、200 万元和 100 万元时，经营杠杆系数分别为多少？

解：当销售额分别为 400 万元时，$DOL = \frac{400 - 400 \times 40\%}{400 - 400 \times 40\% - 60} = 1.33$

当销售额分别为 200 万元时，$DOL = \frac{200 - 200 \times 40\%}{200 - 200 \times 40\% - 60} = 2$

当销售额分别为 100 万元时，$DOL = \frac{100 - 100 \times 40\%}{100 - 100 \times 40\% - 60}$ 趋于无穷大。

经营杠杆系数的结果表明：在固定成本不变的情况下，经营杠杆系数说明了销售额增长（减少）所引起利润增长（减少）的幅度；在固定成本不变的情况下，销售额越大经营杠杆系数越小，经营风险也就越小，反之经营风险也就越大；在销售额处于盈亏临界点前的阶段经营杠杆系数随销售额的增加而递增，在销售额处于盈亏临界点后的阶段经营杠杆系数随销售额的增加而递减，当销售额达到盈亏临界点时经营杠杆系数趋近于无穷大。

公司一般可以通过增加销售额、降低产品单位变动成本、降低固定成本比重等措施使经营杠杆系数下降，降低经营风险，但这些往往要受到条件的制约。

（三）联合杠杆

从公司利润产生到利润分配整个过程来看，既存在固定的生产经营成本，又存在固

定的财务成本，那么销售额稍有变动就会使每股收益产生更大的变动，这会使得每股利润的变动率远远大于产销量的变动率，通常把这两种杠杆的连锁作用称为联合杠杆，联合杠杆可以从表 5-2 中得到说明。

从表 5-2 可知，在联合杠杆的作用下，产销量增加 20%，每股利润便增长 80%，这是经营杠杆和财务杠杆综合作用的结果。

表 5-2　　　　　　　　　　销售收入与每股利润变动幅度　　　　　　　　单位：万元

项目	2010 年	2011 年	2011 年/2010 年（%）
销售额	10000	12000	20
变动成本	6000	7200	20
固定成本	2000	2000	0
息税前利润	2000	2800	40
利息	1000	1000	0
税前利润	1000	1800	80
所得税（税率25%）	250	450	80
税后利润	750	1350	80
普通股发行在外股数	2000000	2000000	0
每股税后利润	3.75	6.75	80

从表 5-2 中（第四列）可以看出，销售额增长 20%，息税前利润则增长 40%，而税后利润和每股税后利润增长 80%，每股税后利润增长是销售额增长和息税前利润增长共同作用的结果。

联合杠杆的作用程度可以用联合杠杆系数（DTL）表示，它是指销售量变动率引起的每股利润变动率的大小，是经营杠杆系数和财务杠杆系数的乘积。其计算公式为

$$DTL = \frac{普通股每股利润变动率}{销售量变动率} = \frac{\Delta EPS/EPS}{\Delta Q/Q}$$

其中，DTL 为联合杠杆系数；ΔEPS 为普通股每股税后利润变动额；EPS 为普通股每股税后利润额（每股盈余）；ΔQ 为销售量（额）变动额；Q 为销售量（额）。

为了便于计算，将公式变化如下：

$$DTL = \frac{\Delta EPS/EPS}{\Delta Q/Q} = \frac{\Delta EPS/EPS}{\Delta EBIT/EBIT} \times \frac{\Delta EBIT/EBIT}{\Delta Q/Q} = DOL \times DFL$$

或

$$DTL = DOL \times DFL = \frac{TCM}{EBIT} \times \frac{EBIT}{EBIT - I} = \frac{TCM}{EBIT - I} = \frac{Q \times (P - v)}{Q \times (P - v) - F - I}$$

联合杠杆系数可以反映出销售量变动对每股利润的影响，表明经营杠杆与财务杠杆之间的关系，在联合杠杆的作用下，当公司经济效益好时每股利润会大幅度上升，而当公司经济效益差时每股利润会大幅度下降。联合杠杆系数越大，每股利润波动幅度越大，由此而造成的风险称为联合风险。在其他因素不变的情况下，联合杠杆系数越大，

联合风险越大；联合杠杆系数越小，联合风险越小。

例 5.4 某公司全年销售收入 300 万元，息税前利润为 100 万元，固定成本为 50 万元，变动成本率为 50%，资本总额为 200 万元，债务资本比率为 30%，利息率为 15%，试计算该公司的营业杠杆系数、财务杠杆系数和联合杠杆系数。

解：边际贡献 TCM = 销售收入 − 变动成本 = 300 − 300 × 50% = 150（万元）

息税前利润 EBIT = 边际贡献 − 固定成本 = 150 − 50 = 100（万元）

经营杠杆系数 DOL = TCM/EBIT = 150/100 = 1.5

财务杠杆系数 DFL = EBIT/(EBIT − I) = 100/(100 − 200 × 30% × 15%) = 1.0989

联合杠杆系数 DTL = DOL × DFL = 1.5 × 1.0989 = 1.648

四、债券发行

公司发行债券，必须具备规定的发行资格与条件。

（一）发行债券的资格

中国《公司法》规定，股份有限公司、国有独资公司和两个以上国有公司或者其他两个以上的国有投资主体设立的有限责任公司，有资格发行公司债券。

（二）发行债券的条件

中国《证券法》规定，有资格发行公司债券的公司，必须具备以下条件：

第一，股份有限公司的净资产额不低于 3000 万元人民币，有限责任公司的净资产额不低于 6000 万元人民币；

第二，累计债券余额不超过公司净资产额的 40%；

第三，最近三年平均可分配利润足以支付公司债券一年的利息；

第四，所筹集资金的投向符合国家产业政策；

第五，债券的利率不得超过国务院限定的利率水平；

第六，国务院规定的其他条件。

另外，发行公司债券所筹集的资金必须符合审批机关审批的用途，不得用于弥补亏损和非生产性支出，否则会损害债权人的利益。

发行公司凡有下列情形之一的不得再次发行公司债券：

第一，前一次发行的公司债券尚未募足的；

第二，对已发行的公司债券或者其债务有违约或延迟支付本息的事实，且仍处于持续状态的。

（三）发行债券的方式

债券的发行方式有委托发行和自行发行，委托发行是指公司委托银行或其他金融机构承销全部债券并按总面额的一定比例支付手续费，自行发行是指债券发行公司不经过金融机构直接把债券配售给投资单位或个人。

（四）发行债券的程序

1. 发行公司债券的决议或决定。

中国《公司法》规定可以发行公司债券的主体包括股份有限公司、国有独资公司和国有有限责任公司，发行公司债券的决议和决定是由公司最高机构作出的。

2. 发行债券的申请与批准。

拟发行债券的公司要向国务院证券管理部门提出申请并提交公司登记证明、公司章程、公司债券募集办法、资产评估报告等文件，国务院证券管理部门根据有关规定对公司申请予以核准。

3. 制定募集办法并予以公告。

公司债券发行申请被批准后应由发行公司制定公司债券募集办法，办法中应载明的主要事项有公司名称、债券总额和票面金额、债券利率、还本付息期限与方式、债券发行起止日前公司净资产额、已发行尚未到期的债券总额、公司债券的承销机构。公司制定好募集办法后应按当时、当地通常合理的方法向社会公告。

4. 募集借款。

一般地讲，公司债券发行方式有公司直接向社会发行（私募发行）和由证券经营机构承销发行（公募发行）两种。有关法规规定，公司发行债券须与证券经营机构签订承销合同并由其承销。公司发行的债券上必须载明公司名称、债券票面金额、利率、偿还期限等事项，并由董事长签名、公司签章。

（五）发行债券的要素

1. 债券的面值。

债券面值包括两个基本内容：币种和票面金额，票面金额是债券到期时偿还债务的金额，票面金额印在债券上固定不变，到期必须足额偿还。

2. 债券的期限。

3. 债券的利率。

4. 偿还方式。债券的偿还方式有分期付息、到期还本及到期一次还本付息两种。

5. 发行价格。债券的发行价格有三种：一是按债券面值等价发行，等价发行又叫面值发行或平价发行；二是按低于债券面值折价发行；三是按高于债券面值溢价发行。

溢价债券随时间价值下降，平价债券价值不变，折价债券价值上升，所有债券价值都向面值靠近最终等于面值。

例 5.5 某公司发行债券筹资，债券面值 100 元、期限 5 年，发行时市场利率 10%，每年年末付息，到期还本，试分别按票面利率为 8%、10%、12% 计算债券的发行价格。

解：若票面利率为 8%，

发行价格 $= 100 \times 8\% \times (P/A, 10\%, 5) + 100 \times (P/F, 10\%, 5) = 8 \times 3.7908 + 100 \times 0.6209 = 92.42$（元）

若票面利率为 10%，

发行价格 $= 100 \times 10\% \times (P/A, 10\%, 5) + 100 \times (P/F, 10\%, 5) = 10 \times 3.7908 + 100 \times 0.6209 = 100.00$（元）

若票面利率为 12%，

发行价格 $= 100 \times 12\% \times (P/A, 10\%, 5) + 100 \times (P/F, 10\%, 5) = 12 \times 3.7908 + 100 \times 0.6209 = 107.58$（元）

假设上例中，利息改成单利计息，到期一次还本付息，其余不变。

若票面利率为8%，

发行价格 = $100 \times (1 + 5 \times 8\%) \times (P/F，10\%，5) = 140 \times 0.6209 = 86.93$（元）

若票面利率为10%，

发行价格 = $100 \times (1 + 5 \times 10\%) \times (P/F，10\%，5) = 150 \times 0.6209 = 93.14$（元）

若票面利率为12%，

发行价格 = $100 \times (1 + 5 \times 12\%) \times (P/F，10\%，5) = 160 \times 0.6209 = 99.34$（元）

五、债券优点与缺点

公司债券是公司基本的长期债务证券，是一张长期本票。

（一）采用公司债券筹措资金的主要优点

1. 由于债务利息率通常较低（低于优先股与普通股的股息率），这样公司债券资本成本通常较低。

2. 在计算所得税时，公司债券利息支出可从收益中扣减，这样减少了公司纳税负担。

3. 与优先股一样，公司债券使公司股东能享受财务杠杆（即举债经营）的利益，有利于提高普通股每股收益。

4. 由于公司债券持有人一般不享有投票权，所以公司能够有效地保持原有股东对公司的支配地位。

（二）采用公司债券筹措资金的主要缺点

1. 增大公司的风险，甚至可能使公司破产。

2. 由于公司债券有届满期，所以容易给公司现金周转带来麻烦。

3. 由于有关公司债券法律条例的规定（例如公司举债额不得超过公司总资本的一定比例、未按时支付上期公司债券利息者不得发行新公司债券、连续数年未支付优先股股息者不得发行新公司债券等），在一定程度上约束了公司从外部筹措资金进行扩展的能力。

六、可转换债券

可转换债券是指可以转换为普通股股票的债券。可转换债券的标的物就是可以转换成的股票，一般是发行公司自己的股票，但也可以是其他公司的股票。

（一）转换价格

转换价格是将可转换债券转换为普通股的每股普通股价格。

例如，某公司发行期限为五年、面值为100元的可转换债券，规定可以按照每股50元的价格将债券转换为该公司的普通股股票，这里的50元即为转换价格。这是以某一固定价格（50元）将可转换债券转换为普通股。可转换价格是变动的，即可以逐期提高可转换价格，因为转换价格越高，债券能够转换成普通股的股数越少，所以这种逐期提高可转换价格的目的就在于促使可转换债券的持有者尽早地进行转换。

（二）转换比率

转换比率是每张可转换债券能够转换的普通股股数。可转换债券的面值、转换价格、转换比率之间存在下列关系：

$$转换比率 = 债券面值 \div 转换价格$$

（三）转换期

转换期是指可转换债券的持有人行使转换权的有效期限。可转换债券的转换期可以与债券的期限相同，也可以短于债券的期限，包括递延转换期和有限转换期。

（四）赎回条款

赎回条款是可转换债券的发行公司可以在债券到期日之前提前购回债券的规定，可转换债常常会有提前赎回条款，提前赎回条款会有两方面的影响：第一，降低债券购买价格。因为提前赎回权有利于发行方，所以定价应该小于同类无赎回权的债券。第二，迫使债券投资者行使债转股。因为只有在执行提前赎回权有利于发行方时（即赎回价格一定低于当前的市场价格时），发行方才会赎回债券，所以转换成股票可能比被发行方赎回更有利于投资者，迫使投资者行使债转股，从而享受不到股票进一步升值的获益。赎回条款可以包括下列内容：

1. 不可赎回期。

不可赎回期是可转换债券从发行时开始不能被赎回的那段期间。设立不可赎回期的目的在于保护债券持有人的利益，防止发行公司滥用赎回权，强制债券持有人过早转换债券。不过，并不是每种可转换债券都设有不可赎回条款。

2. 赎回期。

赎回期是可转换债券的发行公司可以赎回债券的期间。

3. 赎回价格。

赎回价格是事前规定的发行公司赎回债券的出价。赎回价格一般高于可转换债券的面值，两者之差为赎回溢价，赎回溢价随债券到期日的临近而减少。例如，2015 年 1 月 1 日发行面值 1000 元、期限 5 年、不可赎回期为 3 年的可赎回债券，规定到期前 2 年（即 2017 年）的赎回价格为 1030 元，到期前 1 年（即 2018 年）的赎回价格为 1020 元，到期年度（即 2019 年）的赎回价格为 1010 元等。

4. 赎回条件。

赎回条件是对可转换债券发行公司赎回债券的情况要求，即需要在什么样的情况下才能赎回债券，赎回条件分为无条件赎回和有条件赎回。

发行公司在赎回债券之前，要向债券持有人发出通知，要求他们在将债券转换为普通股与卖给发行公司（即发行公司赎回）之间做出选择。一般而言，债券持有人会将债券转换为普通股。可见，设置赎回条款是为了促使债券持有人转换股份，因此又被称为加速条款，同时也能使发行公司避免市场利率下降后继续向债券持有人支付较高的债券票面利率所蒙受的损失。

（五）回售条款

回售条款是在可转换债券发行公司的股票价格达到某种恶劣程度时，债券持有人有权按照约定的价格将可转换债券卖给发行公司的有关规定。回售条款也具体包括回售时间、回售价格等内容。

设置回售条款是为了保护债券投资人的利益，使他们能够避免遭受大的投资损失，从而降低投资风险，合理的回售条款可以使投资者具有安全感，因而有利于吸引投资者。

（六）强制性转换条款

强制性转换条款是在某些条件具备之后，债券持有人必须将可转换债券转换为股票，无权要求偿还债权本金的规定。设置强制性转换条款，在于保证可转换债券顺利地转换成股票，实现发行公司扩大权益筹资的目的。

（七）可转换债券的发行条件

根据《上市公司证券发行管理办法》，公开发行可转换公司债券的公司除应当符合证券发行一般规定外，还应当符合下列规定：

第一，最近三个会计年度加权平均净资产收益率平均不低于6%。扣除非经常性损益后的净利润与扣除前的净利润相比，以低者作为加权平均净资产收益率的计算依据；

第二，本次发行后累计公司债券余额不超过最近一期期末净资产额的40%；

第三，最近三个会计年度实现的年均可分配利润不少于公司债券一年的利息。

此外，《上市公司证券发行管理办法》还对可转换公司债券的期限、债券面值、发行公司资信评级、偿还债券余额本息、约定保护债券持有人权利的办法、债券担保、转股选择权以及价格和期限、约定赎回条款、认股权和债券分离、认股权证上市交易等事项进行了规定和说明。

| 课堂案例 5 –1 |

债转股筹资方式的选择—南宁化工的债转股：变"他有"为"自有"

（一）案例内容

《可转换公司债券管理暂行办法》实施之初，作为正式试点的第一家公司可转换债券——"南化转债"的运作，是国有公司拓展融资渠道的典型范本。经中国证监会批准，南宁化工集团有限责任公司（以下简称"南化集团"）作为主要发起人，于1998年8月3~7日向社会公开发行期限为五年（1998年8月3日至2003年8月2日）的可转换公司债券（简称"南化转债"）15000万元人民币，债券每张面值100元，共计150万张。债券通过上海证交所交易系统上网按面值定价发行，发行所筹集到的资金主要用于三项扩大再生产建设项目。此外，还将其中的6900万元用于偿还长期借款。

1. "南化转债"的主要条款。

（1）利率及付息。

可转债按面值从1998年8月3日开始计息，首年票面利率为1%，以后每年增0.2个百分点，每年8月2日及到期后15个交易日内付息。

（2）转股价格的确定和调整方法。

可转债发行后第二年转股价定为股票发行价的98%，以后每年递减2%。调整方法：送股时，调整后转股价＝初始转股价/（1＋送股率）；增发新股或配股时，调整后转股价＝（初始转股价＋配股价或增发新股价×增发新股或配股率）/（1＋增发新股或配股率）。

（3）期权和转股条款。

债券附带公司的股票期权。公司股票上市后若在一定时期内持续高于转股价一定比例若干交易日以上，则公司有权按强制性转股登记日适用的转股价将剩余可转换债全部或部分转换为公司股票。可转债到期日仍未转换为股票的将于到期日强制转换为公司股票，投资者无权要求公司以现金清偿可转债的本金，但公司将兑付不足一股的剩余可转债本金，以到期日前30个交易日股票收盘价均值及当时生效的转股价两者较低者作为转股价，但该转债价不应低于当时生效的转股价80%。

（4）回售条款。

公司股票未在可转债到期日12个月以前上市，投资者有权将部分或全部可转债回售发行公司，其回售价计算如下：

$$可转债回售价＝可转债面值＋4×5.60\%－公司已支付利息$$

式中：5.60%为年利率，且为单利。

2."南化转债"的发行情况。

根据1998年9月1日"南化转债"上市公告书，截至1998年8月11日公开发行的150万张"南化转债"已经全部由社会公众认购。经深圳同人会计师事务所审验，南化公司已收到投资者投入资金15000万元人民币，扣除发行费用后的实际可使用筹集资金为1453万元人民币。

（二）分析要点

1. 南化集团发行可转债资格、条件的确认。

2. 南化集团可转债融资成本的决策。

3. 南化集团可转债发行时间决策。

4. 南化集团可转债票面利率决策。

5. 南化集团可转债期限决策。

（三）案例分析

根据当时《可转换公司债券管理暂行办法》第9条、第10条规定，结合南化集团主要财务指标，该公司被认定符合发行可转债公司债券条件。为取得可转债融资资金，该公司制订和执行了较为成功的融资策略。

1. 低成本融资策略。

"南化转债"附带公司的股票期权和回售条款为南化集团的低成本融资策略提供了基础。附带的股票期权和回售条款对投资者具有吸引力，因此，"南化转债"采用的是较低的票面利率，即第一年为1%，以后逐年进行递增，而同期银行存款利率为4.3%，国债票面利率为5.26%，南化集团长期债务利率在10%左右。但是也不能一味地追求更低票面利率，因为票面利率低会加大债券发行的风险，甚至可能导致发债的失败，

"南化转债"确定以后逐年递增0.2%票面利率是明智的选择。

2. 可转债发行时间决策。

选择适宜的发债时机是南化集团取得成功的关键之一。一般地讲，可转债的发行时机应该选择在股票投资的"淡季"，这时发行可转债容易被市场认可，降低了债券发行风险，南化集团就是利用了这个时机成功地发行了1.5亿元人民币低成本可转债，这不仅缓解了公司对资金的需求，而且突破了公司以前筹资渠道单一的被动局面，有助于公司资本结构的自然优化。

3. 可转债期限决策。

可转债的期限过短对于发行人来说不仅不利于将所筹资金用于生产性部门和长期项目，而且还可能降低可转债转换成功的概率，加大公司还本付息的压力。为此，"南化转债"以所允许的上限（五年）为期是比较合理的。

（四）问题探讨

1. 可转换债券的发行能给发行公司带来哪些好处？

可转换债券的发行通常可获取低资金成本的融资，其原因主要可归纳为两方面：一方面得益于可转债的基本特征——附带公司的股票期权，作为补偿允许其票面利率低于普通的公司债券。在债券市场比较发达的国家，可转债的利率一般比同类不可转换的债券利率低2%；另一方面，回售条款有利于投资者，在票面利率与赎回权收益率平衡的条件下票面利率可以进一步降低。公司通过发行转债筹资在减轻债券融资利息负担同时，有机会在将来以高于现时股价的价格售出公司的股票而获取发行溢价。

强制性转股条款使公司有权将剩余可转债强制性地全部或部分转换为公司股票，这能使投资者及时获得二级市场较大的股票价差，也使公司减少了利息支出，减轻了财务负担。

公司通过发行可转债实现了筹资渠道的多元化，当公司经营状况良好股票市场价格超过转换价格时，债券持有人将执行其股票期权将所持债权转换为股权，公司的资本结构将在投资者的投资决策过程中得到自然优化，债务资本在公司资本结构中的比例就会逐渐降低，而股权资本的比例就会逐渐提高。此外，可转债期限较长，为大、中型投资项目所需资金提供了稳定的来源。当然，可转债也存在转股后失去利率较低的好处、可转债转股时股价高于转换价格时的筹资损失和债不能转股的还债压力等问题。

2. 上市公司发行可转换债券应当符合哪些条件？

根据当时的《上市公司发行可转换公司债券实施办法》规定，上市公司发行可转换公司债券通常应当符合下列条件：

（1）最近三年连续盈利，且最近三年净资产利润率平均在10%以上，属于能源、原材料、基础设施类的公司可以略低，但不得低于7%；

（2）可转换公司债券发行后，资产负债率不高于70%；

（3）累计债券余额不超过净资产额的40%；

（4）募集资金的投向符合国家产业政策；

（5）可转换公司债券的利率不超过同期银行存款的利率水平；

（6）可转换公司债券的发行额不少于1亿元人民币；

（7）国务院证券委员会规定的其他条件。

而现在公司发行可转换公司债券，必须符合《上市公司证券发行管理办法》（包括修订内容）的有关规定和说明。

3. 公司如何进行可转换债券筹资决策？

公司进行可转债筹资时，可从确认发行可转债的资格及条件、转股选择权以及价格和期限、认股权和债券分离、认股权证上市交易、约定赎回条款、可转债融资成本的决策、可转债发行时间决策、可转债票面利率决策、可转债期限决策等着手。

第二节 股权融资和股利政策

一、股权融资含义和渠道

所谓股权融资是指股东愿意让出部分公司所有权，通过增资方式引进新股东的融资方式。股权融资所获得的资金公司无须还本付息，但新股东将与老股东同样分享公司的盈利与增长。股权融资的特点决定了其用途的广泛性，既可以充实公司的营运资金，也可以用于公司的投资活动。

股权融资按渠道来划分主要有两大类：公开市场发售和私募发售。所谓公开市场发售就是通过股票市场向公众投资者发行股票来募集资金，包括常说的公司上市、上市公司增发和配股都是利用公开市场进行股权融资的具体形式。所谓私募发售是指公司自行寻找特定的投资人，吸引其通过增资入股公司的融资方式。因为绝大多数股票市场对于申请发行股票的公司都有一定的条件要求，例如中国对公司上市要求连续三年盈利，并且公司资产不低于5000万元的规模，因此许多中小公司难以达到上市发行股票的门槛，私募成为中小民营公司进行股权融资的主要方式。

在私募领域，不同类型投资者对公司的影响是不同的，在中国有以下几类投资者：个人投资者、风险投资机构、产业投资机构和上市公司。

个人投资者虽然投资金额不大，但在大多数民营公司初创阶段起了至关重要的资金支持作用，这类投资人有的直接参与公司日常经营管理，也有的只是作为股东关注公司重大经营决策，这类投资者随着公司的发展在获得相应的回报后一般会淡出对公司的影响。

风险投资机构是20世纪90年代后期在中国发展最快的投资力量，其涉足的领域主要是与高新技术相关的公司，在2000年互联网狂潮中几乎每一家网络公司都有风险投资机构的参与，它们能为公司提供几百万元、上千万元乃至更多的股权融资。风险投资机构追求资本增值的最大化，最终目的是通过上市、转让或并购的方式在资本市场退出。

产业投资机构又称策略投资者，它们的投资目的是希望被投资公司能与自身主业融合或互补，形成协同效应。产业投资机构具备较强的资金实力和后续资金支持能力，有品牌号召力，在公司文化、管理理念上与被投公司比较接近。

上市公司作为私募融资的重要参与者在中国有其特别的行为方式，特别是主营业务发展出现问题的上市公司由于上市时募集了大量资金，参与私募大多是利用资金优势伺机抬高股价，以达到维持上市资格或再次圈钱的目的。当然，也不乏一些有长远战略眼光的上市公司因看到被投资公司广阔的市场前景和巨大发展空间。

股权融资在公司投资与经营方面具有以下优势：

第一，股权融资需要建立较为完善的公司法人治理结构。公司的法人治理结构一般由股东大会、董事会、监事会、高级经理组成，相互之间形成多重风险约束和权力制衡机制，降低了公司经营风险。

第二，现代金融理论中证券市场又称公开市场，它是指在比较广泛制度化的交易场所对标准化的金融产品进行买卖活动，是在一定的市场准入、信息披露、公平竞价交易、市场监督制度下规范进行的。在金融交易中，人们更重视的是信息的公开性与可得性，所以证券市场在信息公开性和资金价格的竞争性两方面优于贷款市场。

第三，如果投资者在公司股权结构中占有较大份额，那么他运用借款从事高风险投资和产生道德风险的可能性就将大为减小，因为如果这样做自己也会蒙受巨大损失。

当利用股权融资对外筹集资金时，公司经营管理者可能产生各种非生产性的消费，存在采取有利于自己而不利于股东的投资政策等道德风险行为，导致经营者和股东的利益冲突。根据股权契约理论，由于存在委托代理关系，代理人的目标函数并不总是和委托人一致，因而产生代理成本。代理人利用委托人的授权为增加自己的收益而损害和侵占委托人的利益时，就会产生严重的道德风险和逆向选择。在公司融资结构中，增加负债的利用额并同时使管理者持股比率相对上升通常能有效地防止经营者的道德风险和逆向选择，缓解经营者与股东之间的利益冲突。

例5.6 某公司原有资本900万元，其中债务资本300万元（年利率12%），普通股资本600万元（10万股，每股面值60元），所得税税率为25%。由于扩大经营规模，需追加筹集300万元，现有两种备选方案：方案一，全部筹措长期债务资本，债务利率12%；方案二，全部发行普通股，增发5万股，每股面值60元。

试求：（1）每股收益无差别点时的息税前利润；

（2）每股收益无差别点时的每股收益；

（3）分别判断公司息税前利润为80万元和240万元时的备选方案选择。

解：（1）$EPS_1 = (EBIT - 600 \times 12\%) \times (1 - 25\%)/10$

$EPS_2 = (EBIT - 300 \times 12\%) \times (1 - 25\%)/15$

令 $EPS_1 = EPS_2$，求得 EBIT = 148（万元）

（2）代入 EPS 计算公式，求得 EPS = 5.70（元）

（3）EBIT = 80 万元，选择方案二；

EBIT = 240 万元，选择方案一。

二、股权融资偏好

股权融资偏好是指公司在选择融资方式时较多考虑外源融资中的股权融资方式，而较少考虑其他融资方式如债权融资或内部融资，进而形成融资比例中股权融资比重过大的现象。资本结构的"融资优序理论"认为最佳的融资顺序首先是内部融资，其次是无风险或低风险的举债融资，最后才是采用股票融资。从融资成本来分析，内部融资的成本最低，发行公司债券成本次之，进行股权融资成本最高。因为债券融资的利息计入成本，具有抵税作用，而股权融资中却存在公司所得税和个人所得税的双重纳税。此外，发行债券可以产生"杠杆效应"。因而，进行股权融资并不是公司在资本市场上的最优决策。但是，许多中国上市公司不追求通常认为的资金成本较低的债券融资而偏好股权融资方式，其主要原因有三方面：

第一，上市公司现金股利分配少。股权融资成本主要来源于分红派息，在国外成熟市场，上市公司给投资者的股利往往高于银行储蓄收益，而中国上市公司股利不分配现象很普遍，即使分配也是现金分配的少、送股和转增的多，上市公司较低分红派息率降低了股权融资成本。

第二，上市公司成长性较差。一般来说，上市公司成长性越强，股权融资成本越高，反之则股权融资成本越低。目前，中国上市公司成长性低于发达国家公司的成长性，无论从公司业绩的增长、利润的稳定性还是净资产收益率以及财务状况等指标来看，都与发达国家的公司存在着差距。由于上市公司成长性较差，为了回避融资风险，公司愿意选择融资成本低的股权融资而不选择债券融资。

第三，股票发行价格偏高。众所周知，公司股权融资成本与股票发行价格成反比。在国外成熟市场，由于信息不对称和供求关系相对平衡，投资者一般不愿意以高溢价购买公司股票，股票发行市盈率较低。而中国证券市场还不够成熟，上市公司还是比较稀缺的资源，使得上市公司能够选择有利于公司的时机以高于股票价值的价格发行股票，从而降低了上市公司的股权融资成本。

从制度上讲，公司治理结构的缺陷是股权融资偏好的根本原因。

中国现有许多上市公司是由原国有公司改制而来，国家股或国有法人股（两者合称国有股）往往是公司最大的股份，处于绝对控股地位，国有股的一股独大导致了公司股权结构的失衡。由于国有资产投资主体不明确和委托代理关系复杂，使得国有公司的控制表现为行政上的"超强控制"和产权上的"超弱控制"，公司经理人员与国有股股东博弈的结果是部分经理人利用国有股股东产权上的"超弱控制"形成事实上的"内部人控制"，加上公司董事会、监事会大多数成员和经理人员由政府有关部门或国有大股东直接任命和委派而来，甚至出现不少董事长兼任总经理的情况，导致公司治理结构中内部相互制衡机制失效，内部人控制更加严重。

公司治理结构不合理致使失去控制的内部人完全能够控制公司，他们基本上可以按照自己的意志和价值取向选择融资方式和安排融资结构。由于经理的个人效用依赖于他的地位，从而依赖于公司的生存，所以公司一旦破产，经理将失去任职的一切好处，如果采用债务融资不仅会使管理层面临还本付息的压力，而且会增加公司陷入财务困境甚至破产的风险。另外，负债的利息采用固定支付方式，负债的利息减少了公司自由现金流量，从而削弱了经理人从事低效投资的选择空间和在职消费。因此，上市公司管理层在融资方式的选择上必然会厌恶债务融资。再者，由于"内部人控制"的存在，上市公司外部股权融资行为的决定以及与股权融资成本密切相关的股利分配方案的决策都由上市公司管理层控制，既然股权资本可以几乎是无代价地取得，上市公司管理层会产生股权融资偏好。

中国在股权融资的制度准则上对拟上市及上市公司股权融资的管理约束力度不够，也有利于上市公司偏好股权融资。一方面，在融资政策上上市公司发行新股、取得增发股票和配股资格的难度不大，过去一直使用10%净资产收益率指标，但单凭净资产收益率并不能反映上市公司经营的实际情况，上市公司往往通过粉饰财务报表、做假账，或者收买审计机构就能轻松地达到发行新股和配股的条件，所以上市公司偏好股权融资；另一方面，即使公司上市和发行股票采取了核准制，监管机构对上市公司股票发行的额度控制、审批已经形成一种制度惯性，核准制并没有发挥它应有的作用。

中国缺乏完善发达的债券市场和中长期信贷市场，也影响了上市公司利用长期负债方式融资的积极性。完善的资本市场体系包括长期借贷市场、债券市场和股票市场。如果资本市场是完善的，资本市场上具有多样化的融资工具，那么公司可通过多种融资方式来优化资本结构。从现实情况来看，中国资本市场的发展存在着结构失衡的现象。一方面，在股票市场快速发展的同时，债券市场发展缓慢，发行规模过小，发行条件和程序烦琐，导致公司缺乏发行债券的动力和积极性；另一方面，由于商业银行的功能尚未完善，长期贷款风险较大，使得金融机构并不偏好长期贷款，上市公司在资本市场上只有选择配股的方式进行融资活动，从而影响其融资能力的发挥和资本结构的优化。

除此之外，中国上市公司的净现金流量不足也限制了债权融资方式的采用，资产收益率偏低限制了内源融资，外部股权融资能迅速提升大股东财富也导致了上市公司偏好股权融资。

中国上市公司偏好股票融资而忽视债务融资，这种方式降低了资金使用效率和资源配置效率。实践中，许多上市公司把通过发行股票、配股、增发募集的大量资金直接或间接地投入到证券市场，或委托券商代客理财，或直接参与股市的投机炒作获取投资收益。由于募股资金没有按照招股说明书的承诺投向相应项目，使得资金没有真正发挥其功能，形成资金的无效配置，造成资金和资源的巨大浪费，同时也扭曲了证券市场的资源配置功能。尽管上市公司不断地通过股份扩募方式获取廉价资金，但由于股份基数也不断增大，而上市公司实际收益增长有限，净资产收益率和每股收益必然呈下降趋势，上市公司的经营业绩下滑是偏好股票融资的必然结果。根据现代财务理论的观点，为有效发挥财务杠杆的调节作用，公司在融资方式选择时应当充分考虑融资项目的预期收益率与融资成本的高低，当投资项目预期收益率较高时应该选择债务融资以发挥最佳的财务杠杆效应，反之则应该选择股票融资，而上市公司偏好股权融资就不能有效地发挥财务杠杆的调节作用。

三、股利政策

股利政策是指公司股东大会或董事会对与股利有关的事项所采取的原则性做法，是关于公司是否发放股利、发放多少股利以及何时发放股利等方面的方针和策略，主要涉及公司对其收益进行分配还是留存的问题。具体来讲，公司股利政策一般包括股利支付形式、股利支付率和股利政策类型。

上市公司股利支付形式一般包括现金股利、财产股利、负债股利、股票股利和清算股利等五种方式。

现金股利是以现金支付的股利，它是股利支付的最常见的方式。公司选择发放现金股利除了要有足够的留存收益外还要有足够的现金，现金充足与否往往会成为发放现金股利的主要制约因素。

财产股利是以现金以外的其他资产支付的股利，主要是以公司所拥有的其他公司的有价证券如债券、股票等作为股利支付给股东。

负债股利是以负债方式支付的股利，通常以公司应付票据支付给股东，有时也以发放公司债券的方式支付股利。财产股利和负债股利实际上是现金股利的替代，这两种股利支付形式在中国公司实务中很少使用。

股票股利是公司以增发股票的方式所支付的股利，实务中通常也称其为"红股"。股票股利对公司来说并没有现金流出，也不会导致公司财产减少，而只是将公司的留存收益转化为股本和资本公积。但股票权利会增加流通在外的股票数量，同时降低股票的每股价值，它不改变公司股东权益总额，但会改变股东权益的构成。

当公司无盈余而以现金或财产分配股利时，称为清算股利，此种股利并非真正之股利，而是资本的退回。对股票投资人而言，被投资公司所分配之股利若超过其投资后被投资公司所赚得之盈余，其超过部分亦属清算股利。

股利支付多少通常用股利支付率表示，股利支付率也称股息发放率，是指净收益中股利所占的比重。就单独的普通股投资者来讲，这一指标比每股净收益更直接体现当前利益。其计算公式为：股利支付率 = 每股股利 ÷ 每股净收益 × 100%，或：股利支付率 = 股利总额 ÷ 净利润总额。股利支付率反映的是支付股利与净利润的关系，并不能反映股利的现金来源和可靠程度。因此，公司理财理论将此指标修改为：现金股利支付率 = 现金股利或分配的利润 ÷ 经营现金净流量，该比率反映了本期经营现金净流量与现金股利的关系，比率越高公司支付现金股利的能力就越强。这一指标比股利支付率更能体现支付股利的现金来源和可靠程度。

股利政策主要涉及剩余股利政策、稳定股利额政策、固定股利率政策和正常股利加额外股利政策。剩余股利政策是以首先满足公司资金需求为出发点的股利政策，根据这一政策，公司按以下步骤确定其股利分配额：

第一，确定公司的最佳资本结构；

第二，确定公司下一年度的资金需求量；

第三，确定按照最佳资本结构满足资金需求所需增加的股东权益数额；

第四，将公司税后利润首先满足公司下一年度资金增加需求，剩余部分用来发放当年的现金股利。

稳定股利额政策优先考虑将确定的现金股利分配额作为利润分配的首要目标，一般不随资金需求的波动而波动。这一股利政策有以下两点好处：

第一，稳定的股利额给股票市场和公司股东传递好的信息；

第二，稳定的股利额政策有利于公司吸引和稳定许多作为长期投资者的股东（包括个人投资者和机构投资者）。

采用稳定股利额政策要求公司对未来的支付能力作出较好的判断，以免形成公司无力支付的困境。

固定股利率政策就是公司每年按固定的比例从税后利润中支付现金股利，从公司支付能力的角度看，这也是一种稳定的股利政策，但这一政策将导致公司股利分配额频繁变化，可能传递给外界公司不稳定的信息，所以很少有公司采用这一股利政策。

正常股利加额外股利政策是公司除每年按一固定股利额向股东发放称为正常股利的现金股利外，还在盈利较高、资金较为充裕的年度向股东发放高于一般年度正常股利额的现金股利，其高出部分即为额外股利。

四种股利政策由于在各方面的差异，公司应根据实际情况来选用。剩余股利政策适用于那种有良好的投资机会、对资金需求比较大、能准确地测定出目标最佳资本结构、并且投资收益率高于股票市场必要报酬率的公司，同时也要求股东对股利的依赖性不十分强烈，在股利和资本利得方面没有偏好或者偏好于资本利得。从公司发展周期来考虑，该政策比较适合于初创和成长中的公司，对于一些处于衰退期又需要投资进入新行业以求生存的公司来说也是适用的。从筹资需求的角度讲，如果在高速成长阶段公司分配股利的压力比较小，也可以采用剩余股利政策以寻求资本成本最低。固定股利或稳定增长股利政策适用于成熟的、生产能力扩张、盈利充分并且获利能力比较稳定的公司，从公司发展生命周期来考虑，稳定增长期的公司可采用稳定增长股利政策，成熟期的公司可借鉴固定股利政策。而对于那些处于成长期的规模比较小但资金需求量相对较大的公司来说，这种股利分配政策并不适合。固定股利支付率政策虽然有明显的优点，但是所带来的负面影响也是比较大的，所以很少有公司会单独的采用这种股利分配政策，而大多是和其他政策相结合使用。正常股利加额外股利政策适用于处于高速增长阶段的公司，因为公司在这一阶段迅速扩大规模，需要大量资金，而由于已经渡过初创期，股东往往又有分配股利的要求，该政策就能够很好的平衡资金需求和股利分配这两方面的要求。另外，对于那些盈利水平各年间浮动较大的公司来说，无疑也是一种较为理想的支付政策。

以上借鉴公司发展生命周期理论分析了如何适时选择四种股利政策。但是，需要注意的是这并不意味着公司在选择股利政策时只能单纯从生命周期角度考虑，这只是选择股利政策的一个比较重要的方面。

在中国股票市场上，公司常见的股利分配方式一般有三种：派发现金股利、送红股、公积金转增股。再考虑到上述几种方式混合使用，全部股利分配类型可分为不分配、派现、送红、转增、派现加送红、派现加转增、送红加转增、派现加送红加转增。中国上市公司股利分配的现状如下：

第一，分配股利的公司数量近年来虽有所增加，但总体来说仍然较少。

第二，派现公司在分配股利公司中所占比率仍然较低。

第三，股利支付率尽管有所提高，但仍普遍较低。相比西方国家特别是英美法系国家的高额派现，中国公司现金股利支付水平整体来说仍然处于较低的水平，平均分红占公司净利润不到一半。

第四，超能力派现现象日益严重。近年来，部分上市公司现金分红预案超出了公司的承受能力，每股派现大于每股收益的公司近年来一直呈现上升趋势，而每股经营现金流量小于零的公司进行分红的现象也有所增加。

第五，上市公司股利分配短期行为严重，股利政策缺乏连续性和稳定性。大多数上市公司没有明晰的股利政策目标，现金股利时高时低，送配股和转增股随意，股利政策制定和实施上缺乏长远打算，带有盲目性和随意性，无论是股利支付率还是股利支付形式均频繁多变，投资者很难从现行的股利政策推知未来股利如何变化。

第六，上市公司股利政策在很大程度上受再筹资行为所制约，甚至成为再筹资行为的附属物。一些资产较高而业绩平平的公司为了达到配股的目的，采取发放现金股利以降低净资产额从而相应提高净资产收益率的办法。在这种情况下，发放现金股利实际上成了公司实现配股行为的一种手段。

四、股票分割和股票回购

（一）股票分割及其价格

股票分割又称拆股，是指将一张较大面值的股票拆成几张较小面值的股票。股票分割对公司的资本结构不会产生任何影响，股东权益的总额也保持不变，只会使发行在外的股票总数增加，资产负债表中股东权益各账户的余额都保持不变。反向分割跟股票分割正好是相反的，反向分割时投资人可以换到更少的股票，股票价格会相应的提高。

某人拥有 1000 股华为的股票，假设公司宣布 2∶1 股票分割，那该投资者原有的 1000 股股票便会变为 2000 股，如果每股股票原来价格是 40 元，那么分割后的每股股票价格变为 20 元。

股票分割会使公司股票每股市价降低，购买该股票必需资金量减少，易于该股票在投资者之间的换手，促进股票的流通和交易，使更多资金实力有限的潜在股东变成持股的股东。股票分割可以向投资者传递公司发展前景良好的信息，有助于提高投资者的信心。股票分割可以为公司发行新股做准备，在新股发行之前，利用股票分割降低股票价格可以促进新股的发行。股票分割在短期内不会给投资者带来太大的收益或亏损，而是给投资者带来了今后更高收益的预期，对除权日后股价上涨有刺激作用。

股票分割与股票股利的相同点是两者都使得普通股股数增加，且每股收益和每股市价下降，同时，股东持股比例、资产总额、负债总额、股东权益总额等保持不变。但股票分割使得股票面值变小，而股票股利情况下股票面值通常不变，股票股利也会使得股东权益结构发生改变。

不同于股票分割时较为简单的股票市价计算，公司发放股票股利时对股票市价有较大的影响，根据有关的理论研究，发放股票股利时的股票市价计算如下：

$$P_s = \frac{P_0 \times E \times k \times (1 + R)}{(r - R) \times (P_0 \times n + E \times k)}$$

其中，P_s 为发放股票股利后的股票市价，P_0 为发放股票股利前的股票市价，E 为税后利润，k 为股利支付率，R 为权益报酬率，r 为投资收益率，n 为发放股票股利前的普通流通股的股份数。

（二）股票回购及其价格

股票回购是指上市公司利用现金等方式从股票市场上购回本公司发行在外的一定数额的股票。公司在股票回购完成后可以将所回购的股票注销，也可以作为"库藏股"保留，不再属于发行在外的股票且不参与每股收益的计算和分配，"库藏股"日后可移作他用，如发行可转换债券、员工福利计划，也可在需要资金时将其出售。

股票回购按照地点的不同可分为场内公开收购和场外协议收购两种。场内公开收购是指上市公司把自己等同于任何潜在的投资者，委托在证券交易所有正式交易席位的证券公司代自己按照公司股票当前市场价格回购。在国外较为成熟的股票市场上，这种方式较为流行。场外协议收购是指股票发行公司与某一类（如国家股）或某几类（如法人股、机构投资股）投资者直接见面，通过在店头市场协商来回购股票的一种方式。协商的内容包括价格和数量的确定以及执行时间等，很显然这种方式的透明度比较低。

股票回购按照筹资方式的不同可分为举债回购、现金回购和混合回购。举债回购是指通过向银行等金融机构借款的办法来回购本公司股票，有时候这是一种防御其他公司敌意兼并与收购的保护措施。现金回购是指利用剩余资金来回购本公司的股票，这种情况可以实现分配公司的超额现金，起到替代现金股利的目的。混合回购是指动用剩余资金及向银行等金融机构借贷来回购本公司股票。

按照资产置换情况，股票回购可划分为出售资产回购股票、利用手持债券和优先股交换（回购）普通股、债务股权置换。出售资产回购股票是指通过出售资产筹集资金回购本公司股票。利用手持债券和优先股交换（回购）普通股是指使用手持债券和优先股交换（回购）本公司股票。债务股权置换是指使用同等市场价值的债券换回本公司股票。

按照回购价格的确定方式不同，股票回购可分为约定价格回购和荷兰式拍卖回购。约定式回购交易是指符合条件的投资者以约定价格向证券公司卖出特定股票，并约定在未来某一日期按照另一约定价格从证券公司购回的交易行为。荷兰式拍卖回购首先由公司指定回购价格的范围（通常较宽）和计划回购的股票数量（可以上下限的形式表示），而后股东进行投标，公司汇总所有股东提交的价格和数量来确定此次股票回购的"价格—数量曲线"，并最终根据实际回购数量确定的回购价格。

股票回购后股东得到的资本利得需缴纳资本利得税，发放现金股利后股东则需缴纳股息税。在前者低于后者的情况下，股东将得到纳税上的好处。但各种因素很可能因股票回购而发生变化的，结果是否对股东有利难以预料，股票回购对股东利益具有不确定的影响。

公司进行股票回购的目的之一是向市场传递股价被低估的信号。股票回购有着与股票发行相反的作用，股票发行被认为是公司股票被高估的信号，如果公司管理层认为公司的股价被低估，股票回购的市场反应通常是提升了股价，有利于稳定公司股票价格。同时，股票回购减少了公司自由现金流，起到了降低管理层代理成本的作用。

当然，如果公司认为资本结构中权益资本的比例较高，可以通过股票回购改变公司的资本结构，这也有助于降低加权平均资本成本。虽然发放现金股利也可以减少股东权益，增加财务杠杆，但两者在收益相同情形下的每股收益不同。特别地如果是通过发行债券融资回购本公司的股票，可以快速提高负债比率。

公司拥有回购的股票（库藏股），可以用来交换被收购或被兼并公司的股票，也可以用来满足认股权证持有人认购公司股票或可转换债券持有人转换公司普通股的需要，还可以在执行管理层与员工股票期权时使用以避免发行新股而稀释收益。

中国《公司法》规定，公司只有在以下四种情形下才能回购本公司的股份：

第一，减少公司注册资本；

第二，与持有本公司股份的其他公司合并；

第三，将股份奖励给本公司员工；

第四，股东因对股东大会作出的合并、分立决议持异议，要求公司收购其股份。

在约定价格回购股票市场中，远期价格是以期初价格为基准，然后根据特定期间赚取或损失的持有进行调整，相当于持有一个远期合约。持有是一种收益可能，远期价值也是动态变化的，在签订远期合约时如果信息是对称的，且双方对未来的预期相同，对于一份公平的合约双方所选择的回购价格应使远期价值在签署合约时等于零。但在远期合约签订以后，由于回购价格不再变化，双方的远期价值将随着标的资产价格的变化而变化。假设 P_t 为期末回购价格，P_0 为期初价格，则有 $P_t = (\alpha + \beta) \times P_0$，这里 α 是质押比率，β 为风险补偿率，市场 R 为利率，T 为时间，有

$$(\alpha + \beta) \times P_0 = P_0 + (P_0 + P_0 \times R \times T) \times R \times T$$

如果按照半年测算，则有

$$\alpha = 1 + R/2 \times R^2/4 - \beta$$

在利率确定情况下，分别要确定风险补偿率和质押比率。风险补偿率 β 可用标准差来表示，即

$$\beta = \frac{\sigma}{\sigma_{min}} \times 100\% - 1$$

其中，σ_{min} 表示半年内每日标准差中的最小值，表示风险最低。

α 和 β 确定后，由于期初价格 P_0 已知，则可以计算出期末回购价格 P_t。

五、股利政策相关理论

1. "一鸟在手"论。

该理论基于投资者偏爱即期收入和即期股利能消除不确定性的特点，认为在投资者眼里股利收益要比留存收益再投资带来的资本利得更为可靠，由于投资者一般为风险厌恶型，宁可现在收到较少的股利也不愿承担较大风险等到将来更多的股利，故投资者一般偏好现金股利而非资本利得。在这种思想下，该理论认为股利政策与股东财富息息相关，股利支付的提高将会增加股东财富。

2. 股利无关论。

该理论认为在一个信息对称的完善资本市场里，在公司投资决策既定的条件下，公

司价值和公司的财务决策是无关的，是否分配现金股利对股东财富和公司价值没有影响，股利政策与股价无关，公司的股利政策不会影响股票的市价。

3. 税收效应理论。

该理论认为在不存在税收因素的条件下，公司选择何种股利支付方式并不是非常重要。但如果现金红利和资本利得可以不同税赋，如现金股利税赋高于资本利得的税赋，那么在公司及投资者看来支付现金股利就不再是最优的股利分配政策。由此可见，存在税赋差别的前提下公司选择不同的股利支付方式不仅会对公司的市场价值产生影响，而且也会使公司（及个人投资者）的税收负担出现差异。

4. 追随者效应理论。

追随者效应理论是税收效应理论的进一步发展，该理论认为股东的税收等级不同导致他们对待股利水平的态度不同，公司应据此调整股利政策，使其符合股东的愿望达到均衡。高股利支付率的股票将吸引处于低边际税率等级的投资追随者，而低股利支付率的股票将吸引处于高边际税率等级的投资追随者。

5. 信号传递理论。

该理论认为公司管理层与外部投资者之间存在着信息不对称，股利变动包含了公司管理层对公司前景判断发生变化的信息，而且股利公布时往往包含了以前收益公布所没有反映的有用信息，所以股利可以提供明确的证明公司创造现金能力的证据，从而影响股票价格。

6. 代理成本理论。

与股利政策有关的代理问题主要有三种：股东与债权人之间的代理问题、股东与经理之间的代理问题、控股股东与中小股东之间的代理问题。代理成本理论认为股利可以减少股东与经理间的代理成本，从而提高公司价值。

课堂案例 5 - 2

股利政策和资本结构

（一）案例内容

长江公司 2012 年的税后净利润为 6000 万元，其资本结构为债权资本 40% 、股权资本 60% ，该资本结构也是 2013 年的目标资本结构。2013 年该公司有一个可行投资项目需要资金 5000 万元，公司决定从税后利润中拿出资金来解决投资项目资金问题。

（二）案例思考

第一，该公司采用的是何种股利政策？该股利政策有何利弊？

第二，股利分配政策常用的类型和适用范围。

第三，该公司投资项目资金 5000 万元应如何筹集？

（三）案例分析

1. 该公司采用的是剩余股利政策。该政策的优点是：

第一，有利于公司保持理想的资本结构，使综合资金成本降至最低；

第二，满足社会融资难度较大的情况下公司对资金的需要；

第三，在债务比率较高、利息负担及财务风险较大的情况下，满足投资规模扩大对资金增加的需求。

该政策的缺点是：

第一，如果完全遵照执行剩余股利政策，股利发放额就会每年随投资机会和盈利水平的波动而波动，从而给股东以公司经营状况不稳定的感觉，也会因股利发放率过低而影响股价，导致公司市场价值被错误低估等。

第二，在盈利水平不变的情况下，股利将与投资机会的多寡成反方向变动，投资机会越多股利越少，反之，投资机会越少股利发放越多。在实际操作过程中要加强投资机会的可行性研究和审查，权衡投资的风险和收益，否则一旦投资决策失误，将会严重损害股东的利益。

第三，剩余股利政策不利于投资者安排收入与支出，也不利于公司树立良好的形象。

2. 股利分配的实务中公司经常采用的股利政策和适用范围：

第一，剩余股利政策，指公司有良好投资机会时会根据目标资本结构测算出投资所需的权益资本，先从盈余当中留用，然后将剩余的盈余作为股利予以分配。剩余股利政策适用于处于初创阶段的公司。

第二，固定股利或稳定增长股利政策，指公司在较长时期内每股支付固定股利额的股利政策。固定股利政策在公司盈利发生一般的变化时并不影响股利的支付，而是使其保持稳定的水平，只有当公司对未来利润增长确有把握，并且这种增长被认为是不会发生逆转时，才会增加每股股利额。

固定股利或稳定增长股利政策的主要目的是避免出现由于经营不善而削减股利的情况，稳定的股利向市场传递着公司正常发展的信息，有利于树立公司良好形象，增强投资者对公司的信心，稳定股票的价格。稳定的股利额有利于投资者安排股利收入和支出，特别是对那些对股利有着很高依赖心的股东更是如此。固定股利或稳定增长股利政策的缺点是股利的支付与盈余相脱节，当盈余较低时仍要支付固定的股利可能导致资金短缺，财务状况恶化。同时，保持稳定的股利可能会对公司带来很大的财务压力，容易导致资金的短缺，影响到投资的选择，甚至会使公司的资本结构偏离目标资本结构轨道。

固定股利或稳定增长股利政策不能像剩余股利政策那样保持较低的资本成本，这种股利政策适用于经营比较稳定或正处于成长期信誉一般的公司，但该政策很难被长期采用。

第三，固定股利支付率政策，指公司确定一个股利与盈余的比率，长期按此比率支付股利的政策。在固定股利支付率政策下，各年发放的股利额随着经营业绩的变动而上下波动，它适应公司的财务支付能力。

股利支付率政策的优点是股利分配与盈余紧密结合，以体现多盈多分、少盈少分、不盈不分的原则，保持股利与利润的一定比例关系体现了投资风险与投资收益的对称性。股利支付率政策的缺点是公司财务压力较大，确定合理的固定股利支付率难度很大。

固定股利支付率政策适用于稳定发展的公司和公司财务状况较稳定的阶段。

第四，低正常股利加额外股利政策，是指公司在一般年份只支付一个固定的、数额通常低于正常水平的股利，在盈利较多的或不需要较多留存收益的年份向股东增发部分额外的股利，但额外股利并不固定化，它完全视实际情况而定。

低正常股利加额外股利政策的优点是股利政策具有较大的灵活性，当公司盈余较小或投资需要较多资金时，可维持适度增发股利，使股东增强对公司的信心，有利于稳定股票的价格。这种股利政策可使那些依靠股利度日的股东每年至少可以得到虽然较低但比较稳定的股利收入，从而吸引住这部分股东。正常股利加额外股利政策，既可以维持股利的一定稳定性，又有利于优化资本结构，是灵活性与稳定性较好的结合。低正常股利加额外股利政策的缺点是股利派发缺少稳定性，如果公司较长时期内一直发放额外股利，股东会误认为这是"正常股利"，一旦取消容易给投资者造成公司"财务状况"逆转的负面影响，从而导致股价下跌。

低正常股利加额外股利政策的适用于盈利和现金流量波动不够稳定的公司。

3. 首先，确定按目标资本结构需要筹资的股东权益资本为 $5000 \times 60\% = 3000$（万元）

其次，确定应分配的股利额。长江公司当年可供用于分配股利的盈余为 6000 万元，可满足上述投资项目所需的权益资本数额并有剩余，剩余部分作为股利发放。

当年发放的股利额为：$6000 - 3000 = 3000$（万元）

因此，长江公司还应当筹集的负债资金为：$5000 - 3000 = 2000$（万元）。

第三节　股权投资财务问题

一、股权投资的含义和类型

股权投资是通过投资取得被投资单位的股份，主要指公司（或者个人）购买的其他公司的股票或以货币资金、无形资产和其他实物资产直接投资于其他单位，最终目的是为了获得较大的经济利益，这种经济利益通常可以通过分得利润或股利获取。

股权投资通常是为长期（至少在一年以上）持有一个公司的股票或长期投资一个公司，以期达到控制股权投资内容的被投资单位，或对被投资单位施加重大影响，或为了与被投资单位建立密切关系达到以分散经营风险的目的。

如被投资单位生产的产品为投资公司生产所需的原材料，投资企业通过所持股份达到控制或对被投资单位施加重大影响，使其生产所需的原材料能够直接从被投资单位取得，而且价格比较稳定，保证其生产经营的顺利进行。

投资公司作为股东也需要承担相应的投资损失，股权投资通常具有投资大、投资期限长、风险大以及能带来较大的利益等特点。股权投资通常可以分为以下四种类型：

第一，控制。是指有权决定一个公司的财务和经营政策，并据以从该公司经营活动中获取利益。

第二，共同控制。是指按合同约定对某项或几项经营活动进行共有的控制。

第三，重大影响。是指对一家公司财务和经营政策有参与决策的权力，但并不决定这些政策。

第四，无控制。无共同控制且无重大影响。

二、股权投资的核算

（一）成本法核算

投资单位对被投资单位无控制、无共同控制且无重大影响时，长期股权投资应采用成本法核算。进行股权投资的公司账面价值采用成本法时，除追加或收回投资外，长期股权投资的账面价值一般应保持不变。被投资单位宣告分派的利润或现金股利，投资单位应确认为当期投资收益，确认的投资收益仅局限于所获得的被投资单位在接受投资后产生的累积净利润的分配额，所获得的被投资单位宣告分派的利润或现金股利超过上述数额的部分作为初始投资成本的收回，冲减投资的账面价值。投资年度以后的利润或现金股利，确认为投资收益或冲减初始投资成本的金额，可按以下公式计算：

应冲减初始投资成本的金额＝（投资后至本年年末止被投资单位累计分派的利润或现金股利

－投资后至上年年末止被投资单位累计实现的净损益）

×投资单位的持股比例－投资单位已冲减的初始投资成本

应确认的投资收益＝投资单位当年获得的利润或现金股利－应冲减初始投资成本的金额

（二）权益法核算

投资单位对被投资单位具有控制、共同控制或重大影响的，长期股权投资应采用权益法核算。采用权益法核算时，投资单位应在取得股权投资后，按应享有或应分担的被投资单位当年实现的净利润或发生的净亏损的份额（法规或公司章程规定不属于投资单位的净利润除外）调整投资的账面价值，并确认为当期投资损益。投资单位按被投资单位宣告分派的利润或现金股利计算应分得的部分，相应减少投资的账面价值。

公司应当定期对长期投资的账面价值进行检查，至少在每年年末检查一次。如果由于市价持续下跌或被投资单位经营状况变化等原因导致其可收回金额低于投资的账面价值，应将可收回金额低于长期投资账面价值的差额确认为当期投资损失。

（三）股权投资成本

股权投资应以取得时的成本确定。长期股权投资取得时的成本是指取得长期股权投资时支付的全部价款，或放弃非现金资产的公允价值，或取得长期股权投资的公允价值，包括税金、手续费等相关费用，但不包括为取得长期股权投资所发生的评估、审计、咨询等费用。

长期股权投资的取得成本具体应按情况分别确定。以支付现金取得的长期股权投资，按支付的全部价款作为投资成本，包括支付的税金、手续费等相关费用；放弃非现金资产的以公允价值作为投资成本，非现金资产是指除了现金、银行存款、其他货币资金、现金等价物以外的资产，包括各种存货、固定资产、无形资产等（不含股权，下同），但各种待摊销费用不能作为非现金资产股权投资统计。这里的公允价值是指在公平交易中，熟悉情况的交易双方自愿进行资产交换或债务清偿的金额。公允价值按以下原则确定：

第一，以非现金资产投资，其公允价值即为所放弃非现金资产经评估确认的价值。

第二，以非现金资产投资，如果按规定所放弃非现金资产可不予评估的且该资产存在活跃市场的，则公允价值的确定为该资产市价即为其公允价值；如该资产不存在活跃市场但与该资产类似的资产存在活跃市场的，该资产的公允价值应比照相关类似资产的市价确定；如该资产和与该资产类似的资产均不存在活跃市场的，该资产的公允价值按其所能产生的未来现金流量以适当的折现率贴现计算的现值确定。

第三，如果所取得的股权投资的公允价值比所放弃非现金资产的公允价值更为清楚，在以取得股权投资的公允价值确定其投资成本时，如被投资单位为上市公司，该股权的公允价值即为对应的股份市价总额；如被投资单位为其他公司，该股权的公允价值按评估确认价或双方协议价确定。

第四，放弃非现金资产的公允价值或取得股权的公允价值超过所放弃非现金资产的账面价值的差额应作为资本公积准备项目，反之，则应依据谨慎原则确认为损失，计入当期营业外支出。

第五，被投资单位收到投资方以非现金资产投入的资本时应按照投资各方确认的价值作为实收资本记账，而不论投资方非现金资产账面价值为多少。而投资方将非现金资产换取长期股权投资则属于非货币性交易，应以换取非现金资产的账面价值作为换入长期股权投资的账面价值。

原采用权益法核算的长期股权投资改按成本法核算，或原采用成本法核算的长期股权投资改按权益法核算时，按原投资账面价值作为投资成本。

投资单位因追加投资由成本法转为权益法的，应在中止采用成本法时按追溯法调整确定长期股权投资账面价加上追加投资成本等作为初始成本。

股权投资减值准备是针对长期股权投资账面价值而言的股权投资统计，在期末时按账面价值与可收回金额孰低的原则来计量，对可收回金额低于账面价值的差额计提长期股权投资减值准备，可收回金额是依据核算日前后的相关信息确定的。

例 5.7 2010 年 1 月 2 日 A 公司以 6000 万元投资于 B 公司，占 B 公司表决权的 10%，采用成本法核算。2010 年 4 月 20 日，B 公司宣告 2009 年度的现金股利 150 万元，B 公司 2010 年实现净利润 600 万元。2011 年 4 月 20 日 B 公司宣告 2010 年度的现金股利，试就宣布的现金股利数额分别为 750 万元、600 万元、525 万元、450 万元和 375 万元时分别分析 A 公司截止到 2010 年度末的股权投资情况。

解：第一种情况，假定 2011 年 4 月 20 日 B 公司宣告 2010 年度的现金股利为 750 万元，应冲减初始投资成本的金额 = [投资后至本年末止被投资单位累积分派的现金股利（150 + 750）- 投资后至上年末止被投资单位累积实现的净利润 600] × 投资单位持股比例 10% - 投资单位已冲减初始投资成本 150 × 10% = 15（万元），由于计算出的应冲减初始投资成本金额为正数，说明应该冲减初始投资成本账面余额，长期股权投资账面减少 15 万元，投资收益 = 750 × 10% - 15 = 60（万元）；

第二种情况，假定 2011 年 4 月 20 日 B 公司宣告 2010 年度的现金股利 600 万元，应冲减初始投资成本的金额 = [投资后至本年末止被投资单位累积分派的现金股利

（150＋600）－投资后至上年末止被投资单位累积实现的净利润600〕×投资单位持股比例10％－投资单位已冲减初始投资成本15＝0（万元），由于计算出的应冲减初始投资成本金额为零，则说明不应冲减初始投资成本账面余额，长期股权投资账面价值不变，投资收益＝600×10％－0＝60（万元）；

第三种情况，假定2011年4月20日B公司宣告2010年度的现金股利525万元，应冲减初始投资成本的金额＝〔投资后至本年末止被投资单位累积分派的现金股利（150＋525）－投资后至上年末止被投资单位累积实现的净利润600〕×投资单位持股比例10％－投资单位已冲减初始投资成本15＝－7.5（万元），由于计算出的应冲减初始投资成本金额为负数，则说明不但不应冲减初始投资成本账面余额，还应恢复已经冲减的初始投资成本，长期股权投资账面增加7.5万元，而投资收益＝525×10％＋7.5＝60（万元）；

第四种情况，假定2011年4月20日B公司宣告2010年度的现金股利450万元，应冲减初始投资成本的金额＝〔投资后至本年末止被投资单位累积分派的现金股利（150＋450）－投资后至上年末止被投资单位累积实现的净利润600〕×投资单位持股比例10％－投资单位已冲减初始投资成本15＝－15（万元），由于计算出的应冲减初始投资成本金额仍为负数，则说明不但不应冲减初始投资成本账面余额，还应恢复已经冲减的初始投资成本，长期股权投资账面增加15万元，恢复了原冲减数15万元，而投资收益＝450×10％＋15＝60（万元）。

第五种情况，假定2011年4月20日B公司宣告2010年度的现金股利375万元，应冲减初始投资成本的金额＝〔投资后至本年末止被投资单位累积分派的现金股利（150＋375）－投资后至上年末止被投资单位累积实现的净利润600〕×投资单位持股比例10％－投资单位已冲减初始投资成本15＝－22.5（万元），由于计算出的应冲减初始投资成本金额为负数，则说明不但不应冲减初始投资成本账面余额，还应恢复已经冲减的初始投资成本，但恢复增加数不能大于原冲减数15万元，而投资收益＝375×10％＋15＝52.5（万元）。

第四节　公司证券投资决策

一、证券投资

（一）证券投资的含义、目的和风险

证券是有价证券的简称，是指具有一定票面金额，代表财产所有权和债权，可以有偿转让的凭证。证券投资是公司为特定经营目的或获取投资收益而买卖国家或外单位公开发行的有价证券的一种投资行为，它是公司投资的重要组成部分。

证券投资的目的主要包括以下几个内容：

第一，存放暂时闲置资金；

第二，为了积累发展基金或偿债基金，满足未来的财务需求。

第三，满足季节性经营对现金的需求。

第四，为了控制现金流，增强公司竞争能力。

第五，获取较长时期的投资收益。

（二）证券投资的种类

（1）按证券发行主体分类，可分为政府证券、金融证券和公司证券三种。

（2）按是否在证券交易所注册并挂牌交易分类，可分为上市证券和非上市证券。

（3）按证券到期日的长短分类，可分为短期证券和长期证券。

（4）按证券的收益状况分类，可分为固定收益证券和变动收益证券两种。

（5）按证券体现的权益关系分类，可分为所有权证券和债权证券两种。

（三）证券投资的风险

证券投资风险主要来源于以下几个方面：

第一，违约风险。一般而言，政府发行的证券违约风险小，金融机构发行的证券次之，公司发行的证券风险较大。

第二，利息率风险。利息率风险是由于利息率的变动而引起证券价格波动使投资人遭受损失的风险。一般而言，银行利率与证券价格具有负相关性，即当利率下降时证券价格上升，当利率上升时证券价格下降。不同期限的证券利息率风险不一样，期限越长风险越大。

第三，购买力风险。购买力风险又称通货膨胀风险，是指由于通货膨胀而使证券到期或出售时所获得的货币资金实际购买力和实际收益水平下降的风险。一般而言，随着通货膨胀的发生，变动收益证券比固定收益证券要好。

第四，流动性风险。流动性风险是在投资人想出售有价证券获取现金时证券不能立即出售的风险。一种能在较短期内按市价大量出售的资产是流动性较高的资产，这种资产的流动性风险较小；反之，如果一种资产不能在短时间内按市价大量出售，则属于流动性较低的资产，这种资产的流动性风险较大。

二、证券投资收益

证券投资收益是指投资者进行证券投资所获得的净收入，主要包括债券利息、股票的股利以及证券交易现价与原价的价差等收益。在财务管理中通常使用相对数，即证券投资收益率，一般以收益额与投资额之比表示。

（一）短期证券收益率

短期证券收益率计算公式为

$$K = \frac{S_1 - S_0 + P}{S_0} \times 100\%$$

其中，K 为短期证券收益率，S_0 为短期证券购入价格，S_1 为短期证券出售价格，P 为短期证券的收益额。

例 5.8 2013 年 2 月 9 日，新华公司购买东海公司每股市价为 32 元的股票。2013

年 4 月, 新华公司持有的上述股票每股获现金股利 3.90 元。2013 年 5 月 9 日, 公司将该股票以每股 46.50 元的价格出售, 试计算投资收益率。

解: 该股票持有时间不到一年, 不考虑资金的时间价值,

$$K = \frac{S_1 - S_0 + P}{S_0} \times 100\% = \frac{46.5 - 32 + 3.9}{32} \times 100\% = 57.5\%$$

例 5.9 某公司于 2011 年 6 月 6 日投资 900 元购进一面值 1000 元、票面利息率为 6%、每年付息一次的债券, 并于 2012 年 6 月 6 日以 950 元的市价出售, 试计算投资收益率。

解: 该债券持有时间刚好一年, 属于短期证券投资,

$$K = \frac{S_1 - S_0 + P}{S_0} \times 100\% = \frac{950 - 900 + 1000 \times 6\%}{900} \times 100\% = 12.22\%$$

(二) 长期证券收益率

1. 债券投资收益率的计算。

长期债券投资收益率的计算可以参照本教材的第二章相关内容和公式进行。

例 5.10 新华公司 2010 年 6 月 1 日以 1105 元购买面值为 1000 元的债券, 其票面利率为 8%, 每年 6 月 1 日计算并支付一次利息, 并于五年后的 5 月 31 日到期, 按面值收回本金, 试计算该债券的投资收益率。

解: 假设要求的收益率为 8% (通常首先取票面利率), 该债券现值 P 计算如下:

每年利息 $I = 1000 \times 8\% = 80$ (元), 票面价值 $S = 1000$ (元)

$P = 80 \times (P/A, 8\%, 5) + 1000 \times (P/F, 8\%, 5) = 1000$ (元)

由于利率与现值成反方向变化, 即现值越大利率越小, 而债券购买价格为 1105 元, 收益率一定低于 8%, 降低贴现率进一步试算。

用 "试误法" (或称 "插值法") 取 $i = 6\%$,

$P_1 = 80 \times (P/A, 6\%, 5) + 1000 \times (P/F, 6\%, 5) = 1083.96$ (元)

由于贴现结果仍小于 1105 元, 还应进一步降低贴现率试算, 取 $i = 5\%$,

$P_2 = 80 \times (P/A, 5\%, 5) + 1000 \times (P/F, 5\%, 5) = 1129.86$ (元)

所以,

$$i = 5\% + \frac{1129.86 - 1105}{1129.86 - 1083.96} \times (6\% - 5\%) = 5.55\%$$

总结: 实际上, 由于购买价格超过票面价值, 正常支付利息, 该债券的投资收益率一定低于票面利率, 可以直接使用低于票面利率的数值进行试算。

例 5.11 某公司于 2016 年 1 月 1 日以 924.16 元购买面值为 1000 元的债券, 其票面利率为 8%, 每年 1 月 1 日计算并支付一次利息, 该债券于 2021 年 1 月 1 日到期, 按面值收回本金, 试计算该债券的投资收益率。

解: 假设要求的收益率为 9% (亦可首先取票面利率), 该债券现值 P 计算如下:

每年利息 $I = 1000 \times 8\% = 80$ (元), 票面价值 $S = 1000$ (元)

$P = 80 \times (P/A, 9\%, 5) + 1000 \times (P/F, 9\%, 5) = 961.08$ (元)

961.08 元大于 924.16 元, 说明收益率应大于 9%, 下面用 10% 再一次进行测试,

现值计算如下：

P = 80 × （P/A，10%，5）+ 1000 × （P/F，10%，5）= 924.16（元）

计算出的现值正好为 924.16 元，说明该债券的投资收益率为 10%。

总结：实际上，由于购买价格低于票面价值，正常支付利息，该债券的投资收益率一定高于票面利率，因此直接使用高于票面利率的数值进行试算了。

2. 股票投资收益率的计算。

股票投资收益率的计算可以参照本教材的第二章相关内容和公式进行。进行股票投资每年获得的股利通常是变动的，当出售股票时也可收回一定资金，股票投资收益率也可按下式计算：

$$P = \sum_{j=1}^{n} D_j × (1 + i)^{-j} + F × (1 + i)^{-n}$$

其中，i 为股票投资收益率，P 为股票的现值，D_j 为第 j 年分派的股息，n 为投资年限，F 为股票出售收回的资金。

例 5.12 华龙公司在 2010 年 6 月 1 日投资 510 万元购买某股票 100 万股，在 2011 年、2012 年和 2013 年的 5 月 31 日每股各分得现金股利 0.5 元、0.6 元和 0.8 元，并于 2013 年 5 月 31 日以每股 6 元的价格将股票全部出售，试计算该股票的投资收益率。

解：在表 5-3 中，先按 20% 的收益率进行测算，得到的现值为 476.85 万元，比原来的投资额 510 万元小，说明实际收益率低于 20%；把收益率调到 18%，进行第二次测算，得到的现值为 499.32 万元，还比 510 万元小，说明实际收益率比 18% 还要低；于是再把收益率调到 16% 进行第三次测算，得到的现值为 523.38 万元，比510 万元大，说明实际收益率要比 16% 高，即该股票投资收益率在 16%～18%，计算如下：

表 5-3 　　　　　　　　　　　　　股票投资现金流量表 　　　　　　　　　　单位：万元

年份	现金流量	20%测试		18%测试		16%测试	
		系数	现值	系数	现值	系数	现值
2011	50	0.8333	41.67	0.7485	42.38	0.8621	43.11
2012	60	0.6944	41.66	0.7182	43.09	0.7432	44.59
2013	680	0.5787	393.52	0.6086	413.85	0.6407	435.68
合计	—	—	476.85	—	499.32	—	523.38

$$i = 16\% + \frac{523.38 - 510}{523.38 - 499.32} × (18\% - 16\%) = 17.11\%$$

例 5.13 中华公司准备投资购买北方信托投资股份有限公司的股票，该股票上年每股股利为 2 元，预计以后每年以 4% 的增长率增长，中华公司经分析后认为必须得到 10% 的报酬率才能购买北方信托投资股份有限公司的股票，问该种股票价格为多少时才可购买？

解：由于该股票是固定成长股票，可以使用固定成长股票价值公式进行计算，即

$P = D_1 / (R - g) = D_0 \times (1 + g) / (R - g) = 2 \times (1 + 4\%) / (10\% - 4\%) = 34.67$（元）

则北方信托公司股票价格在 34.67 元以下时，中华公司才应去购买。

三、证券投资影响因素

（一）影响证券投资决策的宏观经济因素分析

1. 国民生产总值分析。

国民生产总值是反映一国在一定时期内经济发展状况和趋势的应用最广泛的综合性指标，它对证券投资的影响是全面的。

2. 通货膨胀分析。

通货膨胀对证券投资影响很大，通货膨胀通常会影响证券价格，降低投资者的实际收益水平。

3. 利率分析。

利率对证券投资也有重大影响，主要表现在：

第一，利率升高时投资者自然会选择安全又有较高收益的银行储蓄，从而大量资金从证券市场中转移出来，造成证券供大于求而价格下跌。反之，利率下调时证券会供不应求，其价格必然上涨。

第二，利率上升时资金成本增加，利润减少，从而公司派发的股利将减少甚至发不出股利，这会使股票投资的风险增大，收益减少，从而引起股价下跌。反之，当利率下降时利润增加，公司派发给股东的股利将增加，从而吸引投资者进行股票投资，引起股价上涨。

（二）行业分析

行业分析内容包括行业的竞争程度分析和行业的生命周期分析。

1. 行业的竞争程度分析。

可以将各行业的竞争分为四种：完全竞争、不完全竞争或垄断竞争、寡头垄断、完全垄断。上述四种市场类型，从竞争程度来看是依次递减的，垄断程度越高的行业其产品价格和利润受公司控制程度越高，投资风险较小。

2. 行业的生命周期分析。

一般来说，行业的寿命周期可以分为初创期、成长期、成熟期和衰退期四个阶段。在衰退期，因为新技术不断涌现和新产品不断问世，人们的消费倾向不断发生变化，公司利润减少，市场逐步萎缩。

（三）公司经营管理情况分析

1. 竞争能力分析。

竞争能力是评价公司经营管理状况的一个重要标准，竞争能力可以用销售额、销售额增长率、市场占有率等几项指标进行分析。

2. 盈利能力分析。

盈利能力是衡量公司盈利状况的重要标志，盈利能力可以通过利润总额、利润增长

率、销售利润率、成本费用利润率、投资报酬率等指标进行分析。

3. 营运能力分析。

营运能力是衡量公司经营管理水平的重要标志,营运能力可通过劳动效率、存货周转率、应收账款周转率、总资产周转率等指标进行分析。

4. 偿债能力分析。

偿债能力是衡量公司能否持续经营的重要标志,能力可以通过流动比率、速动比率、负债比率、产权比率、长期资产适合率等指标进行分析和评价。

5. 创新能力分析。

是否能及时地吸收并运用现代化的管理理念与方法,及时实现技术创新、体制创新和机制创新是公司能否成功的关键。

四、投资基金

投资基金是一种集合投资制度,由基金发起人以发行收益证券形式汇集一定数量的具有共同投资目的投资者的资金,委托由投资专家组成的专门投资机构进行各种分散的投资组合,投资者按出资的比例分享投资收益并共同承担投资风险。

按照投资基金的组织形式不同可以分为契约型投资基金和公司型投资基金,按照投资基金能否赎回可以分为封闭型投资基金和开放型投资基金,按照投资基金的投资对象不同可以分为股权式投资基金和证券投资基金。

投资基金作为一种有价证券,它与股票、债券的区别主要表现在:

第一,发行的主体不同,体现的权利关系不同。投资基金证券是由基金发起人发行的,投资基金证券投资人与发起人之间是一种契约关系,投资人与发起人都不参与基金的运营管理,而是委托基金管理人进行运营。

第二,风险和收益不同。投资基金的风险小于股票投资,但大于债券投资。投资基金证券的收益也是不固定的,一般小于股票投资,而大于债券投资。

第三,存续时间不同。投资基金经持有人大会或基金公司董事会决定可以提前终止,也可以期满再延续。

五、证券投资组合

证券投资组合是投资者在进行证券投资时不是将所有的资金都投向单一的某种证券,而是有选择地投向多种证券。

(一) 证券投资组合的风险

1. 证券投资组合理论。

证券投资组合理论是由马柯维茨等建立的,其主要立论是人们在任何投资预期收益上希望证券组合的风险是最小的,而在任何既定的投资风险上要追求投资预期收益的最大化。该理论运用复杂的数理统计方法,以解决如何最有效地分散组合证券风险,求得最大收益。

2. 非系统性风险。

非系统性风险又叫可分散风险或公司特别风险，是指由于市场、行业以及公司本身等因素影响证券的风险，通常只对个别或少数证券的收益产生影响。

假设 A 和 B 股票构成一个证券组合，每种股票在证券组合中各占 50%，它们的收益率和风险的详细情况见表 5 - 4。

表 5 - 4 　　　　　　　　　　　　　　股票投资组合投资收益和风险　　　　　　　　　　　单位：%

年份	股票 A 收益率	股票 B 收益率	股票 A、B 组合收益率
2008	40	- 10	15
2009	- 10	40	15
2010	35	- 5	15
2011	- 5	35	15
平均数	15	15	15
标准差	22.6	22.6	0.00

从表 5 - 4 中可以看出，如果分别持有两种股票都有很大风险，但如果把它们组合成一个证券组合则没有风险。这种情况下的股票 A 和 B 叫作完全负相关，相关系数 $\rho = -1$，与完全负相关相反的是完全正相关，即相关系数 $\rho = 1$。

通常情况下，当股票种类足够多时，几乎能把所有的非系统性风险分散掉。

3. 系统性风险。

系统性风险又称不可分散风险或市场风险，是资产受宏观经济、市场情绪等整体性因素影响而发生的价格波动，它是给市场上所有证券都带来经济损失的可能性，不能通过证券组合分散掉。

β 系数也称为贝塔系数，是一种评估证券系统性风险的工具，用以度量一种证券或一个投资证券组合相对总体市场的波动性。它起源于资本资产定价模型（CAPM 模型），真实含义就是特定资产（或资产组合）的系统风险度量，其绝对值越大显示其收益变化幅度相对于大盘的变化幅度越大，绝对值越小显示其变化幅度相对于大盘越小。如果是负值，则显示其变化的方向与市场变化方向相反，即市场涨的时候它跌，市场跌的时候它涨。

根据投资理论，全体市场本身的 β 系数为 1，若投资（组合）的波动大于市场的波动幅度，则 β 系数大于 1，反之，β 系数就小于 1。以美国为例，通常以标准普尔 500 指数代表股市（贝塔系数为 1），如果某股票（组合）贝塔系数是 1.10，表示市场上涨 10% 时股票上涨 11%，市场下滑 10% 时股票下滑 11%；如果 β 为 0.9，市场上涨 10% 时股票上涨 9%，市场下滑 10% 时股票下滑 9%。

4. β 计算方法。

单项证券 β 系数用单项证券的风险收益率与市场的平均风险收益率做比较得出，即

$$\beta = \frac{Cov(r, r_m)}{\sigma_m^2}$$

其中，r 为单项证券的风险收益率，r_m 为市场平均风险收益率，$Cov(r, r_m)$ 为单项证券风险收益率与市场平均风险收益率的协方差，σ_m^2 为市场平均风险收益率的方差。

由于，$Cov(r, r_m) = \rho_m \times \sigma \times \sigma_m$，上述公式也可以写成

$$\beta = \rho_m \times \frac{\sigma}{\sigma_m}$$

其中，ρ_m 为单项证券风险收益率与市场平均风险收益率的相关系数，σ 为单项证券风险收益率的标准差，σ_m 为市场平均风险收益率的标准差。

资产组合的 β 系数就等于单项证券 β 系数按其在组合中的权重进行加权求和的结果，即

$$\beta = \sum_{i=1}^{n} X_i \times \beta_i$$

其中，n 为组合中不同证券的数量，X_i 为组合中单项证券 i 的权重，β_i 为组合中单项证券 i 的 β 系数。

通过以上分析，可得出以下结论：

第一，证券的风险由两部分组成，即：市场风险 = 非系统性风险 + 系统性风险。

第二，非系统性风险可通过证券组合来削减，风险随组合中证券数量的增加而逐渐减少。

第三，系统性风险由市场变动所产生，不能通过证券组合而消除，可以通过 β 系数来测量。

（二）证券投资组合的风险收益

资本资产定价模型研究的重点在于探求资产收益与风险的数量关系，即为了补偿某一特定程度的风险，投资者应该获得多少的报酬率。

根据资本资产定价模型，

$$K = R_f + \beta \times (K_m - R_f)$$

其中，R_f 是无风险报酬率，β 为投资证券风险系数，K_m 是期望的市场平均风险收益率，$\beta \times (K_m - R_f)$ 就是风险报酬率，期望的证券投资报酬率 K 是这两者的和。

例如，如果一个股票的 β 值是 2，无风险报酬率是 3%，市场回报率是 7%，那么市场溢价就是 4%（7% - 3%），股票风险报酬率 8%（2×4%），那么股票预期回报率则为 11%（3% + 8%），即无风险报酬率加上股票风险报酬率。

从资本资产定价模型可以看出，资产的期望收益率随着风险的增大而提高，随着风险的减小而降低，即收益与风险价值具有对称性，风险越小收益越低，风险越大收益越高，这就是风险收益的均衡原则。

例 5.14 华凤公司持有由甲、乙、丙三种股票构成的证券组合，它们的 β 系数分别是 2.0、1.0 和 0.5，它们在证券组合中所占的比重分别为 60%、30% 和 10%，股票的市场收益率为 14%，无风险收益率为 10%，试确定这种证券组合的预期投资收益率。

解：首先确定证券组合的 β 系数

$$\beta = \sum_{i=1}^{n} X_i \times \beta_i = 60\% \times 2.0 + 30\% \times 1.0 + 10\% \times 0.5 = 1.55$$

该证券组合的风险报酬率

$$\beta \times (K_m - R_f) = 1.55 \times (14\% - 10\%) = 6.2\%$$

该证券组合的预期投资收益率

$$K = R_f + \beta \times (K_m - R_f) = 10\% + 1.55 \times (14\% - 10\%) = 16.2\%$$

在其他因素不变的情况下，风险收益取决于证券组合的 β 系数，系数越大风险收益就越大，反之亦然。

例 5.14 中，如果华凤公司为降低风险售出部分甲股票，买进部分丙股票，使甲、乙、丙三种股票在证券组合中所占的比重分别变为 10%、30% 和 60%，

该证券组合的 β 系数 $= 10\% \times 2.0 + 30\% \times 1.0 + 60\% \times 0.5 = 0.8$

该证券组合的风险报酬率 $= 0.8 \times (14\% - 10\%) = 3.2\%$

该证券组合的预期投资收益率 $= 10\% + 0.8 \times (14\% - 10\%) = 13.2\%$

从以上计算中可以看出，调整各种证券在证券组合中的比重可改变证券组合的风险、风险报酬率和预期投资收益率。

例 5.15 某股票为固定成长股，其成长率为 3%，预期第一年后的股利为 4 元，假定目前国库券收益率 13%，股票的市场收益率为 18%，该股票的 β 系数为 1.2，问该股票的价值为多少元？

解：该股票的预期投资收益率 $= 13\% + 1.2 \times (18\% - 13\%) = 19\%$

该股票的价值 $= 4 / (19\% - 3\%) = 25$（元）

（三）证券投资组合的策略与方法

1. 保守型策略。

这种投资组合策略是要尽量模拟市场现状，将尽可能多的证券包括进来以便分散掉全部非系统风险，得到与市场所有证券的平均收益同样的收益。这种投资组合有以下好处：能分散掉全部可分散风险、不需要高深的证券投资专业知识、证券投资管理费较低。因这种策略收益不高，风险也不大，故称为保守型策略。

2. 冒险型策略。

这种策略认为与市场完全一样的组合不是最佳组合，只要投资组合做得好就能击败市场或超越市场，取得远远高于平均水平的收益。这种策略收益高，但风险大，因此称为冒险型策略。

3. 适中型策略。

这种策略认为证券的价格特别是股票的价格是由特定公司的经营业绩来决定的，适中型策略如果做得好可获得较高的收益，而又不会承担太大风险。进行这种组合必须具备丰富的投资经验，拥有进行证券投资的各种专业知识，这种投资策略风险不太大，收益却比较高，所以是一种最常见的投资组合策略。

关 键 术 语

债券融资　息税前利润　财务杠杆系数　可转换债券　股权融资偏好　成本习性

边际贡献　固定成本　变动成本　混合成本　边际贡献　经营杠杆系数　联合杠杆系数　溢价债券　平价债券　折价债券　股利政策　现金股利　财产股利　负债股利　股票股利　清算股利　股票分割　股票回购　成本法核算　权益法核算　证券投资组合　资本资产定价模型　非系统性风险　系统性风险

本 章 练 习

一、思考题

1. 简述息税前利润的含义。

2. 简述财务杠杆的含义，谈谈你理解的财务杠杆效应。

3. 简述边际贡献的含义。

4. 债券的发行价格有哪三种类型？

5. 简述可转换债券的含义。

6. 简述债券融资的优点与缺点。

7. 简述股权融资公开市场发售和私募发售的含义。股权融资有何优势？

8. 股利支付包括哪几种形式？简述这几种形式的含义。

9. 证券投资风险主要来源于哪几个方面？

10. 证券投资组合的策略有哪几种类型？

二、单项选择题

1. 下列有关债券概念的说法，不正确的是（　　　）。

A. 面值代表发行人借入并承诺于未来某一特定日期偿付给债券持有人的金额

B. 票面利率指债券发行者预计一年内向投资者支付的利息占票面金额的比率

C. 债券利息要根据债券面值和有效年利率来计算

D. 债券的付息方式可能是半年一次、一年一次、到期日一次总付

2. 某公司拟于 2015 年 2 月 1 日发行面额为 2000 元的债券，其票面利率为 5%，每年 1 月末计算并支付一次利息，2018 年 1 月 31 日到期。同等风险投资的必要报酬率为 8%，则债券的价值为（　　　）元。

A. 1848　　　　　B. 1845.31　　　　　C. 1665.51　　　　　D. 5411.91

3. 有一五年期债券，面值 1000 元，票面利率 6%，单利计息，到期时一次还本付息。市场利率为 5%（复利、按年计息），则该债券的价值为（　　　）元。

A. 1040　　　　　B. 1362.92　　　　　C. 1018.55　　　　　D. 1000

4. 债券价值的计算所需要的折现率是（　　　）。

A. 票面利率　　　　　　　　　　　B. 国债利率

C. 市场利率或投资人要求的必要报酬率　　D. 股利支付率

5. 当其他因素不变时，市场利率越高债券的价值（　　　）。

A. 越小　　　　　B. 越大　　　　　C. 不变　　　　　D. 无法确定

6. 某公司发行面值为 1000 元的 5 年期债券，债券票面利率为 10%，半年付息一

次，发行后在二级市场上流通，假设必要投资报酬率为 10% 并保持不变，以下说法正确的是（　　）。

A. 债券溢价发行后债券价值随到期时间缩短而直线下降，至到期日债券价值等于债券面值

B. 债券折价发行后债券价值随到期时间缩短而直线上升，至到期日债券价值等于债券面值

C. 债券按面值发行后债券价值一直等于票面价值

D. 债券按面值发行后债券价值在两个付息日之间呈周期性波动

7. ABC 公司以平价购买刚发行的面值为 1000 元（五年期、每半年支付利息 40 元）的债券，该债券按年计算的有效到期收益率为（　　）。

　　A. 4%　　　　　　B. 7.84%　　　　　C. 8%　　　　　D. 8.16%

8. 有一 3 年期、溢价 10% 发行、票面利率为 8% 的国债，如果单利计息到期一次还本付息，其到期收益率是（　　）。

　　A. 4.38%　　　　B. 4.24%　　　　　C. 4.08%　　　　D. 3.96%

9. 关于股票下列说法中错误的是（　　）。

A. 股票本身是没有价值的，它之所以有价格是因为它能给持有人带来预期收益

B. 优先股股票在利润分红及剩余财产分配的权利方面优先于普通股股票

C. 股票的价格等于股票的价值

D. 股票的价格会随着股票市场和公司经营状况的变化而升降

10. 在股票估价的模型中，假设未来股利不变，其支付过程呈永续年金形式的是（　　）。

A. 零增长股票价值模型　　　　　　B. 固定增长股票价值模型
C. 非固定增长股票价值模型　　　　D. 股票估价的基本模型

三、多项选择题

1. 债券的付息方式可能有（　　）。

A. 半年一次　　　　　　　　　　B. 一年一次
C. 到期日一次总付　　　　　　　D. 每季度支付一次

2. 债券价值的影响因素包括（　　）。

　　A. 面值　　　　　B. 票面利率　　　　C. 折现率　　　　　D. 到期时间

3. 下列有关债券付息频率与其价值的说法中，正确的有（　　）。

A. 折价发行的债券，加快付息频率，价值下降

B. 溢价发行的债券，加快付息频率，价值上升

C. 平价发行的债券，加快付息频率，价值不变

D. 折价发行的债券，加快付息频率，价值上升

4. 债券 A 和债券 B 是两只刚发行的平息债券，债券的面值和票面利率相同，票面利率均高于折现率，以下说法中，正确的有（　　）。

A. 如果两只债券的折现率和利息支付频率相同，距离到期日期限长的债券价值低

B. 如果两只债券的折现率和利息支付频率相同，距离到期日期限长的债券价值高

C. 如果两只债券的偿还期限和折现率相同，利息支付频率高的债券价值低

D. 如果两只债券的偿还期限和利息支付频率相同，折现率与票面利率差额大的债券价值高

5. A 债券票面年利率为 8%，若半年付息一次，平价发行，则下列说法正确的有（　　　）。

A. A 债券的票面计息期利率为 4%　　　B. A 债券的年有效折现率为 8.16%

C. A 债券的折现率的计息期利率为 8%　D. A 债券的报价折现率为 4%

6. 下列关于债券到期收益率的说法，正确的有（　　　）。

A. 溢价发行的债券，其到期收益率等于票面利率

B. 如果收益率高于投资人要求的报酬率，则应买进该债券，否则就放弃

C. 债券到期收益率可以理解为是债券投资的内含报酬率

D. 债券的到期收益率是以特定价格购买债券并持有至到期日所能获得的收益率

四、计算分析题

1. 2012 年 2 月 9 日，新华公司购买东海公司每股市价为 32 元的股票，2013 年 4 月，新华公司持有的上述股票每股获现金股利 3.90 元，2013 年 5 月 9 日，公司将该股票以每股 46.50 元的价格出售，该股票投资收益率为多少？

2. 某公司于 2011 年 6 月 6 日投资 900 元购进一张面值 1000 元、票面利息率 6%、每年付息一次的债券，并于 2012 年 6 月 6 日以 950 元的市价出售，该证券投资收益率为多少？

3. 苍穹公司有关财务数据如下表所示，试计算该公司经营杠杆系数。

苍穹公司财务资料表　　　　　单位：万元

	变动前产销量	变动后产销量	变动额	变动率（%）
销售额	10000	12000	2000	20
变动成本	6000	7200	1200	20
边际贡献	4000	4800	800	20
固定成本	2000	2000	—	—
息税前利润	2000	2800	800	40

4. 某公司全部资本为 100 万元，债务比率为 40%，债务成本率为 6%，公司使用所得税税率为 25%，息税前利润为 3 万元时，试计算该公司财务杠杆系数。

5. 某公司长期资本总额为 500 万元，其中长期负债为 200 万元，利率为 10%，公司实现销售额 100 万元，固定成本总额为 10 万元，变动成本为 60 万元，试计算该公司复合杠杆系数。

6. 鼎盛公司在 2011 年 6 月 1 日投资 500 万元购买某种股票 100 万股，在 2012 年、2013 年和 2014 年的 5 月 31 日每股各分得现金股利 0.8 元、0.5 元和 0.6 元，并于 2014 年 5 月 31 日以每股 8 元的价格将股票全部出售，试计算该股票投资收益率。

7. 某公司上年每股派现金红利 0.30 元，预计今后无限期内该公司都按这个金额派现。假定必要收益率为 3%，求该股票内在价值。假定目前公司的股票市场价格是 8 元，试问该股票是否值得投资。

8. 某公司上年分红额为每股 0.30 元，预计今后无限期内该公司的分红每年都会按 5% 的速度增长。假定必要收益率为 8%，试计算该股票的内在价值。假定目前公司的股票市场价格是 8 元，试问该股票是否值得投资。

9. 某股票为固定成长股票，股利年增长率 6%，预计第一年的股利为 8 元/股，无风险收益率为 10%，市场上所有股票的平均收益率为 16%，而该股票的贝塔系数为 1.3，问该股票的内在价值为多少元？

10. ABC 公司欲投资购买债券，目前有四家公司正在发行债券：

（1）A 公司债券面值为 1000 元，期限为五年，票面利率为 8%，每年付息一次，到期还本。债券的发行价格为 1105 元，若等风险的必要报酬率为 6%，则 A 公司债券的价值与到期收益率为多少？应否购买？

（2）B 公司债券面值为 1000 元，期限为五年，票面利率为 8%，单利计息，到期一次还本付息，债券的发行价格为 1105 元，若投资人要求的必要报酬率为 6%（复利，按年计息），则 B 公司债券的价值与到期收益率（复利，按年计息）为多少？应否购买？

（3）C 公司债券属于纯贴现债券，债券面值为 1000 元，期限为五年，发行价格为 600 元，期内不付息，到期还本，若等风险的必要报酬率为 6%，则 C 公司债券的价值与到期收益率为多少？应否购买？

（4）D 公司债券面值为 1000 元，期限为五年，票面利率为 8%，每半年付息一次，到期还本，债券的发行价格为 1085.31 元，若等风险的必要报酬率为 6%，则 D 公司债券的价值与到期收益率为多少？应否购买？

（5）若 ABC 公司持有 B 公司债券 2 年后将其以 1200 元的价格出售，则持有期的投资收益率为多少（复利，按年计息）？

五、案例分析——深万科发行可转换债券

（一）案例内容

在深交所上市的万科企业股份有限公司（以下简称"万科"）于 2002 年 6 月 13 日发行为期 5 年的可转换公司债券。万科转债每张面值为 100 元人民币，票面利率为 1.5%，高于目前所有已发行的上市公司可转债利率，每年付息一次。万科此次的可转换债券转股溢价比率为 2%，转债期限为 5 年，自发行 6 个月起开始转股，投资者将有四年半的转股期。转债发行后，万科的资产负债率将达到 60.84%，累计债券余额占净资产 48.01%。本次募集资金主要投入万科四季花城等分期开发的项目。此次万科的可转换债券采取券商余额包销方式，主承销商为中信证券有限公司。

（二）案例思考

1. 相比配股/增发新股等筹资方式，可转换债券具有哪些优缺点？

2. 万科此次发行非可转换债券有哪些可取之处？

3. 中国上市公司在使用可转换债券筹资时应注意哪些问题？

六、案例分析——股票筹资方式的选择

（一）案例内容

华工科技产业股份有限公司成立于1999年底，由华中理工大学科技开发总公司、华中理工大学印刷厂、武汉建设投资公司、武汉鸿象信息技术公司、华中理工大学机电工程公司、江汉石油钻头股份有限公司共同发起设立的股份有限公司，主营激光器、激光加工系列设备及成套设备、激光医疗设备等。

2000年上半年，公司实现主营业务收入4593.44万元、净利润1587.81万元，比上年同期分别增长了26.10%和9.23%。截至2000年6月末，发行人总股本达到11500万元，总资产为59512万元，净资产为56420万元。

经中国证券委员会批准，公司向社会公众发行每股面值13.98元的普通股股票，募集生产经营所需资金，股票发行上市后公司总股本为11500万股，其中境内法人股8500万股，A股3000万股，公司大股东持股及股本结构情况如下表所示。

华工科技产业股份有限公司持股情况

股东名称	持股数（股）	持股比例（%）
华中理工大学科技开发总公司	65454900	56.917
华中理工大学印刷厂	7027400	6.111
江汉石油钻头股份有限公司	6856600	5.962
武汉建设投资公司	397755	3.459
同盛证券投资基金	100000	0.870
金奉基金	993665	0.864
武汉鸿象信息技术公司	876100	0.762
华中理工大学机电工程公司	807500	0.702
开元基金	700287	0.609
景宏证券投资基金	550000	0.478

（二）分析要点

1. 华工科技产业股份有限公司发行股票筹资决策。

2. 华工科技产业股份有限公司发行股票价格决策。

（三）案例情况

1. "华工科技"发行股票筹资决策

公司拟发行股票金额主要根据其生产经营所需资金数来确定的，"华工科技"所需要的投资额主要有：

（1）开发"香烟水松纸激光打孔机"生产线，需投资3850万元人民币。

（2）汉同高速无线互联网项目，两次分别投资2000万元人民币和1.2亿元人民币。

（3）华工科技控股公司收购澳大利亚ACS公司资产项目需投资400万澳元。

（4）华工科技与湖北长源电力股份有限公司等七家股东签发了发起人协议书，决

定共同设立武汉华工创业投资有限公司，出资 1000 万元。

（5）武汉华工激光工程有限责任公司投入资本金，用于激光系列产品开发项目，投资额为 11340 万元。

根据上述内容，"华工科技"项目总投资额为 3.8 亿元人民币，加上发行费用等需募集资金 4.184 亿元人民币。

2．"华工科技"发行股票价格决策

华工科技产业股份有限公司本次 A 股发行采用溢价发行，每股发行价为 13.98 元。其确定发行价的方法如下：

$$每股发行价 = 发行当年预测利润/发行当年加权平均股本数 \times 发行市盈率$$

式中：发行当年加权平均股本数 = 发行前总股本 + 本次公开发行股本数 $\times$（12 - 发行月份）/12

结合华工科技产业股份有限公司每股净利润、利润增长的速度以及 2000 年预测税后利润 4001.15 万元和发展前景、市场供求等因素，按发行市盈率 34.94 倍确定股票发行价格。

华工科技产业股份有限公司 2000 年 6 月发行的股票价格为：

每股发行价格 = 4001.15/[8500 + 3000 $\times$（12 - 6）/12] $\times$ 34.94 = 13.98 元/股

（四）问题探讨

1．股票发行中发起人认购的股本数额应当符合哪些要求？本案例中情况如何？

2．设立股份有限公司申请公开发行股票与股份有限公司增资发行股票有何不同？

3．本案例中每股发行价格确定的合理性何在？

第 六 章 | 项目投资管理

学习目标

1. 了解项目投资现金流量的内容、现金流量估计时的假设、现金流量估计时要注意的问题。

2. 了解投资项目管理中研究的重点是现金流量而不是利润的原因。

3. 掌握单纯固定资产投资项目净现金流量的计算公式（建设期净现金流量的计算公式、经营期净现金流量的计算公式）、更新改造投资项目净现金流量的计算公式（建设期净现金流量的简化计算公式、经营期净现金流量的计算公式）。

4. 掌握非贴现评价中的静态回收期方法、会计收益率方法。

5. 掌握贴现评价中的动态回收期方法、净现值方法、净现值率方法、现值指数方法、内含报酬率方法。

6. 掌握融资租赁核算的方法。

先导案例

现 金 为 王

某公司三年来的净利润（万元）为：100、150、300；现金（万元）为：100、110、120。你认为这家公司的经营情况好不好？其实不需要计算，只需要动脑筋。记住：十万利润在"林"，不如一万现金在手。

本章所介绍的项目投资是指对生产性固定资产的投资，不包括对非生产性固定资产的投资。规模较大的项目投资一般由企业最高领导人提出，由各部门专家进行可行性研究，小规模的项目投资一般由中层或基层主管人员制定。

第一节　项目投资现金流量

一、现金流量的内容

所谓现金流量是指一个项目引起的公司现金支出和现金收入增加的数量，包括现金流出量、现金流入量和现金净流量。

1. 现金流出量（CO）。

现金流出量是指由项目引起的公司现金支出的增加额，简称现金流出。投资项目通常会引起以下现金流出：

（1）建设投资（含更改投资）。包括固定资产的购置成本或建造费用、运输成本和安装成本等以及无形资产投资和开办费用。

（2）垫支流动资金。包括用于存货、应收账款等垫支的流动资金。

（3）付现成本。成本中不需要每年支付现金的部分称为非付现成本，其中主要是折旧费和摊销费等，所以付现成本可以用当年发生的总成本扣除年折旧额和摊销额等来估计，即付现成本 = 成本 – 折旧 – 摊销，它是生产经营期内最主要的现金流出量。

（4）其他现金流出量如营业税和所得税等。

2. 现金流入量（CI）。

现金流入量是指由投资项目所引起的公司现金收入的增加额，主要包括：

（1）营业现金流入。是指项目投产后每年实现的全部销售收入或业务收入，营业收入是经营期的主要现金流入量项目。

（2）固定资产变价收入。固定资产变价收入是指投资项目的固定资产在终结报废清理时的残值收入，或中途出售转让处理时所取得的收入。

（3）回收流动资金。回收流动资金是指投资项目经营期完全终止时因不再发生新的替代投资而回收的原垫付的全部流动资金的投资额。

（4）其他现金流入量。其他现金流入量是指以上三项指标以外的现金流入量项目，如税费的返还。

3. 现金净流量。

指一定期间现金流入量和现金流出量的差额。经常情况下，现金净流量是指每年的现金净流量（NCF）。现金流入量大于流出量时净流量为正值，反之净流量为负值。

（1）建设期年现金净流量的计算。

$$年现金净流量 = -投资额$$

若建设投资是在建设期一次全部投入的，上式中的投资额即为原始投资总额，若建设投资是在建设期分次投入的，式中的投资额为该年投资额。

（2）经营期年现金净流量的计算。

$$年现金净流量 = 营业收入 - 付现成本 - 营业税金及附加$$
$$= 营业收入 - (营业成本 - 折旧 - 摊销) - 营业税金及附加$$
$$= 营业净利润 + 折旧 + 摊销$$

营业税金及附加这项内容也可以是增值税等税项的内容。

如果考虑所得税的影响，上述公式为

$$年现金净流量 = 营业收入 - 付现成本 - 营业税金及附加 - 所得税$$
$$= 净利润 + 折旧 + 摊销$$

二、现金流量估计时的假设

1. 投资项目的类型假设。

假设投资项目只包括单纯固定资产投资项目、完整工业投资项目和更新改造投资项目三种类型，经常情况下都考虑所得税因素。

2. 全投资假设。

不论是自有资金还是借入资金等具体形式的现金流量，都将其视为自有资金。

3. 建设期投入全部资金假设。

即项目的原始总投资不论是一次投入还是分次投入，均假设它们是在建设期内投入的。

4. 项目投资的经营期与折旧年限一致假设。

即假设项目主要固定资产的折旧年限或使用年限与其经营期相同。

5. 时点指标假设。

即现金流量的具体内容所涉及的价值指标不论是时点指标还是时期指标均假设按照年初或年末的时点处理。其中，建设投资在建设期内有关年度的年初发生；垫支的流动资金在建设期的最后一年末即经营期的第一年初发生；经营期内各年的营业收入、付现成本、折旧、利润、税金等项目的确认均在年末发生；项目最终报废或清理均发生在经营期最后一年末（中途出售项目除外）。

6. 确定性假设。

即假设与项目现金流量估算有关的价格、产销量、成本水平、所得税税率等因素均为已知常数。

三、现金流量估计时要注意的问题

为了正确计算投资方案的增量现金流量，需要正确判断哪些支出会引起公司总现金流量的变动，哪些支出不会引起公司总现金流量的变动。在进行这种判断时，要注意以下四个问题：

1. 区分相关成本和非相关成本。

相关成本是指与特定决策有关的、在分析评价时必须加以考虑的成本，例如差额成本、未来成本、重置成本、机会成本都属于相关成本。非相关成本是与特定决策无关的、在分析评价时不必加以考虑的成本，例如沉没成本、账面成本等往往是非相关成本。

2. 不要忽视机会成本。

在进行投资方案的选择时，如果选择了一个投资方案则必须放弃投资于其他途径的机会，其他投资机会可能取得的收益是采纳本方案的一种代价，被称为这项投资方案的机会成本。

3. 要考虑投资方案对公司其他部门的影响。

主要看新项目和原有部门是竞争关系还是互补关系。

4. 对净营运资金的影响。

所谓净营运资金的需要，指增加的流动资产与增加的流动负债之间的差额。通常，在进行投资分析时，一般假定开始投资时筹措的净营运资金在项目结束时收回。

第二节　现金流量计算

一、现金流量和利润

在投资项目管理中，研究的重点是现金流量，而把利润的研究放在次要地位，其原因是：

第一，整个投资有效年限内，利润总计与现金净流量通常相关性明显。所以，现金净流量可以取代利润作为评价净收益的指标。

第二，利润在各年的分布受折旧方法等人为因素的影响，而现金流量的分布不受这些人为因素的影响，可以保证评价的客观性。

第三，在投资分析中，现金流动状况比盈亏状况更重要。一个项目能否维持下去，不取决于一定期间是否盈利，而取决于有没有现金用于各种支付。现金一旦支出，不管是否消耗都不能用于别的目的，只有将现金收回后才能用来进行再投资，因此项目管理中更重视现金流量的分析。

二、单纯固定资产投资项目净现金流量的公式

1. 建设期净现金流量的计算公式。

若单纯固定资产投资项目的固定资产投资均在建设期内投入，则建设期净现金流量可按以下简化公式计算：

$$建设期某年净现金流量 = -该年发生的固定资产投资额$$

2. 经营期净现金流量的计算公式。

$$经营期某年净现金流量 = 该年使用固定资产新增的利润 + 该年使用固定资产新增的折旧 + 该年的摊销 + 该年回收固定资产净残值$$

例 6.1　已知公司拟购建一项固定资产，需投资 1000 万元，按直线法折旧，使用寿命 10 年，期末有 10 万元净残值。该公司在建设初期一次投入借入资金 1000 万元，建设期为一年，发生建设期资本化利息 100 万元，预计投产后每年可获营业利润 100 万元，假定营业利润不变，不考虑所得税因素，试分析各年的现金流量。

解：根据资料计算有关指标如下：

（1）固定资产原值 = 固定资产投资 + 建设期资本化利息 = 1000 + 100 = 1100（万元）

（2）固定资产年折旧额 $= \dfrac{固定资产原值 - 净残值}{固定资产使用年限} = \dfrac{1100 - 10}{10} = 109$（万元）

（3）项目计算期 = 建设期 + 经营期 = 1 + 10 = 11（年）

（4）终结点年回收额 = 回收固定资产余值 + 回收流动资金 = 10 + 0 = 10（万元）

（5）建设期年初净现金流量 NCF = -1000（万元）

建设期年末净现金流量 NCF = -100（万元）

（6）经营期第一年至第九年各年年末净现金流量为 NCF = 100 + 109 = 209（万元）

经营期第十年年末净现金流量为 NCF = 100 + 109 + 10 = 219（万元）

例6.2 已知某项目需要原始投资125万元，其中固定资产投资100万元，开办费投资5万元，流动资金投资20万元。建设期为1年，建设期资本化利息10万元。固定资产投资和开办费于建设起点投入，流动资金于完工时（即第一年末）投入。该项目寿命期10年，固定资产按直线法计提折旧，期满有10万元净残值，开办费于投产当年一次摊销完毕，流动资金于终结点一次回收，投产后第一年至第九年每年利润为20万元，第十年利润为50万元，不考虑所得税因素，试分析各年的现金流量。

解：根据所给资料计算有关指标如下：

（1）项目计算期 = 1 + 10 = 11（年）

（2）固定资产年折旧额 $= \dfrac{\text{固定资产原值} - \text{净残值}}{\text{固定资产使用年限}} = \dfrac{100 + 10 - 10}{10} = 10$（万元）

（3）终结点回收额 = 固定资产净残值 + 流动资金回收 = 10 + 20 = 30（万元）

（4）建设期年初净现金流量 NCF = -100 +（-5） = -105（万元）

建设期年末净现金流量 NCF = -20（万元）

（5）经营期第一年年末净现金流量 = 20 + 10 + 5 = 35（万元）

经营期第二年至第九年年末净现金流量 = 20 + 10 = 30（万元）

经营期第十年年末净现金流量 = 50 + 10 + 30 = 90（万元）

三、更新改造投资项目净现金流量的公式

1. 建设期净现金流量的简化计算公式。

如果更新改造项目的固定资产投资在建设期内投入，建设期不为零，且不涉及追加流动资金投资，则建设期的公式为

建设期某年净现金流量 = -（该年新固定资产投资 - 该年旧固定资产变价净收入）

建设期末净现金流量 = 固定资产提前报废发生的净损失而抵减的所得税额

2. 经营期净现金流量的计算公式。

经营期第一年增量净现金流量

= 该年因更新改造而增加的净利润 + 该年因更新改造而增加的折旧

+ 该年旧固定资产提前报废发生净损失而抵减的所得税额

经营期其他年增量净现金流量

= 该年因更新改造而增加的净利润 + 该年因更新改造而增加的折旧

+ 该年回收新固定资产净残值超过假定继续使用的旧固定资产净残值之差额

例6.3 某公司拟更新一套尚可使用五年的旧设备，旧设备的账面净值为90151元，

其变现净值为 80000 元，新设备的投资总额为 180000 元，也可使用五年，五年未使用新设备和继续使用旧设备的预计净残值相等。若使用新设备可使公司第一年增加营业收入 50000 元，增加营业成本 25000 元，从第二年至第五年每年增加营业收入 60000 元，增加营业成本 30000 元。设备采用直线法计提折旧，公司所得税税率为 25%，处理旧设备相关的营业税金忽略不考虑，计算该公司更新设备项目的各年增量净现金流量。

解：（1）更新设备比继续使用旧设备增加的投资额 = 新设备的投资 – 旧设备的变价净收入 = 180000 – 80000 = 100000（元）

（2）经营期第一年至第五年每年因为更新设备而增加的折旧 = 100000 ÷ 5 = 20000（元）

（3）经营期第一年总成本变动额 = 该年增加的经营成本 + 该年增加的折旧 = 25000 + 20000 = 45000（元）

（4）经营期第二年至第五年每年营业总成本的变动额 = 30000 + 20000 = 50000（元）

（5）经营期第一年营业利润的变动额 = 50000 – 45000 = 5000（元）

（6）经营期第二年至第五每年营业利润的变动 = 60000 – 50000 = 10000（元）

（7）旧设备提前报废发生的处理固定资产净损失 = 旧设备资产的剩余价值 – 变价净收入 = 90151 – 80000 = 10151（元）

（8）因更新改造而引起的经营期第一年所得税的变动额 = 5000 × 25% = 1250（元）

（9）因更新改造而引起的经营期第二年至第五年所得税的变动 = 10000 × 25% = 2500（元）

（10）经营期第一年因发生处理固定资产净损失而抵减的所得税额 = 10151 × 25% = 2537.75（元）

（11）经营期第一年因更新改造而增加的净利润 = 5000 – 1250 = 3750（元）

（12）经营期第二年至第五年因更新改造而增加的净利润 = 10000 – 2500 = 7500（元）

（13）建设期增量净现金流量 = –（180000 – 80000）= –100000（元）

（14）经营期第一年差量净现金流量 = 3750 + 2537.75 + 20000 = 26287.75（元）

经营期第二年至第五年差量净现金流量 = 7500 + 20000 = 27500（元）

第三节　项目投资决策

一、项目投资决策步骤

项目投资决策的通常步骤如下：

第一，估算出投资方案的预期现金流量。

第二，估计预期现金流量的概率分布资料，预计未来现金流量的风险。

第三，确定资本成本的一般水平，即贴现率。

第四，确定投资方案的现金流入量和流出量的总现值，即收入现值。

第五，通过各投资方案收入现值与所需资本支出的比较，决定选择或放弃投资方案。

估计投资项目的预期现金流量是投资决策的首要环节，实际上它也是分析投资方案时最重要、最困难的步骤。

二、非贴现的分析评价方法

非贴现的分析评价方法也称静态指标评价方法，是指不考虑货币时间价值因素的分析评价方法。

（一）静态回收期

静态回收期是指投资引起的现金流入累计到与投资额相等所需要的时间。回收年限越短，方案越有利。在原始投资一次支出，每年现金净流入量相等时，

$$回收期 = \frac{原始投资额}{每年现金净流量}$$

如果每年现金净流入量不相等，或原始投资是分几年投入的，则按照以下公式求投资回收期，

$$T_J = T + \frac{第 T 年累计净现金流量现值的绝对值}{第 (T+1) 年净现金流量现值}$$

其中，T_J 为静态回收期，T 为累计净现金流量最后一个负值出现的年份。

例6.4 某公司有两个投资方案，投资总额均为50万元，全部用于购置新的设备。折旧采用直线法，使用期均为五年，无残值，其他有关资料如表6-1所示，试算两个方案的投资回收期。

表6-1 　　　　　　　　　投资方案利润和现金流量表　　　　　　　　单位：万元

项目计算期	A 方案		B 方案	
	利润	现金净流量	利润	现金净流量
0		（50）		（50）
1	7.5	17.5	5	15
2	7.5	17.5	7	17
3	7.5	17.5	9	19
4	7.5	17.5	11	21
5	7.5	17.5	13	23
合计	37.5	37.5	45	45

解：A 方案投资回收期 $= \dfrac{原始投资额}{每年现金净流量} = \dfrac{50}{17.5} = 2.86$ （年）

　　B 方案投资回收期 $= 2 + \dfrac{50-32}{51-32} = 2.95$ （年）

当回收期小于公司预定的最短回收期时，这个方案就可通过，否则就应放弃。

投资回收期法的优点是计算简单且容易为决策人所正确理解，这种方法强调回收期可作为投资指标，可促使公司为保证较短的回收期而做出努力，以便尽快收回投资的资金。它的缺点是没有考虑资金的时间价值，对回收期长、大型的投资项目容易造成决策失误，忽略回收期后的现金流量和长期效益。回收期法目前作为辅助方法使用，主要用来测定方案的流动性而非营利性。

（二）会计收益率法（accounting rate of return，ARR）

会计收益率是项目投资方案的年平均收益额占原投资总额的百分比，它的决策标准是投资项目的会计收益率越高越好，低于无风险投资利润率的方案为不可行方案。

$$会计收益率 = \frac{年平均净收益}{原始投资额} \times 100\%$$

上例中，A、B 两方案的会计收益率分别为，

A 方案会计收益率 $= \frac{7.5}{50} \times 100\% = 15\%$

B 方案会计收益率 $= \frac{45 \div 5}{50} \times 100\% = 18\%$

从计算的结果看，B 方案的会计收益率大于 A 方案的会计收益率，应选择 B 方案。

会计收益率法的优点是计算简单，容易掌握，缺点是没有考虑资金的时间价值，没有考虑折旧的收回，即没有完整地反映现金流量。

三、贴现的风险评价方法

主要包括动态回收期、净现值、净现值率、现值指数、内含报酬率等评价指标。

（一）动态回收期

动态回收期是指投资引起的现金流入累计现值到与投资额现值相等所需要的时间。同样的，回收年限越短方案越有利。动态投资回收期计算公式如下：

$$T_D = T + \frac{第\ T\ 年累计净现金流量现值的绝对值}{第\ (T+1)\ 年净现金流量现值}$$

其中，T_D 为动态回收期，T 为累计净现金流量现值最后一个负值出现的年份。

（二）净现值法（net present value，NPV）

净现值是指特定方案未来现金流入的现值与未来现金流出的现值之间的差额。

净现值的计算公式为

$$NPV = \sum_{t=0}^{n} (CI - CO)_t (1 + i)^{-t}$$

其中，$(CI - CO)_t$ 为第 t 年的净现金流量，i 为折现率，n 为方案期限。

净现值指标的决策标准是：如果投资方案的净现值大于或等于零，该方案为可行方案；如果投资方案的净现值小于零，该方案为不可行方案；如果几个方案的投资额相同，且净现值均大于零，那么净现值最大的方案为最优方案。

例 6.5 某公司购入设备一台，价值为 300 万元，按直线法计提折旧，使用寿命 6

年，期末无残值。预计投产后每年可获得利润 40 万元，假定投资要求的最低报酬率或资金成本率为 12%，求该项目的净现值。

解：该公司第一年至第六年产生的现金流量 = 40 + 300/6 = 90（万元）

NPV = 90 × (P/A，12%，6) − 300 = 70（万元）

例 6.6 某公司拟进行的固定资产投资需 50 万元，按直线法计提折旧，使用寿命 10 年，期末无残值。该项工程建设期为一年，建设资金分别于年初、年末各投入 25 万元，预计投产后每年可产生 10 万元的现金净流量，假定贴现率为 10%，问是否接受该项目？

解：NPV = 10 × [(P/A，10%，11) − (P/A，10%，1)] − [25 + 25 × (P/F，10%，1)] = 8.13（万元）

或

NPV = 10 × (P/A，10%，10) × (P/F，10%，1) − [25 + 25 × (P/F，10%，1)] = 8.13（万元）

由于净现值大于零，可以采纳该投资方案。

净现值法的优点是考虑资金的时间价值和投资风险（风险大贴现率就高），并且反映了投资方案可以赚得的具体金额，体现了流动性与收益性的统一。净现值法的主要缺点是资金成本率（贴现率）不易制定，没有说明单位投资的效率，在决策时趋向于采用投资大、收益大的方案，而忽视了收益总额虽小但投资更省、经济效果更好的方案。

（三）净现值率（net present value rate，NPVR）与现值指数（profitability index，PI）

净现值率又称净现值指数，是指项目净现值与原始投资现值的比率。现值指数又称利润指数，是指项目未来现金净流量总现值与原始投资现值之比。

$$\text{净现值率} = \frac{\text{NPV}}{\text{投资现值}} = \frac{\sum_{t=0}^{n} O_t (1+i)^{-t} - \sum_{t=0}^{n} I_t (1+i)^{-t}}{\sum_{t=0}^{n} I_t (1+i)^{-t}} = \frac{\sum_{t=0}^{n} O_t (1+i)^{-t}}{\sum_{t=0}^{n} I_t (1+i)^{-t}} - 1 = \text{现值指数} - 1$$

其中，$\sum_{t=0}^{n} O_t (1+i)^{-t}$ 为项目未来现金净流量总现值，$\sum_{t=0}^{n} I_t (1+i)^{-t}$ 为原始投资现值。

因此，现值指数 = 净现值率 + 1

净现值率大于零，现值指数大于 1，表明项目的报酬率高于贴现率，存在额外收益；净现值率等于零，现值指数等于 1，表明项目的报酬率等于贴现率，收益只能抵补资金成本；净现值率小于零，现值指数小于 1，表明项目的报酬率小于贴现率，收益不能抵补资金成本。

现值指数法的主要优点是可以进行独立投资机会获利能力的比较，它是一个相对数指标，反映投资的效率。而净现值指标是绝对数指标，反映投资的效益。

（四）内含报酬率法（internal rate of return，IRR）

内含报酬率又称内部收益率，是指投资项目的预期现金流入量现值等于现金流出量现值的贴现率，或者是使投资项目的净现值等于零时的贴现率。IRR 满足下列等式：

$$\sum_{t=0}^{n} (CI - CO)_t (1 + IRR)^{-t} = 0$$

如果计算出的 IRR 大于资金成本，则方案可行，反之不可行。由于计算 IRR 是进行 n 次方程求解，n 越大计算越复杂，可以通过相关的软件（如 Excel）进行计算，也可以通过"插值法"近似进行计算，公式如下：

$$IRR = i_1 + \frac{NPV_1}{NPV_1 + |NPV_2|} \times (i_2 - i_1)$$

取 i_1 和 i_2 分别计算 NPV_1 和 NPV_2，NPV_1 值要大于零，NPV_2 值要小于零，这样就使得 IRR 的值位于 i_1 和 i_2 之间，取 i_1 和 i_2 时要注意它们之间的差异不要大于 6%，否则计算结果误差就会比较大。

（五）融资租赁核算

融资租赁是由租赁公司按承租单位要求出资购买设备，在较长的合同期内提供给承租单位使用的融资信用业务，它是以融通资金为主要目的的租赁。融资租赁实务中，租金的计算大多采用等额年金法。融资租赁的主要优点是：

（1）在资金缺乏情况下，能迅速获得所需资产；

（2）财务风险小，年均还款负担轻；

（3）融资租赁筹资的限制条件较少；

（4）租赁能延长资金融通的期限；

（5）免遭设备陈旧过时的风险。

其主要的缺点是资本成本高。

例 6.7 某项目现金流量如表 6 - 2 所示，已知基准贴现率 i = 10%，试计算静态投资回收期、动态投资回收期、净现值、净现值指数和内部收益率。

表 6 - 2　　　　　　　　　　**某项目投资现金流量表**　　　　　　　单位：万元

年份	净现金流量值	净现金累计值	净现金流量（贴现率 = 10%）		净现金流量（贴现率 = 15%）	
			现值	累计现值	现值	累计现值
0	- 100	- 100	- 100	- 100	- 100	- 100
1	- 800	- 900	- 727.28	- 827.28	- 695.68	- 795.68
2	- 100	- 1000	- 82.64	- 909.92	- 75.60	- 871.29
3	50	- 950	37.56	- 872.36	32.88	- 838.41
4	250	- 700	170.75	- 701.61	142.95	- 695.46
5	250	- 450	155.23	- 546.38	124.30	- 571.16
6	250	- 200	141.13	- 405.25	108.08	- 463.08
7	250	50	128.30	- 276.95	93.98	- 369.1
8	215	265	100.30	- 176.65	70.28	- 298.82

年份	净现金流量值	净现金累计值	净现金流量（贴现率=10%）		净现金流量（贴现率=15%）	
			现值	累计现值	现值	累计现值
9	215	480	91.18	-85.47	61.12	-237.70
10	215	695	82.38	-3.09	53.15	-184.55
11	215	910	75.36	72.27	46.20	-138.35
12	215	1125	68.50	140.77	40.18	-98.17

解：$T_J = 6 + \dfrac{200}{250} = 6.8$（年）

当基准贴现率 $i = 10\%$ 时，$T_D = 10 + \dfrac{3.09}{75.36} = 10.04$（年）

$NPV = 140.77$（万元）　　$NPVR = 140.77/909.92 = 0.15$

$IRR = 10\% + \dfrac{140.77}{140.77 + 98.17} \times (15\% - 10\%) = 12.95\%$

例 6.8　中南公司采用融资租赁方式于 2007 年 1 月 1 日从某租赁公司租入一台设备，设备租赁价款为 90000 元，租期为 8 年，到期后设备归企业所有，为了保证租赁公司完全弥补融资成本、相关的手续费并有一定的盈利，双方商定采用 20% 的折现率，试计算分析该公司每年年末应支付的等额租金和设备租赁价款的偿还额度情况。

解：根据普通年金现值计算公式可得每年年末支付的金额为

$A = P \div (P/A, i, n) = 90000 \div (P/A, 20\%, 8) = 90000 \div 3.8372 = 23454.60$（元）

表 6-3　　　　　　　　　　　　　　**租金摊销计划表**　　　　　　　　　　　　单位：元

年份	期初本金	支付租金	应计租费	本金偿还额	本金余额
	①	②	③=①×20%	④=②-③	⑤=①-④
2007	90000.00	23454.60	18000.00	5454.60	84545.40
2008	84545.40	23454.60	16909.08	6545.52	77999.88
2009	77999.88	23454.60	15599.98	7854.62	70145.26
2010	70145.26	23454.60	14029.05	9425.55	60719.71
2011	60719.71	23454.60	12143.94	11310.66	49409.05
2012	49409.05	23454.60	9881.81	13572.79	35836.26
2013	35836.26	23455.60	7167.25	16288.35	19547.91
2014	19547.91	23456.60	3909.58	19547.02	0.89
合计		187636.80	97640.69	89999.11	

关 键 术 语

项目投资　净现金流量　非贴现评价　静态回收期　会计收益率　贴现评价　动态回收期　净现值　净现值率　现值指数　内含报酬率　融资租赁　相关成本　非相关成本　差额成本　未来成本　重置成本　机会成本　沉没成本　账面成本

本 章 练 习

一、思考题

1. 简述现金流量的内容和含义。

2. 现金流量估计时要注意哪些问题？

3. 简述机会成本的含义。

4. 投资项目管理中研究的重点是现金流量还是利润？为什么？

5. 投资项目管理中贴现评价方法相对于非贴现评价方法的优点在哪里？

6. 简述净现值法的优点和缺点。

二、单项选择题

1. 某投资项目的年营业收入为 200000 元，年经营成本为 100000 元，年折旧额为 20000 元，所得税税率为 25%，则该方案的年经营现金流量为（　　）元。

A. 50000　　　　　　B. 67000　　　　　　C. 73600　　　　　　D. 95000

2. 当某独立投资方案的净现值大于 0 时，其内部收益率（　　）。

A. 一定等于 0　　　　　　　　　　　B. 一定小于 0

C. 小于投资最低收益率　　　　　　　D. 大于投资最低收益率

3. 某投资方案，当贴现率为 12% 时其净现值为 478，当贴现率为 14% 时其净现值为 −22，则该方案的内部收益率为（　　）。

A. 12.91%　　　　　　B. 13.59%　　　　　　C. 13.91%　　　　　　D. 14.29%

4. 在下列评价方法中，没考虑货币时间价值的是（　　）。

A. 净现值　　　　　　　　　　　　　B. 内部收益率

C. 现值指数法　　　　　　　　　　　D. 静态回收期法

5. 风险调整贴现率法对风险大的项目采用（　　）。

A. 较高的贴现率　　　B. 较低的贴现率　　　C. 资本成本　　　D. 借款利率

6. 如果其他因素不变，一旦折现率提高，则下列指标中数值将会变小的是（　　）。

A. 净现值　　　　B. 投资利润率　　　C. 内部收益率　　　D. 投资回收期

7. 一个投资方案年销售收入 300 万元，年销售成本 150 万元，其中折旧 85 万元，所得税税率为 25%，则该方案年现金流量净额为（　　）万元。

A. 90　　　　　　　　B. 139.5　　　　　　C. 197.5　　　　　　D. 154.5

8. 在判断一个投资项目是否具有财务可行性时，其中的一个必要条件是（　　）。

A. 净现值小于 0　　　　　　　　　　B. 净现值大于或等于 0

C. 现值指数大于 0　　　　　　　　　D. 内部收益率大于 1

9. 当某方案的净现值大于 0 时，其内部收益率（　　）。

A. 可能小于 0　　　　　　　　　　　B. 一定等于 0

C. 一定大于设定折现率　　　　　　　D. 可能等于设定折现率

10. 下列评价指标中，其数值越小越好的是（　　）。

A. 净现值率　　　B. 投资回收期　　　C. 内部收益率　　　D. 投资利润率

三、多项选择题

1. 在下列指标中属于非贴现的指标有（　　）。

A. 现值指数　　　B. 内含报酬率　　　C. 投资回收期　　　D. 会计收益率

2. 计算投资项目的终结现金流量时，需要考虑的内容有（　　）。

A. 终结点净利润　　　　　　　　　　B. 投资项目年折旧额

C. 固定资产残值变现收入　　　　　　D. 投资项目原始投资额

E. 垫支的流动资金

3. 下列关于现值指数说法不正确的是（　　）。

A. 现值指数是投资项目未来报酬的总现值与初始投资额的现值之比

B. 现值指数是投资项目未来报酬的净现值与初始投资额的现值之比

C. 现值指数大于 1 时，投资方案可采纳

D. 当现值指数小于零时，净现值大于 1

4. 在下列指标中，属于贴现现金流量的指标有（　　）。

A. 净现值　　　　　　　　　　　　　B. 内部报酬率

C. 获利指数　　　　　　　　　　　　D. 平均报酬率

E. 投资回收期

5. 当一项长期投资方案的净现值大于零时，则说明（　　）。

A. 该方案可以投资

B. 该方案不能投资

C. 该方案的内部报酬率大于其资本成本

D. 该方案未来报酬的总现值大于初始投资的现值

6. 净现值法与现值指数法的主要区别是（　　）。

A. 前者是绝对数，后者是相对数

B. 前者考虑了资金的时间价值，后者没有考虑资金的时间价值

C. 前者所得结论总是与内含报酬率法一致，后者所得结论有时与内含报酬率法不一致

D. 前者不便于在投资额不同的方案之间比较，后者便于在投资额不同的方案中比较

E. 两者所得的结论一般是相同的

7. 项目投资决策中，现金流入量包括（　　）。

A. 营业收入　　　　　　　　　　　　B. 回收固定资产余值

C. 回收流动资金　　　　　　　　　　D. 营业外收入

8. 净现值法的优点有（　　　）。

A. 考虑了资金时间价值　　　　　　　B. 考虑了项目计算期的全部净现金流量

C. 考虑了投资风险　　　　　　　　　D. 可从动态上反映项目的实际收益率

9. 对同一独立投资项目进行评价时，会得出完全相同结论的指标有（　　　）。

A. 净现值　　　　B. 净现值率　　　　C. 现值指数　　　　D. 内部收益率

10. 评价方案的投资回收期指标的主要缺点是（　　　）。

A. 不可衡量投资风险　　　　　　　　B. 没有考虑资金的时间价值

C. 没有考虑回收期后的现金流量　　　D. 仅能衡量投资方案投资报酬的高低

四、计算分析题

1. 隆兴公司购入一台价值为 300000 元的设备，按直线法计提折旧，使用寿命 6 年，期末无残值。预计投产后每年可获得的利润分别为 30000 元、40000 元、50000 元、80000 元、90000 元、80000 元，假定投资要求的最低报酬率或资金成本率为 12%，求该项目的净现值。

2. 华宇公司有两个投资方案，投资总额均为 60 万元，全部用于购置新的设备。折旧采用直线法，使用期均为 5 年，无残值，其他有关资料如下表所示，试算两个方案的静态投资回收期和会计收益率。

投资方案利润和现金流量表　　　　　　　　单位：万元

项目计算期	A 方案		B 方案	
	利润	现金净流量	利润	现金净流量
0		（60）		（60）
1	8	18	6	16
2	8	18	8	18
3	8	18	10	20
4	8	18	12	22
5	8	18	14	24
合计	40	30	50	40

3. 昌盛公司拟进行的固定资产投资需 50 万元，按直线法计提折旧，使用寿命 10 年，期末无残值。该项工程建设期为一年，建设资金分别于年初、年末各投入 20 万元和 30 万元，预计投产后每年可产生 10 万元的现金净流量，假定贴现率为 10%，试计算该固定资产投资净现值率和现值指数。

4. 某公司购入设备一台，价值为 300 万元，按直线法计提折旧，使用寿命 6 年，期末无残值。预计投产后每年可获得利润 40 万元，假定投资要求的最低报酬率或资金成本率为 12%，求该投资项目的内部收益率。

5. 华文公司准备购入一设备以扩充生产能力。现有甲、乙两个方案可供选择，甲方案需投资 1000000 元，使用寿命为 5 年，采用直线法计提折旧，5 年后设备无残值。5 年中每年销售收入为 600000 元，每年的付现成本为 200000 元。乙方案需投资 1200000 元，采用直线折旧法计提折旧，使用寿命也为 5 年，5 年后有残值收入 200000 元。5 年中每年的销售收入为 800000 元，付现成本第一年为 300000 元，以后随着设备陈旧逐年将增加修理费 40000 元，另需垫支营运资金 300000 元，假设所得税税率为 25%，试计算两个方案的每年现金流量。

6. 新业公司目前在用设备 A 的变现价值 20000 元，现有两方案可供选择。第一个方案，五年后 A 报废时用设备 B 更新；第二个方案，目前用设备 C 立即替代 A。贴现率为 10%，有关资料如下表所示，问应该采取何种方案。

设备有关资料　　　　　　　　　　　　　　　　单位：元

	设备 A	设备 B	设备 C
设备购价	60000	100000	80000
年使用费	11800	7400	8300
残值	2000	11000	7000
可用年限	5 年	13 年	15 年

7. 某公司拟投资 200 万元购买设备进行生产，该设备当年投产，采用直线法折旧，期限 10 年，期末无残值，预计投产后每年获利 15 万元，贴现率为 10%，该投资的净现值为多少？

8. 甲、乙两个投资方案的情况如下表所示，贴现率为 15%，试计算两个方案的净现值和内部收益率，并比较两个方案。

甲、乙两个方案现金流量　　　　　　　　　　　　单位：万元

	0	1	2	3	4	5
甲方案现金流量	− 200	60	60	60	60	60
乙方案现金流量	− 200	20	40	80	120	20

9. 金色矿山准备从甲、乙两种机床中选购一种机床，两种机床都能满足生产使用期限和要求。甲购价为 350000 元，投入使用后每年现金净流量为 70000 元，乙购价为 360000 元，投入使用后每年现金净流量为 80000 元，假设贴现率为 9%，试用回收期法决策该矿山应该选购哪种机床？

10. 环湖公司计划某项投资活动，拟有甲、乙两个方案。甲方案原始投资为 120 万元，其中固定资产投资 100 万元，流动资产投资 20 万元，全部资金于建设起点一次投入，该项目经营期 5 年，到期残值收入 5 万元，预计投产后年营业现金流量 40 万元。乙方案原始投资为 165 万元，其中固定资产投资 120 万元，无形资产投资 25 万元，流动资产投资 20 万元，全部资金于建设起点一次投入，该项目建设期 2 年，经营期 5 年，

到期残值收入 8 万元，无形资产自投产年份起分 5 年摊销完毕，预计投产年营业收入 140 万元，年经营付现成本 50 万元。该公司按直线法计提折旧，全部流动资金于终结点一次收回，适用所得税税率为 25%，资金成本率为 10%，试采用净现值法评价甲、乙方案是否可行。

五、案例分析——内含报酬率法和净现值法的比较

（一）案例内容

新力公司是一个技术实力较强的生产加工企业，产品适销对路，经济效益连年上涨。基于市场需求，公司计划扩大经营规模。经多方调研、汇总和筛选，公司只能投资于项目 A 或项目 B，两个项目的投资额都为 250 万元，资金成本为 10%，两个项目期望的未来现金流量如下表所示。

项目期望未来现金流量 单位：万元

年份	0	1	2	3	4	5	6
项目 A	−250	100	100	75	75	50	25
项目 B	−250	50	50	75	100	100	125

（二）案例思考

1. 根据该公司的案情资料，分别计算两个项目的内含报酬率，进行项目投资初步决策。

2. 根据 W 公司的案情资料，分别计算两个项目的净现值，进行项目投资初步决策。

3. 根据计算结果进行比较，进行项目投资决策的选择。

第 七 章　财务管控与业绩评价

学习目标

1. 了解营运资金的含义、内容和特点；理解营运资金是流动资产与流动负债关系"总和"的含义。

2. 了解营运资金管理政策的含义和类型。

3. 了解流动资产融资战略和流动资产投资战略的含义和特点；了解永久性流动资产和波动性流动资产的含义。

4. 掌握现金余额确定的成本模型和随机模型公式；掌握现金周转期的计算公式。

5. 理解应收账款中的机会成本、管理成本和坏账成本的含义；了解应收账款信用和信用条件的含义，掌握应收账款周转天数计算公式；了解账龄分析表的内容。

6. 理解存货持有成本涉及的取得成本、储存成本、缺货成本的含义；掌握存货取得成本、储存成本、缺货成本的计算公式；掌握经济订货批量确定公式，了解保险储备和存货控制系统的内容。

7. 了解流动负债管理的内容；掌握补偿性余额贷款和贴现法付息贷款实际利率计算公式；掌握商业信用现金折扣信用成本计算公式。

8. 理解课堂案例中海尔集团营运资金管理体系的内容。

9. 了解财务风险的含义和内容；了解财务风险评估的过程和财务风险评估指标体系的内容；了解财务风险控制策略的内容；了解财务风险控制路径的内容。

10. 理解公司业绩评价模式的内容；掌握平衡计分卡（BSC）主要内容、特点，理解课堂案例中平衡计分卡应用的内容；了解中国企业业绩评价现状。

11. 了解公司信息披露中财务信息与非财务信息的含义、信息披露成本、非财务信息披露现状、财务信息与会计信息的联系和区别。

先导案例

"天下没有免费的午餐"由来

这句话最早由经济学大师弗里德曼提出来。它的本义是即使你不用付钱吃饭，可你还是要付出代价的。因为你吃这顿饭的时间可以用来做其他事情，比如谈一笔100万元的生意，你把时间用于吃这顿饭，就失去了这些本来能有的价值。这就是机会成本的含义，你知道吗？

第一节　营运资金管理

一、流动资产与流动负债关系总和

从会计核算角度看，营运资金是指流动资产减去流动负债的净额。流动资产是指可以在一年以内或者超过一年的一个营业周期内实现变现或运用的资产，在资产负债表上主要表现为货币资金、短期投资、应收票据、应收账款和存货等。流动资产具有占用时间短、周转快、易变现等特点，公司拥有较多的流动资产可在一定程度上降低财务风险。

流动资产还可以细分为永久性流动资产和波动性流动资产。永久性流动资产是公司满足和维持连续稳定经营需要的流动资产，一般是必须持有的最低限额的现金、存货以及应收账款等，这部分流动资产即为永久性流动资产。波动性流动资产指那些受季节性、周期性影响的流动资产，如季节性存货、销售和经营旺季的应收账款等。

流动负债是指需要在一年或者超过一年的一个营业周期内偿还的债务，在资产负债表上主要表现为短期借款、应付票据、应付账款、应付工资、应付税金和应付利息等。流动负债具有成本低、偿还期短的特点，必须认真进行管理，否则将使公司承受较大的风险。

如果流动资产等于流动负债，则占用在流动资产上的资金是由流动负债融资；如果流动资产大于流动负债，则与此相对应的"净流动资产"要以长期负债或所有者权益的一定份额为其资金来源。会计核算不强调流动资产与流动负债的关系，只是用它们的差额来反映一个公司的偿债能力，但这不利对营运资金的管理和认识。从财务管理角度看，营运资金应该是流动资产与流动负债关系的"总和"，这里的"总和"不是数额的加总，而是关系的反映，这有利于财务人员意识到对营运资金的管理要注意流动资产与流动负债这两个方面的问题。为了有效地管理公司的营运资金，必须研究营运资金的特点，以便有针对性地进行管理，营运资金一般具有以下特点：

第一，周转时间短。根据这一特点，说明营运资金可以通过短期筹资方式加以解决。

第二，非现金形态的营运资金如存货、应收账款、短期有价证券容易变现，这一点对公司应付临时性的资金需求有重要意义。

第三，数量具有波动性。流动资产或流动负债容易受内外条件的影响，数量的波动往往很大。

第四，来源具有多样性。营运资金的需求问题既可通过长期筹资方式解决，也可通过短期筹资方式解决。

营运资金管理的首要任务是保证合理的资金需求；其次是提高资金使用效率，即采取得力措施缩短营业周期，加速变现过程和营运资金周转；再次是节约资金使用成本，在营运资金管理中必须正确处理保证生产经营需要和节约资金使用成本二者之间的关系；最后，必须保持足够的短期偿债能力，即合理安排流动资产和流动负债的比例关系，保持流动资产结构与流动负债结构的适配性，保证公司有足够的短期偿债能力。

二、营运资金管理政策及其选择

营运资金管理政策涉及流动资产、流动负债以及二者之间关系的总体安排。良好的营运资金管理必须依靠一种切实可行的、能够有效地考虑风险与报酬的营运资金管理政策。营运资金是公司短期筹资与投资的具体体现，因此它体现着公司在流动资产及其筹资安排上的效果。

营运资金管理政策一般有正常型、稳健型和冒险型三种。冒险型政策的净流动资本最小，风险最大，但其总成本最低，收益最高；稳健型政策的净流动资本最大，风险最小，但其总成本最高，收益最低；正常型政策的收益与风险则介于二者之间。公司应当根据具体情况在这三种政策之间作出恰当的选择。

1. 正常型营运资金管理政策。

公司以短期资金满足流动资产的资金需求，以长期负债或主权资本满足固定资产的资金需求。这种政策减少了公司不能偿付到期款项的风险，它要求公司能够准确衔接资产变现和负债的到期结构。

2. 稳健型营运资金管理政策。

公司用长期负债或主权资本来满足固定资产和长期性流动资产的资金需求，而且短期负债来应付临时性流动资产的资金需求，由于短期资金来源产生于公司正常的经营过程，公司无法将它们控制在尽可能低的水平上，因此，这种政策的实际运用会遇到困难。

3. 冒险型营运资金管理政策。

公司以长期负债或主权资本筹措部分固定资产所需的资金，以短期负债来筹措全部流动资产和部分固定资产所需的资金。由于公司中的短期能力有限，可能没有足够的短期资金来满足，所以这种政策的风险最大。

三、流动资产融资和投资

营运资金管理主要涉及资金筹措管理和资金运用管理，即流动资产融资战略和流动资产投资战略。

（一）流动资产融资战略

流动资产融资战略涉及期限匹配融资战略、保守融资战略和激进融资战略。期限匹配融资战略就是将流动资产分类为永久性流动资产和波动性流动资产，永久性流动资产和固定资产以长期融资方式（负债或权益）来融资，波动性流动资产采用短期融资方式融资，其特点是收益和风险居中。保守融资战略是用长期融资支持固定资产、永久性流动资产和部分波动性流动资产，试图以长期融资来源为波动性流动资产的平均水平融资，其特点是风险低收益低。激进融资战略是公司以长期负债和权益为所有的固定资产融资，还对部分永久性流动资产使用长期融资方式，短期融资方式支持剩余的永久性流动资产和所有的波动性流动资产，其特点是收益高风险大。选择何种流动资产投资战略取决于该公司对风险和收益的权衡特性，公司债权人、产业因素以及决策者对此都有影响。

（二）流动资产投资战略

流动资产投资战略涉及紧缩流动资产投资战略和宽松流动资产投资战略。紧缩流动资产投资战略通常维持低水平的流动资产与销售收入比率，这可能伴随着更高运营风险。宽松流动资产投资战略通常维持高水平的流动资产与销售收入比率，使得公司的运营风险较小。如何选择流动资产投资战略取决于对风险和收益的权衡以及影响公司决策的决策者。

财务管理应站在公司全局的角度，构建科学的预测体系，进行科学预算。预算包括销售预算、采购预算、投资预算、人工预算、费用预算等，这些预算使公司能及时得到资金的各种信息，以便采取措施，防范风险，提高效益。

四、现金管理

现金是指在生产经营过程中以货币形态存在的资金，包括库存现金、银行存款和其他货币资金等。公司持有一定数量的现金主要是基于交易性需求、预防性需求和投机性需求，交易性需求是为维持日常周转及正常商业活动所需持有的现金额，预防性需求是需要持有充足现金以应付突发事件（如大客户违约），投机性需求是为抓住出现的获利机会而持有的现金，除了上述三种基本的现金需求以外，还有许多公司持有现金是为了保持账户的补偿性余额。

（一）现金余额的确定

1. 成本模型。

成本模型是根据现金有关成本分析预测其总成本最低时现金持有量的一种方法，即最佳现金持有量 = Min（管理成本 + 机会成本 + 短缺成本），见表 7-1。

表 7-1　　　　　　　　　　　最佳现金持有量成本模型内容

有关成本	含义	与现金持有量的关系
管理成本	因持有一定数量的现金而发生的管理费用	通常是固定成本
机会成本	因持有一定现金余额而丧失的再投资收益	正相关
短缺成本	缺乏必要的现金而给公司造成的损失	负相关
最佳现金持有量：上述三项成本之和最小的现金持有量。		

2. 随机模型。

随机模式是在现金需求量难以预知的情况下进行现金持有量控制的方法，基本原理是两条控制线和一条回归线，即公司根据历史经验和现实需要测算出一个现金持有量的控制范围，制定出现金持有量的最高控制线和最低控制线，将现金持有量控制在最高控制线和最低控制线的范围之内，具体情形见图 7-1。当公司现金余额在最高控制线（上限）和最低控制线（下限）之间波动时，表明现金持有量处于合理的水平，无须进行调整。当现金余额达到上限时，则将部分现金转换为有价证券，当现金余额下降到下限时则卖出部分证券。最低控制线 L 的确定取决于模型之外的因素，其数额是由现金管理部经理在综合考虑短缺现金的风险程度、公司借款能力、公司日常周转所需资金、银行要求的补偿性余额等因素的基础上确定的。

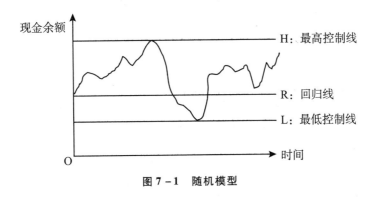

图 7-1　随机模型

现金回归线 R 可以按以下公式计算：

$$R = \sqrt[3]{\frac{3b\delta^2}{4i}} + L$$

最高控制线 H 可以按以下公式计算：

$$H = 3R - 2L$$

其中，b 为证券转换为现金或现金转换为证券的成本，δ 为公司每日现金流变动的标准差，i 是以日为基础计算的现金机会成本。

例 7.1　假定某公司有价证券的年利率为 9%，每次的固定转换成本为 50 万元，公司认为银行活期存款及现金余额不能低于 1000 万元，根据以往经验测算出的现金余额波动的标准差为 800 万元，试计算该公司最优现金回归线 R 和现金控制上限 H 的值。

解：有价证券日利率 = 9% ÷ 360 = 0.025%

$$R = \sqrt[3]{\frac{3b\delta^2}{4i}} + L = \sqrt[3]{\frac{3 \times 50 \times 800^2}{4 \times 0.025\%}} + 1000 = 5579 （万元）$$

$$H = 3R - 2L = 3 \times 5579 - 2 \times 1000 = 14737 （万元）$$

（二）现金收支管理

现金收支管理的目的就是减少现金周转期，现金周转期可以按以下公式计算：

现金周转期 = 存货周转期 + 应收账款周转期 - 应付账款周转期

其中，存货周转期 = 平均存货/每天的销货成本，应收账款周转期 = 平均应收账款/每天的销货收入，应付账款周转期 = 平均应付账款/每天的购货成本减少现金周转期的措施是减少存货周转期和应收账款周转期，延长应付账款周转期。

例 7.2 华维公司原材料购买和产品销售均采取信用销售（赊销）方式，其应付款的平均付款天数为 35 天，应收账款的收款期为 70 天，公司从原材料购买到产品销售的期限（平均存货期限）为 85 天，预期公司全年经营性支出为 1200 万元，问该公司现金周转期和最佳现金持有量分别为多少？

解：现金周转天数＝平均储备天数（平均存货转换周期）＋（应收账款）平均周转天数－（应付账款）平均付款天数＝85＋70－35＝120（天）

现金周转率＝360/120＝3（次）

最佳现金持有量＝1200 万元/3 次＝400（万元）

确定最佳货币资金的周期模式反映了货币资金持有量与其周转率成反比例变动，在货币资金需求一定的情况下，货币资金周转速度越快，货币持有量就越少

五、应收账款管理

（一）应收账款的成本

应收账款的成本包括机会成本、管理成本和坏账成本。机会成本是因投放于应收账款而放弃其他投资所带来的收益；管理成本是进行应收账款管理时所增加的费用，主要包括调查顾客信用状况的费用、收集各种信息的费用、账簿的记录费用、收账费用等；坏账成本是债务人由于种种原因无力偿付债务而发生的损失。

（二）应收账款信用

信用标准代表公司愿意承担的最大付款风险的金额，在决定是否给予顾客信用时需要考虑两个关键因素：

第一，如果公司执行的信用标准过于严格，可能会降低对符合可接受信用风险标准客户的赊销额，因此会限制公司的销售机会。

第二，如果公司执行的信用标准过于宽松，可能会对不符合可接受信用风险标准的客户提供赊销，因此会增加随后还款的风险并增加坏账费用。

信用条件是指销货公司要求赊购客户支付货款的条件，由信用期限和现金折扣两个要素组成。信用期间是指公司允许顾客从购货到付款之间的时间，或者是给予顾客的付款期间，假设某公司允许顾客在购货后的 50 天内付款，则信用期为 50 天，折扣的表示常用如"5/10，3/20，N/30"这样的符号。

（三）应收账款周转天数

应收账款周转天数或平均收账期是衡量应收账款管理状况的一种方法，可以按以下公式计算：

$$应收账款周转天数 = \frac{期末应收账款}{平均日销账款}$$

$$平均逾期天数 = 应收账款周转天数 - 平均信用期天数$$

（四）账龄分析表

账龄分析表将应收账款划分为未到信用期的应收账款和以 30 天为间隔的逾期应收

账款，这是衡量应收账款管理状况的另外一种方法，公司既可以按应收账款总额进行账龄分析，也可以分顾客进行账龄分析。

假设信用期为 30 天，表 7 - 2 的账龄分析表反映出 30% 的应收账款为逾期账款。

表 7 - 2   账龄分析表

账龄（天）	应收账款金额（元）	占应收账款的百分比（%）
0 ~ 30	1750000	70
31 ~ 60	375000	15
61 ~ 90	250000	10
91 以上	125000	5
合计	2500000	100

账龄分析表比计算应收账款周转天数更能揭示应收账款变化趋势，因为账龄分析表给出了应收账款分布的模式，而不仅仅是一个平均数。

六、存货管理

（一）存货的持有成本

研究存货成本是为存货决策奠定基础的。这里所谓的存货决策就是确定最佳的进货批量，即经济订货量。经济订货量是指使存货的总成本最低的订货量，确定经济订货量涉及的成本有取得成本、储存成本和缺货成本。

1. 取得成本。

取得成本指为取得某种存货而支出的成本，通常用 TC_a 来表示，包含订货成本和购置成本。

订货成本是指取得订单的成本，如办公费、差旅费、邮费、电报电话费等，按照其与订货次数的关系，可以分为变动性订货成本（差旅费等）和固定性订货成本（采购机构的基本开支用 F_1 表示），订货成本可以用以下公式表示：

$$订货成本 = F_1 + \frac{D}{Q} \times K$$

其中，D 为存货年需要量，Q 为每次进货量，K 为每次订货的变动成本。

购置成本是指为购买存货本身所支出的成本，即指存货本身的价值，购置成本等于采购单价（用 U 表示）乘以数量 D，即购置成本为 $D \times U$。

因此，

$$TC_a = 订货成本 + 购置成本 = F_1 + \frac{D}{Q} \times K + D \times U$$

2. 储存成本。

储存成本指为保持存货而发生的成本，包括存货占用资金所应计的利息、仓库费用、保险费用、存货破损和变质损失等，通常用 TC_c 来表示。

储存成本也分为固定成本和变动成本，固定成本与存货数量的多少无关，如仓库折旧、仓库职工的固定工资等，常用 F_2 表示。变动成本与存货的数量有关，如存货资金的应计利息、存货的破损和变质损失、存货的保险费用等，单位成本用 K_c 来表示。

因此，

$$TC_c = 储存固定成本 + 储存变动成本 = F_2 + K_c \times \frac{Q}{2}$$

3. 缺货成本。

缺货成本指由于存货供应中断而造成的损失，包括材料供应中断造成的停工损失、产成品库存缺货造成的拖欠发货损失和丧失销售机会的损失及造成的商誉损失等，如果生产单位以紧急采购代用材料解决库存材料中断之急，那么缺货成本表现为紧急额外购入成本，通常用 TC_s 来表示。

如果以 TC 来表示储备存货的总成本，它的计算公式为

$$TC = TC_a + TC_c + TC_s = F_1 + \frac{D}{Q} \times K + D \times U + F_2 + K_c \times \frac{Q}{2} + TC_s$$

存货最优化就是使存货总成本即 TC 值最小。

（二）经济订货批量的确定

经济订货批量就是能够使存货的相关总成本达到最低点的进货数量。

1. 假设。

经济订货模型假设包括存货总需求量是已知常数、订货提前期是常数、货物是一次性入库、单位货物成本为常数（无批量折扣）、库存持有成本与库存水平呈线性关系、不会因现金短缺影响进货（缺货为零）、货物是一种独立需求的物品（不受其他货物影响）。

2. 相关成本。

在上述假定条件下，由于存货单价不变（不存在数量折扣），与购置成本无关；不允许存在缺货，与缺货成本无关。这样，相关成本只有变动性订货成本和变动性储存成本。

因此，Min（存货总成本）= Min（变动订货成本 + 储存变动成本）

3. 经济订货批量的计算公式。

当经济订货模型假设成立，即 F_1、K、D、U、F_2、K_c、TC_s 为常数时，存货总成本 TC 的大小由 Q 来决定，计算公式可以简化为

$$TC = \frac{D}{Q} \times K + K_c \times \frac{Q}{2}$$

根据求极值的数学原理，对 TC 进行求导，可以得到以下公式：

$$Q^* = \sqrt{\frac{2KD}{K_c}}$$

上式的 Q^* 即为经济订货量模型，这时的 Q^* 值可使得 TC 达到最小值。

由此可以得出与批量有关的最小的 TC，

$$TC = \frac{D}{Q} \times K + K_c \times \frac{Q}{2} = \frac{D}{\sqrt{\frac{2KD}{K_c}}} \times K + K_c \times \frac{\sqrt{\frac{2KD}{K_c}}}{2} = \sqrt{2KDK_c}$$

每年最佳的订货次数，

$$N = \frac{D}{Q^*} = \frac{D}{\sqrt{\frac{2KD}{K_c}}} = \sqrt{\frac{DK_c}{2K}}$$

经济订货量占用资金，

$$I = \frac{Q^*}{2} \times U = \frac{\sqrt{\frac{2KD}{K_c}}}{2} \times U = \sqrt{\frac{KD}{2K_c}} \times U$$

4. 保险储备

按照某一订货量和再订货点发出订单后，如果需求增大或送货延迟，就会发生缺货或供货中断，为防止由此造成的损失，就需要储备一些存货以备应急之需，称为保险储备。考虑保险储备的再订货点，

P = 预计交货期内需求 + 保险储备 = 交货时间 × 平均日需求量 + 保险储备

确定保险储备的方法是使得保险储备的持有成本与缺货损失之和最小，而

保险储备的持有成本 = 保险储备 × 单位持有成本

缺货损失 = 一次订货期望缺货量 × 年订货次数 × 单位缺货损失

比较不同保险储备方案下的以上两者的和（总成本），选择最低者为最优保险储备。

（三）存货的控制系统

1. ABC 控制系统。

见表 7 - 3。

表 7 - 3 **ABC 控制系统特点与管理方法**

类别	特点	管理方法
A 类	品种数量占全部库存的 10% ~ 15%，但价值占全部库存的 50% ~ 70%	重点管理
B 类	品种数量占全部库存的 20% ~ 25%，但价值占全部库存的 15% ~ 20%	加强管理
C 类	品种数量占全部库存的 60% ~ 70%，但价值占全部库存的 10% ~ 35%	一般管理

2. 适时制控制系统（JIT 系统，无库存管理、看板管理）。

见表 7 - 4。

表 7 – 4　　　　　　　　　**适时制控制系统方法、特点与适用情况**

实际方法	制造单位事先和供应商协调好，只有当生产过程中需要原料或零件时供应商才将原料和零件送来，而每当产品生产出来就被客户拉走
特点	库存持有水平可以大大降低
适用情况	稳定而标准的生产程序以及供应商的诚信，否则任何一个环节出现差错将导致整个生产线的停止

七、流动负债管理

流动负债主要有三个来源：短期借款、短期融资券和商业信用。以流动负债的形成情况为标志，可以分为自然性流动负债和人为性流动负债。自然性流动负债是指不需要正式安排，由于结算程序或有关法律法规的要求等原因而自然形成的流动负债。人为性流动负债是指由财务人员根据企业对短期资金的需求情况，通过人为安排所形成的流动负债。

（一）短期借款

短期借款是指公司向银行和其他非银行金融机构借入的期限在 1 年（含 1 年）以下的各种借款。

补偿性余额是银行要求借款单位在银行中保持按贷款限额或实际借用额的一定比例计算的最低存款余额，对于借款单位来讲，补偿性余额提高了借款的实际利率，

$$补偿性余额贷款实际利率 = \frac{利息}{可用借款额} = \frac{借款额 \times 名义利率}{借款额 - 借款额 \times 补偿性余额比例}$$

$$= \frac{名义利率}{1 - 补偿性余额比例} \times 100\%$$

贴现法是银行发放贷款时先从本金中扣除利息部分，在贷款到期时借款单位再偿还全部本金的一种计息方法，采用这种方法，可利用的贷款额只有本金扣除利息后的差额部分，从而提高了贷款的实际利率，

$$贴现法付息贷款实际利率 = \frac{名义利率}{1 - 名义利率} \times 100\%$$

（二）短期融资券

短期融资券是由公司依法发行的无担保短期本票，是指依照《短期融资券管理办法》的条件和程序在银行间债券市场发行和交易并约定在一定期限内还本付息的有价证券，是公司筹措短期（1 年以内）资金的直接融资方式。

按发行人的不同分类，可将短期融资券分为金融公司的融资券和非金融公司的融资券。按发行方式分类，可将短期融资券分为经纪人承销的融资券和直接销售的融资券，非金融公司发行的一般采用间接承销方式进行，金融公司发行的一般采用直接发行方式进行。

相对于发行公司债券而言，发行短期融资券的筹资成本较低，短期融资券筹资数额比较大，但发行短期融资券的条件比较严格。

例7.3 某公司计划采用折价发行方式发行期限为240天、票面利率为12%、面值为2亿元的短期融资券，预计承销费用和其他发行费用约50万元，公司这笔融资资金成本是多少？

解：公司贷款额为20000万元，期限为8个月，则

利息费用 $=20000 \times 8/12 \times 12\% = 1600$（万元）

由于发行费用为50万元，

实际使用的资金贷款额 $=20000 - 1600 - 50 = 18350$（万元）

资金成本 $=1650/(18350 \times 8/12) \times 100\% = 13.49\%$

（三）商业信用

商业信用是指在商品或劳务交易中，以延期付款或预收货款方式进行购销活动而形成的公司间的借贷关系，是一种"自动性筹资"，商业信用具体形式为应付账款、应计未付款、预收货款。

应付账款商业信用条件通常包括以下两种：有信用期但无现金折扣的，如"N/30"；有信用期和现金折扣，如"2/10，N/30"。

供应商在信用条件中规定有现金折扣，目的在于加速资金回收，公司在决定是否享受现金折扣时应仔细考虑，放弃现金折扣的成本通常是高昂的，放弃现金折扣的信用成本可以用以下公式计算，

$$放弃折扣的信用成本率 = \frac{折扣率}{1 - 折扣率} \times \frac{360}{信用期 - 折扣期}$$

如某赊购商品100万元，卖方提出付款条件"2/10，N/30"，若在折扣期内付款（即选择第10天付款），则需要付98万元。若放弃现金折扣（即选择第30天付款），则需要付100万元，这相当于98万元的资金20天付出2万元的代价，而

$$放弃折扣的信用成本率 = \frac{资金占用费}{资金占用额} = \frac{100 \times 2\%}{100 \times (1 - 2\%)}$$

注意这样计算出的成本率是20天（信用期 - 折扣期）的成本率，而一般所谓的成本率都是指年成本率，所以需要进行调整。调整的方法就是将以上计算出的20天的成本率除以20得出天成本率，然后再乘以每年的天数360，因此，

$$放弃折扣的信用成本率 = \frac{100 \times 2\%}{100 \times (1 - 2\%)} \times \frac{360}{20} = \frac{2\%}{(1 - 2\%)} \times \frac{360}{20} \times 100\% = 36.7\%$$

商业信用筹资的优点是容易取得，一般不用提供担保，节约收账成本。通过应收票据贴现和保理，公司可以避免因赊销而造成的现金流量不足，及时回笼资金。同时，还可以利用银行等专业金融机构的优势帮助回收账款，减少坏账损失。商业信用筹资的缺点是筹资成本高，容易恶化公司的信用水平（期限短），受外部环境影响较大。

（四）其他短期融资

除了属于商业信用的应付账款、应付票据、预收账款之外的一种自发性融资来源，常见的应付费用有应付工资、应付福利费、应交税金、其他应缴款等。

在应收账款抵押融资方式中，借款人将应收账款抵押给贷款人作为取得贷款的抵押物，实际的贷款金额通常是抵押的应收账款账面金额的某个百分比。应收账款代理融资

是指供应收账款全部出售给某一机构，包括商业银行和财务公司。这些代理机构承担收款风险，提供信用服务，相应收取服务费和储备金，储备金是代理机构预提的，以备再发生应收账款不能收回时备抵损失，如果应收账款能全部收回，到期有代理机构将储备金归还。存货抵押融资就是如果公司信用风险相对较小的话，可以通过存货进行抵押获得无担保的贷款。

八、营运资金管理的新课题

吉特曼和马克斯维尔曾经对美国一千家大型公司的财务经理们进行调查，了解他们是如何分配工作时间的，调查结果表明：他们在营运资金管理上所花费的时间几乎占到1/3。可见，营运资金管理在公司财务管理中的重要性。

网络技术的飞速发展和信息化、全球化时代的到来给整个人类社会带来了前所未有的冲击，在给公司带来巨大商机的同时也给营运资金管理带来了巨大的挑战。公司营运资金管理实践面临着很多新课题，比如如何进行战略和商业模式转型，如何重新构建业务流程，如何改进整个供应链上的物流、信息流和资金流的流动，如何快速获得外部资源、推进电子商务和加快市场响应速度，如何改进供应链管理、分销渠道管理和客户关系管理，如何提升资金集约管理和国际营运资金管理等。这些问题构成了当前营运资金管理的研究热点，新的营运资金管理理论和实践创新正在不断形成。

| 课堂案例 7 - 1 |

海尔集团营运资金管理体系

（一）案例内容

海尔集团创立于 1984 年，一直坚持创业和创新精神，已经从一家濒临倒闭的集体小厂发展成为全球拥有 8 万多名员工、2015 年营业额 1887 亿元的全球化集团公司。海尔集团在首席执行官张瑞敏的领导下，先后实施名牌战略、多元化战略、国际化战略和全球化品牌战略阶段，曾多年蝉联全球白色家电第一品牌，并被美国《新闻周刊》网站评为全球十大创新公司。

海尔要创造互联网时代的世界名牌，其特点是能快速满足用户的个性化需求，进行大规模定制而非大规模制造。海尔抓住互联网的机遇解决这一挑战，积极探索实践"人单合一双赢模式"，通过"倒三角"的组织创新和"端到端"的自主经营体建设，实现从"卖产品"到"卖服务"的转型，创造出差异化、可持续的竞争优势。

海尔集团通过战略和商业模式转型、业务流程再造、组织变革、文化和机制创新等对营运资金管理的环境和体系进行创新，从优化供应链管理、客户关系管理、资金集约管理、供应链融资创新、国际营运资金管理等对营运资金管理实践内容进行丰富和拓展。

（二）海尔集团营运资金管理体系的构建与运行

1. 海尔集团营运资金管理目标：零营运资本。

"零营运资本"（zero working capital，ZWC）概念和技术的提出与应用对于营运资本理论研究和实践运用产生了深刻的影响。按照"零营运资本"理念，通过高质量的流动资产——尤其是应收账款和存货等占用的管理和控制，实现最低水平的流动资产占用，最后实现在流动资产上的零投资。

美国通用电器公司将降低营运资本作为公司的目标，美洲标准公司的总裁在1996年也决心将营运资本降低为零。由此可以看出，零营运资本已经成为一种新的财务管理理念，被世界各国的诸多公司管理人员所重视并付诸实践。

对于众多中国企业来说，应收账款和库存是两个沉重的包袱，特别是在现金为王的金融危机时代。海尔在1998年就在中国市场率先实行"现款现货"，当时也遇到了很大的阻力，但是海尔坚持了下来。2008年，海尔在现款现货的基础上又提出防止"两多两少"：防止库存多、应收多、利润少、现金少，具体措施就是探索"零库存下的即需即供"，取消仓库，推进按订单生产，有效避免了库存和存货贬值。

2. 供应链管理创新：零库存下的即需即供。

在传统经济时代向互联网时代转变的环境下，公司生存和发展的权利取决于用户。用户购买的不再是单纯的产品而是服务。为此，海尔提出了两个转型。一个是公司的转型：从制造业向服务业转型；另一个是商业模式转型：从传统经济下的模式转型到人单合一双赢模式转型。

海尔认为实施转型有两个战略条件，一个是必要条件的"零库存下的即需即供"，另一个是充分条件的"零距离下的虚实网结合"，"零库存"与"零距离"为零营运资本目标的实现提供了的重要前提和基础。

（1）零库存与即需即供。

营运资金管理与经营模式联系在一起。针对库存的问题，海尔提出了零库存下的即需即供模式。这个模式从客户角度来讲就是第一时间满足客户的需求，从公司角度看就是按订单生产，通过大规模定制在快速满足用户差异化需求的同时不增加库存和成本，实现零库存。海尔的采购、生产都来源于真正的订单，按单销售、按单生产、按单采购，消灭成品、在产品、原材料库存。同时，客户的订单必须在第一时间完成并交付。零库存是以快速响应和满足用户订单需求的速度消灭库存空间，即用时间消灭空间。海尔通过按单生产，推进即时制（just in time，JIT）采购、即时制送料、即时制配送三个JIT打通供应链的各环节，把物流变成一条流动的河。

（2）市场与客户导向的供应链整合。

传统商业模式下，渠道将库存压力施加给生产单位，生产单位将库存压力传导给供应商，带来整个供应链上对营运资金管理的博弈和无序管理，对供应链的上游产生巨大的库存、应收压力和营运资金短缺问题。海尔以市场和用户需求引导整个产业链的资源有效配置和营运资金有序流动，避免了大规模资金占用。

（3）从大规模制造向大规模定制转变。

1970年，Toffler提出了一种全新生产方式的设想，即以类似于标准化和大规模生产的成本和时间提供客户特定需求的产品和服务。1987年，Davis首次将这种生产方式称为"Mass Customization"（大规模定制）。大规模定制以大规模生产的速度和低成本满足用户的差异化需求，解决一直困扰公司的两难问题：顾客的"产品个性化"需求与顾客对产品"低成本、高质量、快速交货"的期望。海尔的思路是低成本提供所有用户需求的个性化产品和高质量的帮用户找到它，从而实现从大规模制造变成大规模定制。

（4）从模块化设计到模块化组织。

模块化是大规模定制的关键，大规模定制模式要求将产品模块化，将公司转向模块化的组织。模块化不仅成为在产品设计层面的主导潮流，进而影响到组织设计层面。模块化的演进遵循"技术模块化→产品模块化→产业模块化→组织模块化"的发展道路。桑切斯和马奥尼（Sanchez & Mahoney, 1996）提出"模块化的产品设计需要组织设计的模块化"，模块化的产品设计思想和方法直接促进了模块化组织的产生。

在模块化设计方面，海尔的供应商参与前端设计共同来面对用户，通过设计基本模块与可变模块进行组合变换成多种型号，从而实现对内模块化、标准化，对外个性化、多样化。海尔通过对供应商进行标准化整合，使零部件通用化程度得以提高，从而使零部件的种类和数量都大幅减少，大大降低了整个供应链的物料成本和库存。

与此同时，通过业务流程再造，设立统一的营销、研发、采购、生产部门，海尔集团将"订单获取"（市场开发）、"订单创造"（产品开发）与"订单履约"（制造）等流程和组织进行模块化整合，实现了海尔模块化组织构建的细化与完善。

（5）供应商管理库存与产业集群。

供应商管理库存（VMI）也叫"卖方管理库存"，是目前国际上领先的库存管理模式。VMI是以实际或预测的消费需求和库存量作为市场需求预测和库存补货的解决方法，供货商可以更有效地计划、更快速地反映市场变化和消费需求，其最大优势是同时降低供需双方的库存成本。

海尔在推进供应商管理库存方面进行了实践和探索，海尔物流VMI在全国范围内拥有运营基地，成为海尔主要的原材料供应基地。供应商通过采用海尔VMI这种模式，可以省却原来需要的操作如装卸、仓储、报验、办理订单入库、按单分拣、按需求配送至线、容器管理、结算服务等，由此供应商便可更加专注于生产及新技术的研发。

海尔供应链前端建设的一大特点是实现了产业集群。目前，海尔分布各地的工业园区周围聚集着大量供应商自己的工业园区，大大方便了海尔对前端供应链的优化整合工作，海尔与供应商之间实现了信息共享、物流同步，减少了供货的时间差和空间差，规避了传统模式下供应商提前生产、公司提前采购、货物长距离运输带来的库存资金占用、运输成本增加、耽误生产等问题，有效地解决了供应商库存占用的问题，对整个供应链环节的营运资金管理模式优化和效率提升有显著的作用。海尔通过出色的供应链前端设计，使处于供应链前端的优秀供应商整合到了海尔整体供应链之中，形成稳定的合作关系。

3. 渠道与客户关系管理创新：零距离下的虚实网结合。

在供应链上，客观上存在一条从客户到供应商的价值链，公司营运资金的流转贯穿于这条价值链的始终，采用何种方式管理这条价值链将直接影响到营运资金的管理水平。然而，目前许多公司仍旧采取传统以产品为中心的营销理念和"推式"营销模式。在这种模式下，不是以市场、客户需求为中心，而是以制造单位和产品为分销渠道中心。制造单位根据对市场的预测先采购和生产出库存，然后向下游逐级推销。由于各分销渠道成员（包括制造单位及其上游供应商）无法准确、及时把握下游客户需求偏好和需求数量，因而往往采购或生产出不为顾客所需要的产品，造成库存资金沉淀。

为了进一步帮助经销商挖掘市场机会、保证经销商快速销售、减少经营风险，海尔还推出了配套的终端营销拉动方案，通过在网上和渠道终端提供用户满意的解决方案，客户可在第一时间获得满意的服务，形成了"虚网"和"实网"的互动和无缝对接。

在营销渠道系统方面，海尔开始对部分渠道实施"点对点营销"模式，这种营销模式与传统的直销和分销模式不同的是海尔对终端店面进行直接管理。这种模式有两个好处：第一，与市场保持零距离，使整个供应链系统能对市场变化做出准确、迅速的反应，根据市场变化和需求形成生产计划，降低库存水平，同时也能更好地根据客户需求进行产品的研究开发和产品线的调整；第二，海尔对这些终端店面采用的是直接供货，绕开了繁缛的中间环节，加快了产品的流通速度，减少了流通库存和成本。

4. 财务公司：集约化的营运资金管理。

如果说商业模式创新和供应链管理优化对营运资金的流量加快和净增量提升做出了重要贡献，那么如何对营运资金存量和结构进行有效管理与合理配置，以最大限度降低资金成本、提升资金效率也是一个重要的课题，这就对资金的集约化管理提出了需求。

海尔早在1999年就将原来的财务部门从各单位分离出来，整合成立"资金流推进本部"，设立按流程进行横向资金管理的资金管理部门，对集团资金和财务资源进行统一配置和管理，从源头上解决部门之间在资金流动和财务资源配置上的相互割裂问题，推进集约化的财务管理。

2002年，海尔集团设立了财务公司，进一步推进集约化金融服务，海尔将新设立的财务公司定位于"海尔集团国际化经营的全球金融运作中心"和"产业助推器"。针对以前资金在集团内产供销流程各环节以及各成员单位沉淀、闲置、配置不均衡和融资需求不对称等问题，财务公司根据集团发展的需要集中、统一管理集团下属公司的资金，通过有偿调剂集团内部资金余缺，优化配置集团资金资源，激活了集团内部的闲置和沉淀资金，满足了成员单位产业发展过程中的内部融资需求，实现了集团对外流动资金的"零"贷款，节约了大量资金成本。

在资金账户的管理上，海尔财务公司提出"一个账户"的资金集中管控模式，搭建了资金账户的集中管理与操作平台，未获集团批准不得擅自在财务公司外开立新账户。目前，财务公司管理着集团500多家公司的资金账户，实现了集团"一个账户"的资金管控理念。

5. 国际营运资金管理创新。

海尔集团在战略上经历了名牌战略阶段、多元化战略阶段、国际化战略阶段和全球化战略阶段。相应地，国际营运资金管理也越来越需要更多的关注。在结算政策方面，海尔首先统一了全集团各成员单位在全球的客户结算政策和商务政策。在海外营销与客户管理模式创新方面，海尔推进海外大客户战略和直销直发模式，减少对规模小的客户和信用评价不合标准的客户之间的业务。提升对客户直销模式的比重，通过对客户直接发货，以缩短供应链环节和库存来加速回款。在金融工具创新方面，海尔推行了应收保理与出口信用保险组合的金融工具创新。在海外公司的营运资金管理方面，海尔在全球海外公司实施"收支两条线"管理，在全球统一的银行平台上，每个当地公司由总部统一授权管理。

（三）海尔营运资金管理体系创新

1. 整合和全面的营运资金管理系统。

海尔不是简单对营运资金的某个项目进行孤立管理，而是从战略创新、商业模式转型、流程再造、组织变革、机制创新等方面进行综合设计，对供应链管理、分销渠道管理、客户关系管理、资金池管理等进行全面的优化，从而从根源和动因上减少影响营运资金效率的因素和不增值环节，海尔营运资金管理系统具有整合性与全面性。

2. 营运资金管理边界的打破。

海尔的营运资金管理体系打破公司边界，在开放共享的平台上进行内外部资源整合，是跨组织、跨流程、跨利益相关者、跨区域的无边界的营运资金管理体系。

3. 海尔营运资金管理对传统商业模式的扬弃。

海尔零库存下的即需即供以及零距离下的虚实网融合是对传统商业模式的扬弃。

4. 产融结合推进了营运资金管理的创新和延伸。

国际经验表明，在大公司成长过程中，产业资本与金融资本的融合是一条重要规律。国际型大公司大多具有金融功能，财务公司在为本集团和产业链提供营运资金管理和金融服务、促进公司的产业发展和经营起着重要作用，是银行等外部金融机构所无法替代的。未来公司的竞争不是单一产品的竞争，而是供应链运营模式的竞争，财务公司的金融支持不再是服务于单一公司营运资金管理的支持模式，而是按产业链体系整体营运资金管理支持为目标，构建产业链营运资金管理多赢模式。

5. 海尔营运资金管理中权变理论的体现。

海尔的营运资金管理体系适应环境的变化不断权变和演进，海尔根据不同的战略发展阶段、不同的市场环境采取不同的营运资金管理策略，进行体系的创新。

第二节 财务风险控制

一、财务风险的含义和内容

公司财务风险的含义可以分为广义和狭义两种。狭义上看，财务风险是指公司因举借债务进行经营活动而给财务成果带来的不确定性影响，也可称为融资风险或筹资风险；广义上看，财务风险是指在财务活动的过程中因为各种无法或难以预料和控制的因素存在而导致公司实际收益偏离预期收益的不确定性，本节主要从广义视角来探讨财务风险。

不同的财务环境和不同的成长周期阶段，财务风险针对不同的经营主体和项目有不同的表现形式和风险种类。

筹资风险是指公司在筹资活动过程中因为资金供求状况、宏观经济环境的波动及筹资来源、期限、利率、币种等因素的变化而给财务成果带来的不确定性影响，主要包括偿债能力和收益变动风险。收益变动风险源于资金使用效率的不确定性，这种不确定性会通过财务杠杆作用予以放大。除此之外，公司遭遇经营管理和现金管理不善，可能导致不能按期还本付息，产生偿债风险，如果不能及时有效地化解风险，则很可能进一步恶化导致公司破产清算。

投资风险是指公司在投资活动过程中因受到各种难以控制或预计因素的影响给公司财务成果带来的不确定性致使投资报酬率达不到预期报酬而产生的风险。投资风险主要包括两方面：一方面来源于长期投资，是由于货币时间价值、资本成本及现金流量等因素的变化导致投资报酬率低于目标报酬率的风险；另一方面来自短期投资，是因为流动资产结构不合理、政策失误、价格波动等因素影响而产生的风险。

成本费用风险是指公司在成本费用管理过程中因内部控制不当等因素给公司造成的不利影响而带来的财务成果的不确定性，本费用风险表现为成本费用支出未经适当审批或超越授权、成本费用预测不科学、成本费用核算和相关财务信息不完整等。

资金回收风险是指由于公司现金流入和流出在时间上的差异导致生产经营活动陷入困境或无法偿还到期债务等形成的风险。公司正常运行的前提是有充足的资金，但从产品入库那一刻起资金就进入了存货状态，这时必须通过销售才能实现资金的收回，公司从产品资金到结算资金再到货币资金的过程中分别面临着存货风险以及应收账款风险。存货风险主要涉及由于价格波动、存货过时、自然损耗等原因发生的损失进而导致存货价值减少的风险。同时，为减少存货、扩大销售，大多数情况下公司会采取赊销的方式，伴随应收账款的增加，应收账款的机会成本、管理费用、坏账损失也随之增加，存在应收账款风险。

汇率风险是指公司持有或运用外汇经济活动过程中因为汇率变动而给财务成果带来的不确定性影响，可分为交易风险、折算风险和经济风险。交易风险主要发生在商品劳务进口和出口交易中，折算风险是经济主体对资产负债表的财务处理中将功能货币转换成记账货币时因汇率变动而导致账面损失的可能性，经济风险是指汇率变动通过影响公司生产销售数量、价格、成本等引起公司未来期间收益或现金流量减少的一种不确定性影响。

收益分配风险是指由于缺乏合理的收益分配而给公司持续经营活动带来的不确定性影响。合理的股利分配政策会提高企业声誉，调动利益相关者的积极性，促进股价上涨，但如果脱离实际超额分配股利，造成留存收益不足，必然影响公司的偿债能力和扩大再生产的能力。

二、财务风险评估

风险评估包括风险识别和风险评价两个过程。财务风险识别是财务风险管理的首要环节，它是指在密切关注环境中与公司利益相关的经济变化（如原材料和产品价格变动、国家宏观经济政策变动、利率和汇率变动、竞争对手策略改变等）的基础上，从定性的角度全面剖析公司财务活动中可能面临的各种财务风险及其成因。财务风险识别包括感知财务风险和分析财务风险两方面的内容，前者指通过调查了解公司存在的各种财务风险，后者指通过风险归类分析财务风险产生的原因和条件。如果风险识别发生错误，尤其是重大风险被忽略了，无论风险管理计划工作多么完善，实际工作多么细致，都可能造成严重的后果。财务风险评价是指在财务风险识别的基础上依据相关风险信息，运用数量化的方法来估计和衡量财务风险发生的可能性和损失的严重程度。财务风险评价主要包括两方面的内容：一是估计财务风险可能发生的次数，即发生的频率；二是估价财务风险发生可能引起的财务损失程度。

实施财务风险评估，一般常以非统计方法或统计方法，或以定性分析或定量分析。然而无论使用何种方法，其最终结果应以能够最为精确地（尽量精确地）或最为可信地（尽量可信地）描述风险的发生频度特征和影响程度为佳，财务风险评估常用方法包括头脑风暴法、财务报表法、指标分析法、"Z 积分"法和 VaR 模型。头脑风暴法由风险分析专家、风险管理者、专业人员和其他专家组成小组，集思广益，评估分析可能的风险及其预案；财务报表法是根据公司财务报表等财务资料，对可能存在的各种风险进行分析和评估；指标分析法是根据公司财务核算、统计核算、业务核算资料和其他方面（如市场调查获取的、从有关政府主管部门得到）提供的数据对相关指标数值进行计算、对比和分析，并从分析的结果中识别和评估财务风险；"Z 积分"法是首先挑选出一组决定风险大小的最重要财务和非财务数据比率，然后根据这些数据比率在预测经营方面的作用大小给予不同的加权，最后将这些加权数值进行加总从而得到的综合风险分数值并与临界值对比来评估风险的程度；VAR 模型测量各种市场变量（如利率、汇率等）的波动对公司整体经营所造成的风险。

比如构建财务风险评估指标体系时，将盈利能力、偿债能力、营运能力、现金流量四个维度作为一级指标，在各个维度下选取评估的二级指标。盈利能力可以包括总资产报酬率等指标，偿债能力可以包括流动比率等指标，营运能力可以包括存货周转率等指标，现金流量可以包括现金与负债比率等指标，具体内容见表 7 - 5。

表 7 - 5　　　　　　　　　　　　　　**财务风险评估指标体系**

一级指标	盈利能力	偿债能力	营运能力	现金流量
二级指标	总资产报酬率	流动比率	存货周转率	现金与负债比率
	权益报酬率	速动比率	应收账款周转率	资产现金回收比率
	销售利润率	资产负债率	营运资本周转率	盈利现金比率
	毛利率	利息保障倍数	固定资产周转率	销售现金比率
	营业利润率	固定支出保障倍数	总资产周转率	再投资比率

对于一级指标和二级指标的权重，可通过层次分析法等方法赋予，对于二级指标的分值，可通过比较行业的情况进行赋值，比如将行业内的比率分为五个层次，从最差到最好依次给予 1~5 分的分值，最后通过加权计算出财务风险的评价分值，从而对公司的财务风险进行有效评估。

三、财务风险控制策略

公司生产经营过程中会遇到各种各样的风险，由于各种风险最终会归结于财务结果，财务风险在公司风险管理中居于核心地位，财务风险控制是最重要和最有效的风险控制。

（一）规避财务风险

风险规避是风险应对的一种方法，是指通过计划的变更来消除风险或风险发生的条件，保护目标免受风险的影响，可分为彻底放弃、视情放弃和改变条件三种情形。彻底放弃即完全放弃那些风险较大的项目或投资从而规避风险，视情放弃即公司根据预计风险情况决定是否放弃该方案从而规避风险，改变条件即当公司面临财务风险时积极地采取措施降低风险出现的概率以及减低损失的程度。比如在国际贸易中，可以采用贸易融资、改变贸易结算方式、汇率锁定和使用金融衍生产品等外汇理财产品等规避汇率风险。

（二）转移财务风险

转移财务风险是通过各种方式包括合同或非合同的方式将风险转嫁给另外个人或单位的风险处理方式，可分为保险转移、财务型风险转移和管理型风险转移三种情形。保险转移是指通过订立保险合同将风险转嫁给保险公司，例如生产经营中的人员工伤、运输中的车辆事故、财产火灾等造成的风险可以通过保险合同将其进行适当的转移。财务型风险转移是指通过订立经济合同，将风险及其影响的财务结果转移给他人，例如可以通过发行证券、股份、期货对冲和基金等财务管理活动和措施来转移风险。管理型风险转移主要是指通过业务外包、租赁等管理活动的方式来实现财务风险的转移。

（三）降低财务风险

降低风险可分为损失预防和损失控制两方面内容。损失预防是指在风险造成损失前通过一系列措施防止损失的发生，例如通过套期保值的保护性看跌期权来预防损失。损失控制是在风险发生后采取必要措施对损失进行控制，力求将风险造成的损失降到最低，这需要管理者具有良好的风险管理能力和危机应对意识。

四、财务风险控制体系的构建

可以基于内部控制理论建立财务风险控制体系，这是控制与防范财务风险的有效措施。

（一）财务风险控制体系的建立原则

1. 全面性原则。

这涉及涵盖各经济业务全部事项，涉及全体员工的参与，可以实现全过程、全方位、全员性的控制。

2. 分级分权管理原则。

按照公司管理体制，对财务风险管理实行分级分权的管理办法，实现权限和责任的高度结合，并形成有效的管理链和控制链。

3. 风险与收益均衡的原则。

公司在进行经济活动时要全面分析安全性和收益性，在追求收益的同时要考虑发生损失的可能。

4. 风险超前预警的原则。

公司应建立风险预警的管理系统和风险控制组织结构，明确风险承受度。

（二）财务风险控制体系内容

防范财务风险作为内控管理的重点，应从完善制度等方面进行规范管理。

1. 建立健全产权关系明晰、管理规范的公司治理结构。

以产权控制理论和委托代理思想指导公司的生产经营和财务管理活动，明确股东大会、董事会、总经理、财务经理、财务人员各自的职责与权限，保证公司战略规划与决策目标能够有效地贯彻执行。

2. 建立和完善财务制度体系。

从内部控制角度看，财务制度体系是内部控制的基石，构建完备的财务制度体系十分重要。财务制度体系主要应包括财务机构与人员管理制度、财务审批制度、预算管理制度、会计核算制度、成本费用管理制度、公司绩效评价制度等。及时制定和完善各项财务制度才能有效地防范财务风险，更好地发挥财务的参与、核算、监督和反馈的职能，提升公司价值。

3. 构建精细化财务运行体系。

精细化的财务运行体系是以流程控制为导向、岗位控制为节点的运行体系。建立精细化的财务控系，不仅要对财务人员精细化、财务制度精细化、财务信息精细化、财务流程精细化、财务分析精细化，还必须保证系统有效运行。比如，财务分析是建立在公司财务核算和财务报表基础之上，精细化的财务分析不仅要对相关报表信息进行精确而细致的分析，更重要的是将财务信息转变为决策有用信息，从而对公司的财务管理和经营决策提供信息支持。

4. 财务稽核常态化、制度化。

财务稽核是对经济业务以及财会业务处理的真实性、完整性、合法性、合规性、正确性进行的系统检查和核实，是财务风险控制体系的重要组成部分。财务稽核应核查：国家有关财经法规、政策、会计准则和财务通则的执行情况；财务制度和预算的执行情况；会计资料的真实性、完整性和会计核算正确性；内控流程及控制措施是否得到有效执行；财务报告的编制是否符合工作规范的要求等，定期和不定期的财务稽核可以起到防范风险的防火墙的作用。

5. 重视全面预算控制。

全面预算控制就是在明确各责任部门职权的前提下，按照预算的编制、审定和执行程序实施全面预算管理制度。主要涉及综合平衡后预算指标层层分解，从横向和纵向落实到内部各部门、各环节和各岗位，形成全方位的预算执行责任体系。在具体执行过程中，通过动态分析、监督和预警分析预算指标执行进度和执行差异，制定整改措施及时纠正。通过预算控制使得经营目标转化为各部门、各个岗位以至个人的具体目标，并作为其绩效约束条件，从而保证了公司整体经营目标的实现。

6. 建立绩效考评机制。

绩效考核涉及战略目标体系及其目标责任体系、指标评价体系、评价标准及评价方法等内容，是一项系统性的工程。绩效考核的项目内容和标准事实上可以成为组织对员工的工作行为和结果的期望和要求，进而成为行动的指南。根据公司情况选择考评标准设置科学的考核指标体系，对各部门及全体员工定期进行业绩考核和评价有利于依据绩效考评引导规范员工行为，促进风险管理目标的实现。

7. 财务风险预警机制。

财务风险预警机制是对公司各方面信息进行全面分析，将存在或将要发生的财务风险进行预警。公司应制定财务风险预警制度，明确财务风险的预警标准、责任人员、规范处理程序，将采购、生产、经营、销售等相关信息纳入财务风险预警机制中，提高风险预测的可靠性和及时性。

（三）公司财务风险控制路径

公司财务风险控制应该选择"财务与业务相结合"的路径，即将公司的业务与财务风险控制相结合，以业务流程的梳理为基础，将风险控制措施嵌入业务流程中。

财务风险管理部门应从业务视角出发，与管理层进行沟通，确定业务流程梳理所需要达到的目标以及精细程度。然后通过与不同层次、不同岗位的人员进行深度访谈，梳理现有的业务流程，并从业务流程中制定出工作流程。在此基础上，针对不同的业务流程和工作流程制定风险控制和实施方案，实现事前、事中、事后的全程控制。

提升财务管理信息系统的数据分析与处理能力，也有助公司有效规避财务风险，同时可以避免人为因素对内部财务控制效果的影响。公司可以根据财务系统运行的软硬件基础，充分发挥财务系统的作用，整合公司具体的财务流程和风险控制工作流程，将其应用到实际管理之中，从而有效控制财务风险。

第三节　公司业绩评价

公司业绩评价是指运用数理统计和运筹学等方法，通过建立综合评价指标体系，对比相应的评价标准，定量分析与定性分析相结合，对一定经营期间的盈利能力、资产质量、债务风险以及经营增长等经营业绩进行的综合评判。科学地评价公司业绩在加强经营者监管、约束和激励同时，还可以为政府有关部门、债权人、公司员工等利益相关方提供有效的信息支持。

一、公司业绩评价模式

（一）财务模式

业绩评价的财务模式是指从公司的财务报表中提取有关数据，根据评价的需要计算有意义的指标，业绩评价财务模式应用最为广泛的财务指标主要有投资报酬率、权益报酬率和总资产等指标。业绩评价的财务模式从单一指标逐步发展到综合评价体系，综合评价体系中最常用的为杜邦分析系统和综合评分系统。

杜邦分析系统因其最初由美国杜邦公司成功应用所以得名，又称杜邦分析法。该系统以净资产收益率为重点，以资产净利率和权益乘数为核心，重点揭示公司获利能力及权益乘数对净资产收益率的影响以及各相关指标间的相互影响关系。杜邦分析法有助于管理层更加清晰地了解权益资本收益率的决定因素以及销售净利润率与总资产周转率、债务比率之间的相互关联关系，提供了明晰的公司资产管理效率和股东投资回报路线图。如果只用一个指标来衡量公司业绩，净资产收益率是个不错的选择。在这种情况下，杜邦公司开创性地提出了一种全新的思路，那就是寻找净资产收益率的驱动因素，通过杜邦分析法能轻易的分清公司的优势和劣势，找出股东回报率低的原因，然后对症下药。比如，如果销售净利率比较低，说明盈利能力不强，如果总资产周转次数很高，说明营运能力很强，产品从销售到收回现金的时间较短，产品属于薄利多销型；如果销售净利率比较高，说明盈利能力很强，如果总资产周转次数很低，说明营运能力很弱，产品从销售到收回现金的时间较长，产品属于厚利少销型。但从公司业绩效评价的角度看，杜邦分析法只包括财务方面的信息，不能全面反映公司的情况，其局限性主要表现在：

第一，对短期财务结果过分重视，有可能助长管理层的短期行为，忽略公司长期的价值创造。

第二，财务指标反映的是过去的经营业绩，而在信息时代，顾客、供应商、员工和技术创新等因素对经营业绩的影响越来越大，而杜邦分析法在这方面无能为力。

第三，无形资产对提高公司业绩和长期竞争力至关重要，杜邦分析法却无法解决无形资产的估值问题。

综合评分系统就是选择具有代表性的多项财务指标，各种指标要相互兼顾，在确定各项财务指标的标准值与标准评分值基础上计算综合分数，某项指标分值计算公式为

$$某项指标实际得分 = 指标的标准评分值 \times 指标效益指数$$
$$= 指标的标准评分值 \times \frac{指标的实际值}{指标的标准值}$$

财政部曾经发布的《企业经济效益评价指标体系》就是综合评分系统，其内容如表 7-6 所示，总分为 100 分。其中，社会贡献总额包括工资性收入、劳保退休统筹及其他社会福利支出、利息支出净额、应交增值税、应交产品营业税金及附加、应交所得税及其他税收、净利润等，社会贡献率（总资产贡献率）等于社会贡献总额除以平均资产总额，社会积累率等于上缴国家财政总额除以社会贡献总额，上缴国家财政总额包括应交增值税、应交产品营业税金及附加、应交所得税及其他税收等，资本保值增值率等于年末权益余额与年初权益余额差额除以年初权益余额。

表 7－6 企业经济效益评价指标体系

指标	标准比率	权重
销售利润率	15%	15%
总资产报酬率	10%	15%
资本收益率	12%	15%
资本保值收益率 = 期末净资产值/期初净资产值	8%	10%
资产负债率	50%	5%
流动比率	2：1	5%
应收账款周转率	3：1	5%
存货周转率	3：1	5%
社会贡献率 = 社会贡献额/总资产平均值	20%	10%
社会累计率 = 上缴财政总额/社会贡献总额	40%	15%

在实际应用中，由于销售利润率、总资产报酬率、资本收益率、资本保值收益率、应收账款周转率、存货周转率、社会贡献率和社会累计率越大，表明公司经济效益越好，这些指标的得分可以通过以上的某项指标分值计算公式得出。但资产负债率和流动比率并非是越大越代表公司经济效益越好，因为过高的资产负债率会导致债务风险加大从而影响公司的经济效益，过大的流动比率也会导致资金的占用从而影响公司的经济效益；然而过低的资产负债率和流动比率亦非好的选择，因为过小的资产负债率使得财务杠杆效应降低从而影响公司的经济效益，过小的流动比率在影响公司正常经营的同时使得公司面临短期偿债风险从而影响公司的经济效益。因此，在此对资产负债率和流动比率两项指标的指标效益指数进行修正如下：

$$指标效益指数 = 1 - \left| \frac{指标的实际值}{指标的标准值} - 1 \right|$$

对资产负债率和流动比率两项指标的实际得分计算时使用修正的指标效益指数可以得出较为满意的结果。最后，通过对十项指标得分的加权计算得出最终的经济效益评分。

由于财务综合评分系统使用传统计量方法，可操作性强，具有较高的可比性，但也存在人为操纵性强、短期效应、没有考虑投入资本的成本等缺陷。

（二）价值模式

业绩评价的价值模式是从股东财富与价值的角度来进行业绩的评价，典型的方法包括 MVA 评价方法和 EVA 评价方法。

MVA（market value added）即市场增加值，是某一时间点公司总资本（包括权益资本和债务资本）的现行市场价值与投资者原来所投入资本的差额，即

$$MVA = (SMV + LMV) - (SBV + LBV)$$

其中，SMV 代表公司权益市场价值，LMV 代表公司负债市场价值，SBV 代表权益的账面价值，LBV 代表负债的账面价值，SBV + LBV 反映了投入的总资本。

当 MVA 为正数时表明公司价值增加，当 MVA 为负数时表示公司价值受损。按照 MVA 评价方法，公司总资本的实际价值是以市场价值而非账面价值为依据的，用 MVA 进行业绩考核直接表明了公司累计为股东创造了多少财富。MVA 实质上表示了公司从成立到某个评价时点股东投入的资金和股东以现行市价出售股份时所得到的资金差额，它包含了对公司经营、风险和未来成长性的客观评价，是公司所有经营行为的最终评判标准。

EVA（economic value added）即经济增加值，是税后净营业利润减去资本成本，EVA 考虑的资本成本是包括债务资本和权益资本的，实际就是加权资本成本，这样经济增加值就充分考虑了经营的全部成本，其计算公式为

EVA = 税后净营业利润 − 加权资本成本 × 投入资本额

该公式说明扣除所有资本成本之后的盈余才是真正的盈余，当 EVA 为正时超过零的部分是经营者为股东创造的超额价值，因此它能全面衡量公司生产经营的真正盈利或创造的价值。当 EVA 为正数时可以将其一部分奖励给经营者，从而把经营者的激励指标和投资者资产增值的期望联系起来，用 EVA 进行绩效考核可同时保障经营者和投资者的利益。

例 7.4 甲、乙两家公司的有关数据如表 7−7 所示，假定两家公司的加权平均资本成本率均为 6.5%，试分别计算甲、乙两家公司的下列指标：①净资产收益率（ROE）；②总资产报酬率（ROA）；③税后净营业利润（NOPAT）；④投入资本报酬率（ROIC）；⑤经济增加值（EVA）。

表 7−7　　　　　　　　　　　甲、乙两家公司的有关数据　　　　　　　单位：百万元

指标	甲公司	乙公司
有息债务（利率为 10%）	700	200
净资产	300	800
总资产	1000	1000
息税前利润（EBIT）	150	120
− 利息	70	20
税前利润	80	100
− 所得税（25%）	20	25
税后利润	60	75

解：（1）甲公司 ROE = 净利润/净资产 = 60/300 × 100% = 20%；
乙公司 ROE = 净利润/净资产 = 75/800 × 100% = 9.38%
（2）甲公司 ROA = 净利润/平均资产总额 = 60/1000 × 100% = 6%
乙公司 ROA = 净利润/平均资产总额 = 75/1000 × 100% = 7.5%
（3）甲公司 NOPAT = EBIT × (1 − T) = 150 × (1 − 25%) = 112.5（百万元）
乙公司 NOPAT = EBIT × (1 − T) = 120 × (1 − 25%) = 90（百万元）

（4）甲公司 ROIC = NOPAT/平均资产总额 = 112.5/1000 × 100% = 11.25%

乙公司 ROIC = NOPAT/平均资产总额 = 90/1000 × 100% = 9%

（5）甲公司 EVA = NOPAT − 资本成本 = 112.5 − 1000 × 6.5% = 47.5（百万元）

乙公司 EVA = NOPAT − 资本成本 = 90 − 1000 × 6.5% = 25（百万元）

MVA 和 EVA 评价方法兴起于 20 世纪 80 年代，许多英美公司将该指标作为业绩评价指标，这些指标建立在成熟的股票市场、健全的法制环境、完善的公司治理结构等一系列因素的基础之上。理论上，MVA 等于未来各年 EVA 的现值。MVA 是以预示公司成长性的股价为基础，包含了对管理层有效运用资源的能力及对公司长期发展前景的市场评价，代表了一种长期的、外部的业绩评价方法。EVA 指标最重要的特点就是从股东角度重新定义公司利润，考虑了所有的资本成本，对全面准确评价公司经济效益有着重要意义，代表了一种短期的、具有时效性的内部业绩评价方法。

尽管价值模式试图建立一种优于财务模式的业绩评价指标，但是它的评价指标仍然是通过对财务数据的调整计算出来的。同时，由于对非财务指标考虑不足，价值模式无法全面反映公司的经济效益，价值模式也没有充分考虑公司其他利益相关者。

（三）战略模式

战略模式以战略目标为导向，通过指标间的各种平衡关系以及战略指标或关键指标的选取来体现出不同利益相关者的期望，从而实现公司价值最大化的目标。相对于财务模式和价值模式，战略模式最大的突破就是引入了非财务指标，典型代表是平衡计分卡（balanced scorecard card，BSC）。平衡计分卡从财务、客户、内部流程、学习与创新四个方面，将组织战略落实为可操作的衡量指标和目标值，它是一种新型绩效管理体系，其目的就是实现战略导向。

平衡计分卡的出现使得传统的绩效管理从人员考核和评估的工具转变成为战略实施的工具，使得管理层可以平衡长期和短期、内部和外部的关系，拥有了全面的统筹战略、人员、流程和执行四个关键因素的管理工具。平衡计分卡包含五个方面的平衡：

第一，财务指标和非财务指标的平衡。公司考核一般采用财务指标，而对非财务指标（客户、内部流程、学习与创新）考核很少，即使有对非财务指标的考核，也只是定性的说明，缺乏量化的考核，缺乏系统性和全面性。

第二，长期目标和短期目标的平衡。平衡计分卡是一套战略执行的管理系统，如果以系统的观点来看平衡计分卡的实施过程，战略就是输入，财务就是输出。

第三，结果性指标与动因性指标之间的平衡。平衡计分卡以有效完成战略为动因，以可衡量的指标为管理的结果，寻求结果性指标与动因性指标之间的平衡。

第四，组织内部群体与外部群体的平衡。平衡计分卡中，股东与客户为外部群体，员工和内部业务流程是内部群体，平衡计分卡可以在有效执行战略的过程中平衡群体间的利益。

第五，领先指标与滞后指标之间的平衡。财务指标是一个滞后指标，它只能反映公司上一年度发生的情况，不能告诉公司如何改善业绩和可持续发展，而对客户、内部流程、学习与创新领先指标的关注可以使公司达到领先指标和滞后指标之间的平衡。

平衡计分卡方法打破了传统的只注重财务指标的业绩管理方法，在信息时代组织必须通过在客户、供应商、员工、组织流程、技术和革新等方面的投资获得持续发展的动力。基于这样的认识，平衡计分卡方法认为组织应从四个方面审视自身业绩：学习与创新、内部流程、客户、财务。平衡计分卡中的目标和评估指标来源于组织战略，它把组织的使命和战略转化为有形的目标和衡量指标。在客户方面，管理层确认组织将要参与竞争的客户和市场部分，并将目标转换成一组指标，如市场份额、客户留住率、客户获得率、顾客满意度、顾客获利水平等；在内部流程方面，为吸引和留住目标市场上的客户，满足股东对财务回报的要求，管理者需关注对客户满意度和实现组织财务目标影响最大的那些内部流程，并为此设立衡量指标。平衡计分卡重视的不是单纯的现有经营过程的改善，而是以确认客户和股东的要求为起点，满足客户和股东要求为终点的全新的内部经营过程；在学习和创新方面，确认组织为实现长期的业绩而必须进行的对未来的投资，包括对员工能力、组织信息系统等方面的衡量。组织在上述各方面的成功必须转化为财务上的最终成功，产品质量、完成订单时间、生产率、新产品开发和客户满意度方面的改进只有转化为销售额的增加、经营费用的减少和资产周转率的提高才能为组织带来利益。因此，平衡计分卡的财务方面列示了组织的财务目标，并衡量战略的实施和执行是否为最终经营成果的改善作出贡献。

平衡计分卡中的目标和衡量指标是相互联系的，这种联系不仅包括因果关系，而且结果的衡量和引起结果过程的衡量相结合，最终反映组织战略，这种联系可以通过平衡计分卡基本框架图看出，具体见图7-2。

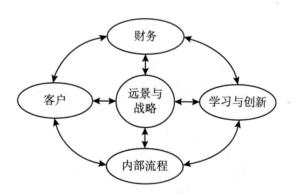

图7-2 平衡计分卡基本框架

结构严谨的平衡计分卡应当包含一系列相互联系的目标和指标，这些目标和指标不仅前后一致，而且互相强化。例如，投资报酬率是平衡计分卡的财务指标，这一指标的驱动因素是客户的重复采购和销售量的增加，而这是客户满意度带来的结果。因此，客户满意度被纳入计分卡的客户层面。通过对客户偏好的分析显示，客户比较重视按时交货，而较佳的按时交货率又通过缩短经营周期并提高内部过程质量来实现，因此这两个因素就成为平衡计分卡的内部指标。进而，要改善内部流程质量又需要培训员工能力并提高他们的技术，员工能力与技术成为学习与创新层面的目标，这就形成了一个完整的因果关系链贯穿平衡计分卡的四个层面，具体内容可见因果链关系图7-3。平衡计分卡通过因果关系提供了把战略转化为可操作内容的一个框架，根据因果关系可以将战略目标分解为实现公司战略子目标，这些子目标或各中级目标可以根据因果关系继续细分直到最终形成可以指导个人行动的绩效指标和目标。

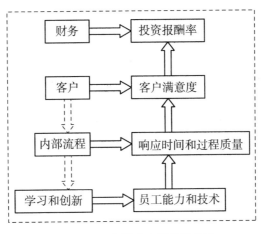

图 7 - 3　平衡计分卡因果链关系

　　平衡计分卡适用高层管理者有短期行为或频繁更换管理者却业绩不良的公司、缺乏有效的员工绩效管理系统的公司、分公司业绩管理存在诸多问题的公司、希望实现突破性业绩的公司、需要转型或变革的公司、希望实现长期发展打造百年品牌的公司、二次创业的民营公司等。

　　平衡计分卡与传统评价体系比较，具有以下特点：

　　第一，平衡计分卡为战略管理提供强有力的支持。随着全球经济一体化进程的提升，市场竞争不断加剧，战略管理对公司持续发展更为重要。平衡计分卡的评价内容与相关指标和战略目标紧密相连，公司战略的实施可以通过对平衡计分卡的全面管理来完成。

　　第二，平衡计分卡可以提高整体管理效率。平衡计分卡所涉及的四项内容都是未来发展成功的关键要素，平衡计分卡所提供的管理报告将看似不相关的要素有机地结合在一起，提高了管理的整体效率，为公司未来成功发展奠定坚实的基础。

　　第三，注重团队合作。团队精神是公司文化的集中表现，平衡计分卡通过对各要素的组合，让管理者能同时考虑公司各职能部门在整体中的不同作用与功能，使他们认识到某一领域的工作改进可能是以其他领域的让步为代价换来的，促使职能部门部门考虑决策时要从公司整体出发，慎重选择可行方案。

　　第四，平衡计分卡可提高激励作用，扩大员工的参与意识。传统的业绩评价体系强调管理者希望下属采取什么行动，然后通过评价来证实下属是否采取了行动以及行动的结果如何，整个控制系统强调的是对行为结果的控制与考核。而平衡计分卡则强调目标管理，鼓励下属创造性地完成目标，从而产生激励动力。

　　第五，平衡计分卡可以使信息负担降到最少。在当今信息技术时代，平衡计分卡可以使管理层仅仅关注少数而又非常关键的相关指标，在保证满足公司管理需要的同时减少了信息负担成本。

平衡计分卡是对传统绩效评价方法的一种突破，但是不可避免地也存在自身的一些缺点，包括实施难度大、指标体系建立较困难、各指标权重的分配较困难和实施成本大。

二、绩效评价阶段和方法的演变

（一）成本绩效评价阶段

19 世纪初至 20 世纪初，这一阶段的绩效评价主要是以成本为主，其成本评价的基本原理是一种非常朴素的以本求利思想。随着最早的标准成本制度和差异分析制度的建立，成本控制由被动的事后系统反映分析转变为积极、主动的事前预算和事中控制，达到了对成本进行管理的目的，为以后绩效考评奠定了基础。

（二）财务绩效评价阶段

20 世纪初，随着市场竞争的不断加剧，跨行业的大公司集团不断出现。为控制风险，这些公司集团开始思考新的绩效评价方法。杜邦公司管理者设计出以投资报酬率为主要内容的绩效评价体系，从而开创以财务为主体的绩效评价方法。

20 世纪 60~70 年代，先后经历了以销售利润率和投资回报率为主要评价指标体系的绩效评价方法。80 年代后，经营绩效评价逐步形成了以财务指标为主非财务指标为补充的绩效评价体系。西方公司特别是美国的许多公司已意识到过分强调短期财务绩效将会使美国公司在与欧洲和日本公司竞争中处于不利地位，于是他们便把评价的重点转向可持续竞争优势的形成和保持上。因此，这阶段绩效评价的特征是以财务指标为主，非财务指标为辅。

（三）绩效评价创新阶段

20 世纪 90 年代后，公司经营环境发生了巨大的变化。经济全球化的形成导致竞争在全球范围内加剧，公司要在市场竞争中生存和发展就必须将绩效评价与战略规划和远景目标相结合。为了实现战略规划和远景目标，公司就必须形成和保持核心竞争能力，传统的财务指标绩效衡量方法已成为妨碍公司进步与成长的主要因素，非常有必要建立一套新的绩效衡量方法，于是平衡计分卡等绩效评价方法应运而生。

三、中国企业业绩评价现状

中国企业经营业绩评价系统多年来主要以采用现行会计准则和会计制度计算的净利润指标为主。1992 年，国家计委、国务院生产办、国家统计局联合下发了工业经济评价考核指标体系，包括六项指标。1993 年颁布的"两则""两制"中规定了八项财务评价指标。1995 年，财政部发布了企业经济效益评价指标体系，包括十个项指标。1997年，国家经贸委、国家计委、国家统计局又修改了原来的工业经济评价考核指标，由六项调整为七项。1999 年，财政部、国家经贸委、人事部、国家计委联合颁布了企业绩效评价体系，包括八项基本指标、十六项修正指标和八项评议指标。尽管该套指标体系以资本运营效益为核心，采用多层次指标体系和多因素逐项修正的方法，但由于其选择的核心指标是净资产收益率，它并未改变传统业绩评价体系的以净利润以及在净利润基础上计算出的指标为主的特点。

建立在会计收益基础上的净利润评价指标为主的业绩评价系统存在以下几个问题：

第一，忽略了对股权资本成本的确认和计量。现行的财务会计只确认和计量债务资本的成本，而对于股权资本成本则作为收益分派处理，使得对外报告的净收益实际包括股权资本成本和真实利润。通常的情况是获得补偿的只是债务资本成本，而股权资本成本并未得到补偿。显然，会计利润并不是真正的利润，如果公司的利润低于资本成本，实际上它已处于"经济亏损"状态。公司经营者也可能误认为权益资本可以不计成本，结果造成股权资本的浪费，以至于不断出现投资失误、重复建设、效益低下等不符合公司长期利益的决策行为。

第二，按现行会计制度计算出的净利润存在某种程度的失真和扭曲。由于会计方法的可选择性以及财务报表编制的相当弹性，使得利润存在某种程度的失真，往往不能准确地反映经营业绩，单凭报表业绩决定经营者的实际工作绩效和报酬有欠妥当。根据现代财务理论，利润不是公司经营管理的核心，更不是公司价值的体现，只是会计权责发生制的产物，它是按照现行的会计准则将一定期间的全部收入与全部成本费用配比的结果，这些指标难以公正、客观、真实地反映经营成果和经营业绩。

第三，财务收益是对公司过去的经营决策和活动结果进行的评价，与公司长期经济利益间的联系并不紧密，过度重视过去的财务结果可能造成管理层不重视科研开发、新产品研制和人才培养等，从而影响公司的长远发展。

国务院国资委于 2013 年 1 月 1 日起施行《中央企业负责人经营业绩考核暂行办法》，提出了央企经济增加值（EVA）指标使用的具体办法。除此之外，目前平衡计分卡在华为、格力、海尔等中国大的集团公司得到了较为广泛的应用。

课堂案例 7-2

平衡计分卡应用

（一）案例内容

A 公司是一家国内知名的家用消费品公司，目前有两个事业部：家用事业部 C 和电器事业部 D，其中 C 事业部经营公司比较成熟的家用产品，目前在市场上具备一定的市场份额，而 D 事业部则是根据市场的发展趋势以及公司的战略规划刚成立的，经营目前市场上前景很好的小家电产品。巢总是国内某知名商学院 MBA 毕业，加入 A 公司不到两年，在加盟之初董事长寄予了很大的希望，但是在他加入公司的这段时间公司止步不前，巢总因为这事非常着急。

他面临的情况是这样的：（C 事业部）20 世纪 90 年代中期，A 公司率先依靠产品设计在国内慢慢打开市场，在家用产品行业建立起自己的领地。但是国内本土竞争对手日益发展，他们不但对 A 公司的产品进行模仿，而且对国外产品的模仿速度也很快，加上产品价格低，逐渐蚕食了 A 公司的市场。同时，国际竞争对手通过在国内合资或建立分销渠道逐渐渗透国内中高端市场，A 公司两面受敌，只能通过降价、折扣以及付款条件的让步来维持市场份额，结果公司的应收账款状况日益下滑。在此情况下，A公司决定加强本身的技术和产品研发，通过产品的领先来甩开竞争对手，通过几年来与国内科研机构和高校的合作，A公司建立起了研发基地，确实具备在新产品设计方面的能力。但是几年下来，这样的改变给公司带来的效益并不明显，公司并没有开发出在市场上特别有影响力的新产品，目前销量最大的产品仍然是公司五年前推出的一款"新品"；（D事业部）由于预见到在家用小电器市场的前景非常广阔，因此A公司决定利用现有的资源进入这个行业，与目前国内的小家电巨头展开激烈竞争。家用小家电的市场发展非常迅速，市场上各个竞争者发展的都很快，A公司也不例外。巢总想了解本公司有没有足够的实力去与对手竞争，可惜从公司的财务报表中不能获悉这些情况。

"我现在急需了解为什么会出现这样的情况？我需要一个系统来全面了解我们的运营情况，财务报表告诉不了我背后的故事"，巢总这样说。

为什么会这样？类似A公司发生的情况其实在很多公司都有发生，A公司比其他公司更早的意识到这一点，因此他们也比其他竞争对手更早的进入解决轨道，看一看巢总当初为C事业部设定的绩效指标项目，具体内容见图7-4。

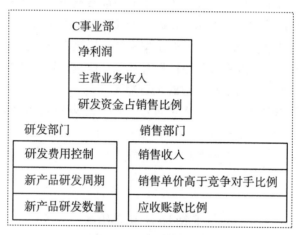

图7-4 绩效指标项目

在这样一张绩效指标图上，通过"研发资金占销售比例"这项指标，他们在努力体现对于研发的关注程度，但是这里并没有体现新产品开发后给公司带来的结果指标，而且由于C事业部层面的指标没有体现出这个战略的方向，部门也就没有体现如何落实这样的战略。研发部门不关心其所研发产品的销量，而且这种销售业绩与他们部门的绩效评价没有什么关系，因此他们对新产品在市场上的反应结果不关心也就不足为奇。

在销售部门，由于对新产品的销售需要投入更多的市场促销费用以及需要花费更多的精力来教育经销商和消费者，因此他们对新产品的推广热情自然不会很高。而且由于绩效评价的压力，他们更乐意去销售目前公司比较成熟的成品。可以发现，这两个部门都没有体现和落实公司的战略，即通过"产品创新"来领先对手。

这样的"发现"在A公司还有很多，"我们年初制定的好多思路和想法，再到年底作总结报告时，发现这些思路和想法仍然只是纸面的，从来没有人去跟踪落实是否实施？实施的怎么样？要不要调整和改进？"，巢总说。打开 A 公司近年来的年度经营计划报告，可以发现一个很有趣的现象，有一件在五年前提出要关注的工作重点在每年的总结报告里均提到，然后再下一年度要改进的领域里仍然发现这样的内容，这就表明这项工作在近几年的时间里一直没有得到很好的实施。如何解决？

其实在很多公司，巢总的这种苦恼也时常发生，总结这些公司所遇到的情况基本上可以归纳为以下几点：

第一，公司的战略与绩效管理体系脱节，战略不能有效地传递到下属，下属所作的日常工作不能反映出公司战略的实施情况；

第二，缺乏循环的可以检验战略实施是否成功的绩效管理平台。

平衡计分卡是目前最为有效的一项战略沟通和执行工具，开发以"平衡计分卡"框架为核心的战略性绩效评价体系并建立以其为中心的评估跟踪流程通常可以有效地解决以上的两个问题。自 1992 年哈佛商学院卡普兰教授和戴维·诺顿博士在《哈佛商业评论》上发表第一篇介绍平衡计分卡的文章以来，平衡计分卡正被国际和国内越来越多的公司采用作为建立公司战略执行体系的核心平台。曾经被美国《财富》杂志评选出的 1000 强中超过 60% 的公司采用平衡计分卡工具，而在国内，采用平衡计分卡管理的公司和组织也呈逐步上升趋势。

在进一步了解 A 公司所存在的问题后，巢总决定在 A 公司开发以平衡计分卡为中心的战略执行平台。随即，巢总和他的领导团队着手开发公司和两个事业部的战略图和平衡计分卡，战略图的开发让大家对公司未来几年的发展有了统一的认识和理解，图 7-5 为 A 公司 C 事业部开发的战略图。

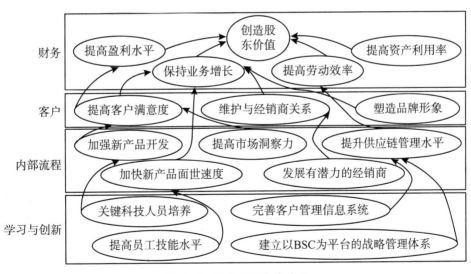

图 7-5 C 事业部衡战略图

在开发 C 事业部层面的平衡计分卡时，他们发现 C 事业部每年开发新产品的数量其实并不少，但销售部总抱怨说"研发部研发的产品在市场上消费者不接受，根本卖不出去"，而研发部则认为"销售部的人根本没有花大力气去推广新产品，因为这会影响他们总体销量"。而事实如何？通过分析 C 事业部研发流程图发现，研发部门决定这个产品是否进入立项阶段受研发绩效指标影响，研发部门会选择那些他们喜好而且有能力进行研发的产品进行立项，这样公司的研发与市场就脱节了。发现这个问题后，他们随即改进了研发流程。

在平衡计分卡的开发过程中这样的故事还有很多，巢总说，"通过平衡计分卡开发，我们发现了在现实运营中出现的问题，同时也沟通了公司的战略"。比如，当初公司为了加强应收账款的回收重新调整了对经销商的货款政策，公司应收账款的流程也做了相应的调整，结果事业部销售人员的理解各不相同，有人认为这是正确的，也有人认为这些政策不可能长久，因为这在一定程度上影响了公司的销售业绩。在实施平衡计分卡之后，大家对此取得了一致的理解，在执行过程中更多了一些主动性和积极性。

平衡计分卡开发后半年过去了，巢总和他的管理团队要开始对公司半年来的运营作总结。由于巢总半年来一直倡导平衡计分卡，因此在这样的工作会议上他要求大家必须使用平衡计分卡框架进行总结和分析，为了统一大家的沟通语言，巢总甚至提供了统一的分析模板，要求与会者采用一致的格式来进行汇总。巢总后来总结说，"在平衡计分卡初步实施阶段，作为领导一定要亲力亲为去倡导，如果一有懈怠，下面就会出现问题"。

D 事业部程总在会议前的一次非正式工作汇报中面带喜色对巢总说今年的销售计划有望实现，巢总自然也很高兴，问了一句，"你们的平衡计分卡的结果怎么样？"，程总说，"我回去看看，让他们整理一下"。

在半年度的经营分析会上，程总呈现了 D 事业部的平衡计分卡，内容见表 7-8。

表 7-8   D 事业部的平衡计分卡内容

角度	战略目标	指标		目标值	实际值
财务	提高股东回报	净利润		4000 万元	5500 万元
	销售快速增长	销售增长率	销售收入	50%	40%
			产品销量	50%	25%
客户	塑造品牌形象	品牌认知度		50%	无法估计
	提高客户满意度	客户满意度		80%	60%
内部流程	提高订单处理效率	订单传递速度		90%订单不超过一周	14 天
	加大线下铺市速度	重点市场培育率		85%	70%
	发展线上代理商	经销商培训		30 小时/季度	未开始
学习与创新	积极培训员工	员工技能水平提高程度		20%	10%
	建立客户信息系统	信息系统计划完成率		100%	尚未开展

巢总发现虽然 D 事业部的利润指标和销售收入均达到了初定的目标值，但是仔细分析后他质疑了这种收益的可持续性，因为其销售收入的增长并不是通过销量的增长而产

生的。通过分析"销售增长率"指标就会发现 D 事业部销售收入的增长是一种非自然的增长，因为销量的增长率只达到了 25%，而销售收入的增长率达到了 40%，这中间的差距是因为目前 D 事业部产品整个市场的价格在本年度有所攀升，而销量的增长其实并没有达到相应的目标。

D 事业部在客户角度做得也很不理想，"客户满意度"指标只达到了 60%，分析后发现 D 事业部由于产品供不应求，产品质量就不像以往抓的那么紧，次品率和返工的产品日益增多。

对内部流程角度的"提高订单处理效率"分析可以发现，D 事业部在订单处理速度上也未能达到预定的目标，这自然影响到对经销商的及时交付，从而影响了 D 事业部产品在市场上的覆盖范围。

分析 D 事业部"重点市场铺市率"以及"发展线上代理商"可以发现，D 事业部在市场的推广和代理商的培育和发展上还未能达到公司规定的要求，而且学习和创新角度的一些目标也没有及时去完成。总之，D 事业部在基础工作方面做得乏善可陈，很多内部管理的工作做得均不到位。

通过这样的分析看出，虽然 D 事业部从财务角度看去很美，但并不是公司期望看到的发展趋势。持久下去，D 事业部未来几年的发展前景岌岌可危。

A 公司经过平衡计分卡的开发和管理，已经初步在组织内建立了这样一个执行平台，在执行这个话题上，整个组织有了一个共同的语言"平衡计分卡"。

从 A 公司的经历可以看出，平衡计分卡可以帮助公司建立一套战略执行和运营控制系统。通过平衡计分卡的开发和管理，可以有效地帮助组织内员工理解和沟通公司战略。战略大师波特曾经提到，战略执行失败的原因主要有两点：一是战略没有得到公司高层的统一和认可，二是战略没有在组织中得到有效的宣传和沟通。而战略图和平衡计分卡可以有效地帮助公司在组织内进行战略的传达和沟通。

通过定期的以平衡计分卡为核心议题的战略回顾会议，可以建立一套可长期循环的战略管理流程。而对平衡计分卡四个角度因果关系的分析，可以帮助公司及时跟进和评估所制定的战略是否合理和可行。

通过对事业部战略图和平衡计分卡的开发，总部不但可以了解下属事业部的财务运行结果，而且能够通过其他三个角度的运作结果掌握他们的运营情况以及他们在持续发展的道路上所做的努力。

最后，在开发平衡计分卡的过程中，公司可以辨析目前最需要改进的重点流程，并对这些影响公司战略目标达成的流程投入相应的资金和人员，这样可以将公司有限的资源（包括物力和人力）用于组织最需要改进的领域，从而提高资源配置的有效性。

"平衡计分卡的开发和建立使我们的战略执行评价更加科学和合理，而且通过这个战略性的绩效管理体系我们已基本建立了这样一个战略执行平台。现在，公司上下都会关心我们今年的平衡计分卡有没有达到目标？"，巢总最后这样说。

（二）案例点评——直击公司绩效考评的软肋

A 公司的案例典型体现了公司构建绩效评估体系之所以会失败的三个主要方面原因：

第一，缺乏清晰的战略方向和战略规划，这将导致绩效评估体系指标所引导的公司具体运营行为无法落实公司战略方向，有时甚至与战略目标背道而驰。

第二，流程机制设计不严谨，流程节点不清晰，岗位责、权、利不明确，致使公司难以将战略规划成功地通过财务、客户、内部流程和学习与创新四个维度进行分解并有效实施。

第三，指标设计不够科学有效，没有考虑公司和市场的实际情况。

比如A公司通过强化研发、提高产品技术含量以领先对手的竞争战略为什么难以实现？首先是A公司未将此竞争思路提高到战略层面并予以有效规划，通过构建一个战略执行平台来实现它。它更多的只是管理层的一种想法或思路，而不是战略，因此也就无法使得公司全员形成共识朝这个共同目标努力，所以出现研发部门只关心产品的开发数量而不关心其所研发产品的销量，销售部门对新产品的推广热情不高，而更乐意去销售目前公司比较成熟的成品的现象也就不足为奇了。

其次，A公司研发流程本身不严谨，由于市场部、销售部等部门参与力度很弱，甚至根本未参与，导致研发只是简单地开发产品，至于其市场反应效果则不得而知。

最后，指标设计也有问题。C事业部的考核指标"研发资金占销售的比例"和研发部门三个绩效指标"研发费用""控制新产品的研发周期""新产品研发数量"更多地体现了公司资源的投入量，却无法反映产出量，也即"投入产出比"得不到体现。

A公司发现这些问题后，陆续从战略层面（构建战略图）、平衡计分卡的实施推广等方面做了一些有益的工作，但还有很多地方需要补充完善。比如指标设计这一块，针对研发部门和销售部门"公说公有理，婆说婆有理"的情况，建立一个跨部门指标（如"产品运作成功率"）让两个部门一起来背，再如可要求从某个时点开始公司产品月销量必须达到一定量以上，否则研发部门和销售部门的当月业绩都要受影响。

又如D事业部的平衡计分卡只反映了均衡论的观点（即财务、客户、内部流程及学习与创新四个维度的指标都有），但忽视了重点。也就是由于各事业部的发展阶段、产品性质及总部对其战略安排侧重点不同，各事业部对于总部业绩的贡献角度也应该有所区别。考虑到D事业部作为总部种子业务或成长业务的实际状况，可以给不同的考核指标设计一个权重以体现当期工作的侧重点（如财务50%、客户10%、内部流程30%、学习与创新10%等），在此基础上，还可以对每一个维度的细分指标进一步细化（如财务指标中的净利润占20%、销售增长率占30%等）。

第四节　公司信息披露：财务信息与非财务信息

一、信息披露与分类

信息披露主要是指公众公司以招股说明书、上市公告书以及定期报告和临时报告等形式，把公司及与公司相关的信息向投资者和社会公众公开披露的行为，上市公司信息披露是公司与投资者和社会公众全面沟通信息的桥梁。

公司对外披露的信息通常可分为两个大类：财务信息和非财务信息。财务信息是指那些完全符合可定义性、可计量性、可靠性、相关性等特性的能够通过确认、计量、记录、报告程序进入财务报表的信息以及附注中的解释说明和由财务报表扩展而来的信息。非财务信息是指与财务信息相对应的，不以货币为主要计量单位，与公司生产经营活动紧密联系并与利益相关人决策相关的信息。

公司披露的财务信息主要有以下三个特征：

第一，相关性。是指信息与其使用者的决策相联系，财务信息不但要满足现有和潜在的投资者、员工、债权人、供应商、顾客、政府及其机构和公众这样一系列信息使用者的一般需求，还要向特殊的信息需求者提供特定信息。

第二，可靠性。是指确保信息免于错误和偏差，能够真实地反映它意欲反映的现象或者状况。

第三，可比性、重要性和及时性等次要质量特征。可比性要求不同公司之间的会计政策具有相同的基础，能使信息使用者从两组或两组以上的经济情况中区分其异同。重要性是指当一项财务信息被遗漏或者错误表达时会影响依靠该信息的使用者做出判断。及时性要求、及时提供反映经济行为的财务信息，在信息失去效力之前提供给决策者。

与财务信息相比，非财务信息具有以下五个显著不同的信息特征：

第一，完整性。非财务信息涉及公司竞争状况、管理体制、经营战略等与经营活动密切相关的内外部环境信息。与财务信息相比，非财务信息涉及的内容更多，范围更广。因此，如能够提供较为全面的非财务信息将有助于信息需求者全面了解公司的生产经营状况，帮助其做出科学的决策。

第二，前瞻性。非财务信息更关注未来发展趋势，并通过多种形式披露未来经营活动有关的重要信息，如未来面临的机会和风险、预测性信息等。

第三，广延性。广延性是指信息在空间上的广泛性和时间上的延续性。空间上的广泛性指非财务信息可以来自公司内部也可以来自公司外部，而财务信息主要来自公司内部。时间上的延续性指非财务信息可能与公司过去事项有关也可能与公司现在甚至将来的事项有关，而财务信息一般只与公司过去事项有关。

第四，非货币性。财务信息有严格的确认和计量标准，非财务信息较少使用定量的数据表述。因此，对于难以确认和计量的事项可以非财务信息的形式予以披露。

第五，真实性。由于非财务信息多而杂，外部对它的重视程度相对有限，所以公司刻意去修饰它的可能性比财务信息要小。

在实践中，随着竞争的加剧和投资者及其他利益相关者的成长，财务报表信息已远远不能满足信息的需求，非财务信息在信息披露中显示出强势作用，由于非财务信息披露能够从更多方面展示公司的发展前景，故有人将非财务信息看作是"将来财务业绩的先行指示器"。

在中国，公司会计部门通过财务报告对外提供的非财务信息主要有：关于资产、负债、所有者权益性质的说明，如资产是否自有、是否抵押，负债存在的不确定性等；关于会计政策及其变更的说明；关于前瞻性信息，如可能面临的机会和风险、管理部门的计划等；有关股东、管理人员的信息，如董事、管理人员酬金、大股东及关联方信息等；管理部门的分析，如经营和业绩数据发生变化的原因及趋势特征等；背景信息，如经营业务范围、经营目标和战略、竞争对手情况等；各项经营性数据，如产品价格和数量、市场占有率、产品质量水平、客户满意程度、员工情况、新产品开发和服务情况等。

二、信息披露成本

信息披露成本是指为进行信息披露而发生的一切支出项目。信息披露成本主要包括获取加工成本、竞争劣势成本、行为约束成本、诉讼成本、税务成本。

信息的获取与加工成本是指从建立信息系统到输出信息所发生的一系列支出，包括初始成本（即为建立财务信息系统而发生的费用）和维持成本（即为维持财务信息系统的运转而发生的费用）。

竞争劣势成本是指竞争对手或合作单位利用披露的信息调整经营策略或谈判策略，从而使公司在竞争中处于不利地位所引起的成本。这种成本可以用市场份额的减少作为衡量标准，所涉及的敏感性信息主要有研究与开发费用、市场开拓费用与营销预算、产品成本结构、人力资源开支等。既能满足投资者决策信息的需求，同时又避免因此而泄露其商业秘密，这是信息披露所面临的难题之一。

行为约束成本是指由于对未来经营和财务状况的预测性披露而使管理者的行为在一定程度上受到限制带来的成本，可分为失信成本和机会成本。因未能实现预测目标而造成投资者及其他信息使用者对公司不信任，从而产生失信成本，可以用股票价格下跌、债券信用等级下降等来衡量。而公司为实现短期预测目标而放弃对长期发展有利的投资方案会产生机会成本，可用两种投资方案下的净收益对比来衡量。

诉讼成本是指由于信息披露可能给管理层带来法律诉讼所产生的成本。由于诉讼成本的存在，公司管理层在进行信息披露时会采取谨慎的态度。例如对盈利预测信息的披露，信息披露准则中规定若年度实际经营结果与盈利预测存在重大差异应对差异产生的原因进行较为详细的分析与说明，并可能受到调查甚至法律诉讼。

如果公司财务报表显示出其利润水平高于其他公司，政府往往会考虑其利润水平是否合理，公司通常会因为财务信息的披露而承受"额外"的税收负担，这种负担可称为税务成本，税务成本的存在会使公司在披露财务信息时采取较为谨慎的态度，比如减少有关财务信息的披露。

在经营活动越来越复杂和股东对财务信息和非财务信息期望越来越高的今天，如何确定信息披露的尺度已成为实务中最难解决的问题之一。信息披露随着经济环境的变化而变化，不同因素影响着信息披露内容的确定和披露成本。

如果证券市场的效率很高，公司经营的任何信息都能及时从股市的变化中反映出来，那么对信息的披露要求相对不高。反之，如果市场的效率较低，那么为了减少信息在管理层和投资者之间的不对称问题，以消除无效代理，就需要加大信息的披露，披露成本自然就会提高。

在现代产权经济学中，公司是一个社会组织，它的职能是在不破坏他人权益的情况下寻求利益的最大化。因此，有些非经济事项也需要在财务报告中予以揭示，如环保信息、社会责任信息等。这些信息看似与公司业务无关，但对政府和其他社会组织却大有用处。

随着经济全球化的发展，公司经济业务也日趋复杂，衍生金融工具信息、知识产权信息等都受到了前所未有的关注，信息披露量的加大相应地也提高了信息披露成本。

三、非财务信息披露现状

理论界对是否应该进行信息管制以及如何管制存在分歧。非管制论主张上市公司完全可以自愿披露信息而无须强制性信息披露，代理理论、透信理论与个人契约理论是构建非管制论的支柱。非管制论认为，为有效履行受托责任、争夺市场资源及向市场传递良好的信号，上市公司会自愿披露绝大部分信息，不足的部分可通过个人契约方式加以弥补。然而，从市场失灵和财务信息公共物品性质理论入手，管制论认为需要通过管制纠正市场失灵，消除资本市场上财务信息的不对称和信息质量的低下。此外，还有介于两者之间的适度管制理论。

然而，对上市公司信息披露进行管制是国际通行的做法，从管制角度看上市公司的信息披露可分为强制性披露和自愿性披露。强制性披露是指按照财务报告条例、企业会计准则和其他相关的法律、法规的要求必须在财务报告中披露的信息，强制性信息披露的内容一般包括公司概况及主营业务信息、基本财务信息、重大关联交易信息、审计意见、股东及董事人员信息等基本信息内容；自愿性信息披露是指公认会计原则和有关法律法规未作要求而公司基于形象、筹措资金、获得比较优势、回避诉讼风险等动机主动披露的信息，自愿性信息披露的内容一般包括公司背景信息、历史信息、关键性非财务信息、预测信息、管理层讨论与分析等。因此，财务信息基本可以归为强制性信息披露的内容，而非财务信息基本可以归为自愿性信息披露的内容。

从长期看，财务信息作为公司市场价值决定因素的作用呈现下降趋势。国外相关研究表明，在控制公司规模因素影响的前提下，财务信息的价值下降明显，传统财务报表的地位风光不再，投资者更需要反映管理层长期能力和公司长期发展状况的信息，而非财务信息可以提供更多关于管理和运营方面的信息，并且其也常常与财务信息紧密关联。

在中国，上市公司非财务信息披露总体呈现上升势头，但也存在以下一些情况与问题。

第一，上市公司非财务信息披露比例偏低。有统计显示，2008～2016年每年上市公司进行非财务信息披露的比例不到30%。

第二，非财务信息披露的动力不足。首先，公司信息公布会使竞争对手、潜在竞争者和收购者更容易了解公司的运营情况，对公司做出准确评估。其次，信息披露是有成本的，信息披露容易出现争执和分歧，甚至引起法律诉讼。最后，如果披露的信息存在不确定性甚至不利于公司，会影响管理层形象和公司产品销售，从而导致公司股价下跌。

第三，非财务信息披露内容少。非财务信息披露的内容通常只涉及极少数甚至一个方面的内容，如环境保护问题、纳税数额或员工情况的披露。

第四，非财务信息披露方式单一。非财务信息的披露载体不受限制，但多数公司都选择通过社会责任报告来披露，而官方网站和临时公告却没有充分利用起来。

第五，非财务信息披露缺乏连续性。某些上市公司选择一年披露一次非财务信息或几年披露一次，使得非财务信息不具有连续性，导致信息不易于获取和使用。

第六，非财务信息披露表达方式单一。许多上市公司没有在非财务信息披露报告结构、语言、图表和数据很好地进行设计，通常是简单的文字或图表的表达，没有做到非财务信息的通俗易懂。

第七，非财务信息披露缺乏量化和标准化的规则体系。所披露的非财务信息主要是定性方面的内容，客观上需要建立类似于公认会计准则的规则体系，实现非财务信息披露的量化和标准化十分必要。

四、财务信息与会计信息

（一）财务信息与会计信息的联系

（1）财务信息与会计信息作为信息的一种，都具有微观信息经济学基本的信息特征，即可共享性、不可分割性、非同一性和技术依赖性。

（2）会计信息是财务信息的基础。因为会计信息如资产、负债、所有者权益、利润及其分配等信息本身就反映了公司与利益相关者的财务关系，公司的许多财务评价指标是根据各期有关会计业务数据形成的。

（3）财务信息与会计信息都是对公司特定决策和管理有用的信息。财务信息提供的财务评价指标、非财务指标连同会计信息提供的会计数据从同一经济活动的两个方面揭示了公司现状和发展趋向，共同服务于公司的经营管理。

（4）两种信息的使用主体基本相同。财务信息与会计信息的使用主体基本都是公司管理层、投资人、债权人、供应商、政府和社会公众等。

（二）财务信息与会计信息的区别

（1）内容和范围不同。理论上讲，会计信息主要指财务报告提供的资料，包括对外提供的资产负债表、利润表、现金流量表、所有者权益表和有关附表、报表附注、财务情况说明书等。财务信息包括运用财务管理方法生成的各种信息，包括债券和股票的定价、风险和收益分析、财务计划和资金分析、现金流量分析、财务报表分析、营运资本管理、投资分析、资本成本和资本结构分析、兼并和收购的财务策略等。

（2）提供信息的主体不同。在两权分离的市场经济环境下，财务分为所有者财务和经营者财务两个层面。所有者财务主体是所有者，经营者财务（即通常意义上的公司财务）主体则是会计主体或经营管理者。因此，财务信息提供的主体也分别是所有者和经营管理者，而会计信息提供的主体只是会计主体或经营管理者。

（3）产生的方法不同。财务信息较之会计信息产生的方法更为专业和综合，财务信息不仅运用各种财务模型，还广泛运用了统计学、经济学、运筹学、管理学、法学等人文科学。而会计信息主要是依据对会计报告等资料运用比较分析和因素分析等方法而产生。

（4）产生依据不同。财务信息产生的依据为财务报表、成本费用报表、其他内部报表、统计数据等，同时外部经济信息如股票行情、债券行情、重大经济新闻、对社会经济和经营产生重大影响的经济、政治、文化等事件和政策都会对财务信息产生影响。而会计信息产生的依据主要是采用的会计核算资料、会计政策和方法、财务报表。

关 键 术 语

营运资金 永久性流动资产 波动性流动资产 存货控制系统 财务风险评估 财务信息 非财务信息 信息披露成本 成本模型 随机模型 机会成本 管理成本 坏账成本 取得成本 储存成本 缺货成本 经济订货批量 供应链管理 零营运资本 零库存 即需即供 财务模式 价值模式 战略模式 公司业绩评价 平衡计分卡

本 章 练 习

一、思考题

1. 谈谈你理解的流动资产与流动负债关系总和。
2. 流动资产融资战略涉及哪几个方面的内容？
3. 永久性流动资产和波动性流动资产的含义是什么？
4. 流动资产投资战略涉及哪几个方面的内容？
5. 公司持有一定数量的现金主要是基于哪几方面的需求？
6. 现金余额确定的模型有哪几个？简述这几个模型的基本原理。
7. 现金周转期的公式是什么？缩短现金周转期应该如何做？
8. 应收账款的成本包括哪些内容？
9. 存货的持有成本包括哪些内容？
10. 简述存货 ABC 控制系统的特点和管理方法。
11. 简述存货 JIT 控制系统的方法、特点和适用情况。
12. 流动负债的三个主要来源是什么？所谓的自然性流动负债和人为性流动负债的含义是什么？
13. 简述狭义上的财务风险和广义上的财务风险的含义。
14. 分别简述筹资风险、投资风险、成本费用风险、资金回收风险、汇率风险、收益分配风险的含义。

二、单项选择题

1. 给定的信用条件为"1/10，N/30"的含义为（　　）。

A. 付款期限为 10 天，现金折扣为 1%，信用期限为 30 天

B. 信用期限为 30 天，现金折扣为 1/10

C. 表示赊销期限为 30 天，如果在 10 天内付款，可享受 1% 的现金折扣

D. 如果在 10 天内付款，可享受 10% 的现金折扣，否则应在 30 天内按全额付清

2. 在下列费用中，属于应收账款机会成本的是（　　）。

A. 收账费用　　　　　　　　　　B. 因投资于应收账款而丧失的利息收入

C. 坏账损失　　　　　　　　　　D. 对顾客信用进行调查而支出的费用

3. 下列项目中，不属于信用条件的是（　　）。

A. 现金折扣　　　　B. 数量折扣　　　　C. 信用期间　　　　D. 折扣期间

4. 某公司规定的信用条件是："3/10，1/20，N/30"，一客户从该公司购入 10000 元的原材料，并于第 18 天付款，则该客户实际支付的货款为（　　）元。

A. 7700　　　　　　B. 9000　　　　　　C. 9900　　　　　　D. 1000

5. 通常在确定经济批量时不应考虑的成本是（　　）。

A. 购置成本　　　　B. 订货成本　　　　C. 储存成本　　　　D. 短缺成本

6. 下列各项目中属于购置成本的是（　　）。

A. 运输费用　　　　　　　　　　B. 采购人员的差旅费

C. 货物的买价　　　　　　　　　D. 入库检验费

7. 某建筑公司每年需要材料 200 吨，每吨年度储备成本为 20 元，平均每次进货费用为 125 元，单位定价为 20 元，则每年最佳采购次数为（　　）。

A. 4　　　　　　　　B. 6　　　　　　　　C. 7　　　　　　　　D. 10

8. 中原公司每年需耗用某种辅助材料 14400 公斤，据以往经验，单位提出订货单申请以后 4 天到达，该材料每天的最大耗用量为 44 公斤，那么该材料的订货点是（　　）（一年以 360 天计算）。

A. 176　　　　　　　B. 160　　　　　　　C. 264　　　　　　　D. 244

9. 可乐公司全年需用材料 2400 吨，每次订货成本为 400 元，每吨材料年储存成本 12 元，则每年最佳订货次数为（　　）次。

A. 12　　　　　　　B. 6　　　　　　　　C. 3　　　　　　　　D. 4

10. 某公司全年需要材料 3600 吨，单价 100 元/吨，目前每次订货量和订货成本分别为 600 吨和 400 元，则该公司每年存货的订货成本为（　　）。

A. 4800　　　　　　B. 1200　　　　　　C. 3600　　　　　　D. 2400

三、多项选择题

1. 缺货成本主要包括（　　）。

A. 停工待料损失

B. 延期交货所支付的罚金

C. 商誉方面的损失

D. 临时采取措施不足存货而发生的超额费用

E. 自然灾害损失

2. 存货成本主要包括（　　　）。

A. 取得成本　　　　B. 储存成本　　　　C. 缺货成本　　　　D. 生产成本

E. 制造成本

3. 下列项目中与订货经济订货量无关的是（　　　）。

A. 储存变动成本　　B. 订货提前期　　C. 年度计划进货量　D. 存货单价

4. 确定订货点必须考虑的因素是（　　　）。

A. 平均每天的正常耗用量　　　　　　B. 预计每天的最大耗用量

C. 提前时间　　　　　　　　　　　　D. 预计最长提前时间

E. 保险储备

5. 下列项目中属于存货持有成本的是（　　　）。

A. 进货差旅费　　　　　　　　　　　B. 存货储存成本

C. 由于材料中断造成的停工损失　　　D. 入库检验费

E. 货物购买价格

6. 通常在基本模型下确定经济批量时，应考虑的成本是（　　　）。

A. 采购成本　　　　B. 进货费用　　　C. 储存成本　　　　D. 缺货成本

7. 用存货分析模式确定最佳货币资金持有量时，应予考虑的成本费用项目有（　　　）。

A. 货币资金管理费用　　　　　　　　B. 货币资金与有价证券的转换成本

C. 持有货币资金的机会成本　　　　　D. 货币资金短缺成本

8. 利用成本分析模式确定最佳货币资金持有量时，应予考虑的成本费用项目有（　　　）。

A. 货币的机会成本　B. 短缺成本　　　C. 转换成本　　　　D. 管理成本

9. 持有现金的动机有（　　　）。

A. 交易动机　　　　　　　　　　　　B. 预防动机

C. 投机动机　　　　　　　　　　　　D. 在银行为维持补偿性余额

10. 为应付紧急情况所持有的现金余额主要取决于（　　　）。

A. 愿意承担风险的程度　　　　　　　B. 临时举债能力的强弱

C. 对现金流量预测的可靠程度　　　　D. 销售水平

四、判断题

1. 能够使进货费用、储存成本和缺货成本之和最低的订货批量便是经济订货批量（　　　）。

2. 存货的短缺成本随订货量的增加而增加，即与订货量成正相关（　　　）。

3. 变动性储存成本随着存货存储量的增加成反比例变动（　　　）。

4. 变动储存成本与存货数量有关（　　　）。

5. 减少订货批量和增加订货次数在影响储存成本降低的同时，也会导致订货成本与缺货成本的提高（　　　）。

6. 存货本身的价值也称作是"订货的固定成本"（　　　）。

7. 存货是公司拥有或占用的流动资产的一部分，是生产经营过程中为生产或销售而储备的物资，如原材料、低值易耗品、半成品及产成品（　　）。

8. 订货成本一般与订货的数量无关，而与订货的次数有关（　　）。

9. 与存货储备有关的成本只有取得成本和储存成本（　　）。

10. 存货管理的目标尽力达到存货成本与存货效益的最佳组合（　　）。

五、计算分析题

1. 宏利公司原材料购买和产品销售均采取信用销售方式，其应付款的平均付款天数为 25 天，公司从原材料购买到产品销售的期限为 65 天，应收账款的收款期为 20 天，预期公司全年经营性支出为 1800 万元，问该公司现金周转期和最佳现金持有量分别为多少？

2. 中南公司按"3/10，N/30"的条件购入货物 100 万元。该公司因资金紧张，拟放弃现金折扣，请你为该公司计算放弃现金折扣的机会成本。

3. 中南公司按年利率 8% 向银行借款 50 万元，银行要求维持贷款限额 10% 的补偿性余额。该公司管理当局认为这种方式会提高该项借款的实际利率，请计算该项借款的实际利率。

4. 上海新华传媒股份有限公司董事会 2011 年 6 月 27 日发布公告称，2011 年度第一期短期融资券已按照相关程序于 2011 年 6 月 24 日在全国银行间债券市场公开发行完毕，发行规模为 4 亿元人民币，期限为 366 天，发行价格为面值 100 元人民币，发行利率为 5.50%。本期短期融资券的募集资金已于 2011 年 6 月 24 日全部到账，据央行公布的贷款利率，一年期银行贷款利率为 6.31%。请你简要分析评价短期融资券发行条件及其优缺点。

5. 华立公司有甲、乙、丙、丁四种现金持有方案，内容如下表所示，请用成本分析法确定现金最佳持有方案。

现金持有方案　　　　　　　　　　　　　　　单位：百万元

方案	甲	乙	丙	丁
现金持有量	100	150	200	300
利率（%）	10	10	10	10
管理费用	10	10	10	10
短缺成本	30	20	5	0

6. 中南公司从银行取得借款 100 万元，期限 1 年，年利率为 8%，利息额 8 万元（1000×8%），按照贴现法付息。请计算该项贷款的实际利率。

7. 华领公司规定的信用条件是"3/10，1/20，N/30"，一客户从该公司购入 100000 元的原材料，并于第 18 天付款，则该客户实际支付的货款为多少元？

8. 富达自行车有限公司财务经理为了尽量减少闲置的现金数量，提高资金收益率，考虑确定最佳现金持有量，财务部对四种不同现金持有量的成本做了测算，具体数据见下表。

现金持有方案
　　　　　　　　　　　　　　　　　　　　　　　　　　　　单位：万元

方案	A	B	C	D
现金持有量	25000	50000	75000	100000
管理成本	20000	20000	20000	20000
短缺成本	10000	6000	2000	0

　　财务经理根据上述数据，结合 12% 的资本收益率，利用成本分析模式确定出最佳现金持有余额。试问不同现金持有方案的机会成本分别为多少？最佳现金持有余额为多少？

　　9. 智鼎能源科技公司预计年耗用乙材料 6000 公斤，单位采购成本为 15 元，单位储存成本 9 元，平均每次订货费用为 30 元，假设该材料不存在缺货情况，计算：（1）乙材料的经济订货批量；（2）经济订货批量下总成本；（3）经济订货批量的平均占用资金；（4）年度最佳订货批次。

　　10. 嘉能公司购进一批商品货款总额为 20 万元，信用条件为"2/10，N/30"，如果该公司在 30 天内没有付款，而是在第 50 天付款（即展期信用），其成本为多少？

六、案例分析——应收账款的管理

（一）案例内容

　　思美时装公司近年来采取较宽松的信用政策，因而销售量有所增加，但坏账损失也随之上升，公司采用按年赊销额百分比法估计坏账损失。近三年损益状况见下表，公司变动成本率为 65%，资金成本率为 20%。公司收账政策不变，固定成本总额不变。

信用条件方案
　　　　　　　　　　　　　　　　　　　　　　　　　　　　单位：万元

项目	第 1 年（N/30）	第 2 年（N/60）	第 3 年（N/90）
年赊销额	2400	2640	2800
坏账损失	48	79.2	140
收账费用	24	40	56

（二）案例提示

应收账款信用成本由机会成本、坏账损失和收账费用组成。

$$应收账款机会成本 = 维持赊销业务所需资金 \times 资金成本率$$
$$维持赊销业务所需资金 = 应收账款平均余额 \times 变动成本率$$
$$应收账款平均余额 = 年赊销额/360 \times 应收账款平均周转天数$$
$$= 平均每日赊销额 \times 应收账款周转天数$$

（三）案例思考题

（1）公司采用宽松的信用政策是否成功？

（2）如果第 3 年为了加速应收账款的收回，决定将赊销条件改为"2/10，1/20，N/60"，估计约有 60% 的客户会利用 2% 的折扣，15% 的客户利用 1% 的折扣，坏账损失降为 2% ，收账费用降为 30 万元。信用条件变化后收益情况会如何？

七、案例分析——平衡计分卡应用中的问题

（一）案例内容

江苏某公司把平衡计分卡作为一项考核制度，开始在这家 2000 人规模、年产值数亿元的公司内实施，张女士作为财务部门的绩效经理直接负责平衡计分卡的推广事宜。然而，将近一年的时间过去了，平衡计分卡的推行并没有顺利实施，反而在公司内部的上上下下有不少抱怨和怀疑。甚至有人说"原来的考核办法就像是一根绳子，现在想用四根绳子，还不就是拴得再紧点，为少发奖金找借口？"。其实，不少公司遇到的情况和这种情形差不多。"是不是因为平衡计分卡真的不适合中国公司或像我们这样的公司"，张小姐说起这些，显得颇有些无奈。

（二）请进行平衡计分卡实施障碍分析

（三）案例提示

1. 沟通与共识上的障碍

根据一项调查显示，公司中少于 1/10 的员工了解公司的战略及战略与其自身工作的关系，尽管高层管理者清楚地认识到达成战略共识的重要性，但却少有公司将战略有效地转化成被基本员工能够理解且必须理解的内涵，并使其成为员工的最高指导原则。

2. 组织与管理系统方面的障碍

据调查，公司管理层在例行的管理会议上花费近 85% 的时间以处理业务运作的改善问题，却以少于 15% 的时间关注于战略及其执行问题，过于关注各部门的职能却未能使组织的运作、业务流程及资源的分配围绕着战略而进行。

3. 信息交流方面的障碍

平衡计分法的编制和实施涉及大量的绩效指标取得和分析，是一个复杂的过程。因此，对信息管理及信息基础设施的建设不完善将会成为实施平衡计分法的又一障碍。这一点在中国的企业中尤见突出。管理层已经意识到信息的重要性，并对此给予了充分的重视，但在实施的过程中信息基础设施的建设受到制约，部门间的信息难以共享，只是在信息的海洋中建起了一座座岛屿，这不仅影响到了业务流程，也是实施平衡计分法的障碍。

4. 对绩效考核认识方面的障碍

如果管理层没有认识到现行绩效考核的观念、方式有不妥当之处，平衡计分法就很难被接纳。长期以来，管理层已习惯于仅从财务的角度来测评公司的绩效，并没有思考这样的测评方式是否与公司的发展战略联系在一起，是否能有效地测评战略实施情况。把"战略工具"仅仅用在"员工绩效考核"上，希望这种新的业绩考核方式能解决考核和奖金分配问题，这是实施平衡计分卡最常见的错误。

仅仅是为了员工绩效考核而采用平衡计分卡是本末倒置的做法，如果平衡计分卡的考核结果只是为了建立相应的薪酬、金钱奖励，甚至像末位淘汰等惩罚制度，员工行为会变成以下模式：考什么才做什么。因任何考核不可能穷尽所有的工作，而平衡计分卡只强调关键绩效指标，所以有些事无人问津的现象势必会经常发生。不得不把无指标的工作利用权力强加给员工之时，就是辛辛苦苦建立起来的体系寿终正寝之

日，由此会引发员工对新系统的不信任，继之便是提出质疑：方法和标准不公平，多干了为什么不算成绩？以后，不论再换什么方法都还会失灵。其次，由于员工都想得到好的结果，不想承认自己做的不好，在制定指标值时经理和员工还会拼命压低指标，一年到头，那些人际关系导向的经理不得不实行平衡主义，公司、经理、员工仍然深陷考核泥潭。

附：平衡计分卡成功例子

1. 美孚石油（Mobil Oil）美国营销及炼油事业部于1993年引入平衡计分卡，帮助美孚从一个高度集权的、以生产为导向的石油公司转变为一个分散的、以客户为导向的组织，结果是迅速和富有戏剧性的。1995年，美孚的行业利润率从最后一名跃居第一名，并连续四年保持了这个地位（1995～1998年），不良现金流发生转变，投资回报率位居同行业榜首。

2. 信诺保险集团（CIGNA Insurance）财产及意外险事业部于1993年引入平衡计分卡，帮助信诺从一个亏损的多元化经营者转变成一个位居行业前列、专注主营业务的公司。两年后信诺扭亏为盈，1998年该公司的绩效迈入行业的前列。

3. Brown & Root能源服务集团（Brown & Root Energy Services）Rockwater分公司1993年引进了平衡计分卡，用以帮助两个新合并的工程公司明确战略并达成共识，将他们从低成本的小贩转变为有高附加值的合作伙伴。计分卡的设计过程被用于构建团队、鉴别客户价值目标的不同观点以及为企业目标达成共识，1996年该公司的增长和获利率均在本行业位居榜首。

4. 汉华银行（Chemical Retail Bank）于1993年引入平衡计分卡，以帮助银行吸收一家并购银行，引进更为一体化的金融服务，加速电子银行的使用。平衡计分卡明确地说明了战略的重点，并为在战略与预算间建立联系提供了构架。三年内，其获利率增长了20%。

5. 中石油华北油田于2008年引入平衡计分卡，以帮助油田改善管理，提高集团公司的战略执行力，加速信息化油田建设。平衡计分卡明确地说明了战略的重点，并为在战略与预算间建立联系提供了构架。1年后，该公司利润增长了12%，是中石油系统里面管理比较卓越的一家集团公司。

第 八 章 公司并购和重组财务问题

学习目标

1. 了解公司并购的含义、分类、程序和全球并购浪潮的内容；了解公司并购的相关理论。

2. 了解公司并购估价的程序；掌握目标公司估价使用的贴现现金流量估价法、资产价值基础法（账面价值、市场价值、清算价值）、收益法（市盈率法）、换股估价法；掌握目标公司估价模型。

3. 掌握股权资本成本、债务资本成本、加权平均资本成本的计算公式。

4. 掌握股权自由现金流量估价模型（固定成长 FCFE 模型、非固定成长二阶段 FCFE 模型）。

5. 了解杠杆收购的含义、特点、优势、类型；了解管理层收购的含义、发展历程、国企 MBO 面临的问题、实施 MBO 的程序。

6. 了解资产剥离的含义、资产剥离的原因、资产剥离的类型、资产剥离的方式、资产剥离的程序；理解资产剥离对财务的影响。

7. 了解破产清算的含义、公司清算的类型、破产清算的程序；理解破产清算中的财务问题（破产财产的界定、破产财产的变卖、破产债权的确认、破产费用的管理、破产财产的分配、财务内容变化）。

8. 理解公司重组中的财务问题（资产重组中的置换问题、资产剥离的损益处理、重组资产公允价值的确定、债务重组中的财务问题、股权重组中的财务问题）。

9. 了解破产重组的含义和公司重整制度。

先导案例

并 购 重 组

公司如人，并购重组不止类似结婚，而某种程度上更像人体器官移植，不是缝上让它长就完了，而是要一根根血管、一条条神经连起来，另外还有血型是否排斥、基因能否接受等问题需要解决。你能体会到公司并购重组的复杂性吗？

第一节　公司并购概述

一、公司并购的含义

公司并购又称兼并与收购（merger & acquisition，M&A）。

狭义的兼并（merger）是指在市场机制作用下，公司通过产权交易获得其他公司产权，使这些公司法人资格丧失，并获得它们控制权的经济行为。广义的兼并是指在市场机制作用下，公司通过产权交易获得其他公司产权并企图获得其控制权的经济行为。兼并是两家或者更多的独立公司合并组成一家公司，通常由一家占优势的公司吸收另一家或更多的公司。收购（acquisition）是对公司资产和股份的购买行为，是指一家公司通过购买股票或者股份等方式取得对另一家公司的控制权或管理权，另一家公司仍然存续不必消失。兼并与收购的区别见表8-1。

表8-1		兼并与收购的区别
	兼并	收购
对象不同	以被兼并公司整体为对象，兼并后兼并公司承担目标公司的所有债权和债务	以目标公司股份为对象，收购完成后成为目标公司的主要控股股东，以收购时出资的股本为限承担目标公司的风险
范围不同	范围较广，凡经营业绩不佳者都可以成为目标公司	通常只发生在资本市场，目标公司通常是上市公司
目标公司类型不同	发生在被兼并公司财务状况不佳、生产经营停滞或半停滞时，兼并后其资产需重新组合和调整	发生在目标公司正常生产经营状态下，收购后目标公司变化形式通常比较温和
结果不同	兼并后被兼并公司的产权全部转移，其法人主体消失	收购后被收购公司的产权部分转让，它作为经济实体仍然存在，并具有法人资格

并购泛指在市场机制的作用下，公司为获得其他公司的控制权而进行的产权交易活动。主兼并或主收购公司称为兼并公司、收购公司、进攻公司、出价公司、标购公司或接管公司，被兼并或被收购的公司称为被兼并公司、被收购公司、目标公司、标的公司、被标购公司、被出价公司或被接管公司。

二、并购的分类

（一）按并购动机分类

按并购动机分类可分为战略并购和财务并购。战略并购是指出于公司发展战略考虑，以获取经营协同效应为目标的并购，这类并购涉及战略目标和协同效应。财务并购也称为金融并购，一般是指主要受到筹资动机的驱动而发生的并购。

（二）按照行业相关性分类

按照所属行业的相关性分类可分为横向并购、纵向并购和混合并购。横向并购是两个或多个生产和销售相同或相似产品公司之间的并购行为，纵向并购是生产过程或经营环节相互衔接、密切联系的公司之间或者具有纵向协作关系的专业化公司之间的并购行为，混合并购是指横向并购和纵向并购以外的其他并购，混合并购是分属不同产业领域公司间的并购行为。混合并购包括产品扩张型并购、市场扩张型并购和纯混合型并购三种。产品扩张型并购是指公司以原有产品和市场为基础，通过兼并其他公司进入相关产业的经营领域达到扩大经营范围增强实力的目的，这种并购的基础在于组合的经济性。市场扩张型并购是指生产同种产品但产品在不同地区市场上销售的公司的并购，这种并购是公司提高市场占有率的主要手段。纯混合并购是指那些生产和经营彼此毫无关联的产品或服务的若干公司的并购。

（三）按收购形式分类

按收购形式分类可分为间接收购、要约收购、二级市场收购、股权拍卖和协议收购。间接收购通常通过收购上市公司大股东股权而获得对上市公司最终控制权而实现。要约收购是并购公司通过证券交易所的证券交易持有目标公司已发行股份的 30% 时，依法向该上市公司所有股东发出公开收购要约，按照约定的价格以货币支付形式购买股票以获取上市公司控制权。二级市场收购是并购公司直接在二级市场上购买目标公司的股票并实现控制目标公司的目的。股权拍卖是上市公司原股东所持股权因涉及债务诉讼等事项进入司法拍卖程序时并购公司可借此取得上市公司控制权的收购方式。协议收购是并购公司在证券交易所之外以协商的方式与被收购公司的股东签订收购其股份的协议，并按照协议所规定的条件、收购价格、收购期限及其他约定事项收购上市公司股份的一种收购方式。

（四）按并购实现方式分类

按并购实现方式分类可分为承担债务式并购、现金购买式并购和股权交易式并购。承担债务式并购是并购方以承担目标公司的债务为条件接受其资产并取得产权的一种方式。现金购买式并购是并购公司使用现款购买目标公司绝大部分资产或全部资产以实现对目标公司的控制。股权交易式并购是并购公司用其股权换取被并购公司的股权或资产。

（五）按是否利用被并购公司自身资产来支付并购资金分类

按是否利用被并购公司自身资产来支付并购资金分类可分为杠杆并购和非杠杆并购。杠杆并购是并购公司利用被并购公司资产的经营收入来支付并购价款或作为此种支付的担保。管理层收购（MBO）是杠杆收购的一种，在 MBO 中，收购公司或公司某部门的收购方是该公司的管理人员。非杠杆并购中，并购公司不用被并购公司自有资金及营运所得来支付或担保支付并购价格。

（六） 按照并购后双方法人地位变化情况分类

按照并购后双方法人地位变化情况分类可分为新设合并式并购、吸收合并式并购和控股式并购。新设合并式并购是两个以上公司通过形成一个新公司的形式而进行的合并，合并双方都失去法人资格。吸收合并式并购是一个公司通过吸收其他公司的形式而进行的合并，被吸收公司失去法人资格，存续公司申请变更，同时继承被吸收公司的债权和债务。控股式并购是并购双方都不解散，但一方为另一方所控制，双方均合法存在。

（七） 按并购双方是否友好协商分类

按并购双方是否友好协商分类可分为善意并购和敌意并购。善意并购即并购公司与被并购公司双方通过友好协商来确定相关事宜的并购。敌意并购是并购公司不顾被并购公司的意愿而采取非协商性并购的手段，强行并购被并购公司。

三、公司并购的浪潮

（一） 全球公司并购浪潮

从 19 世纪末迄今的 100 多年里，全球共发生五次大规模的公司并购浪潮。

第一次并购浪潮发生在 19 世纪末至 20 世纪初，以横向并购为主，垄断现象首次出现。并购使西方国家的工业逐渐形成了自己的现代工业结构，对整个世界经济发展产生了十分重要的影响。以美国为例，这次并购使美国经济集中度大大提高，其中 100 家最大的公司控制了全美近 40% 的工业资本，产生了一些后来对美国经济结构影响深远的垄断组织，如美国烟草公司、美国钢铁公司、杜邦公司、美国橡胶公司等一大批现代化大型托拉斯组织。

第二次并购浪潮发生在 20 世纪 20 年代，形式以纵向兼并为主，工业资本与银行资本开始兼并和渗透，以形成寡占而非垄断为目标。第二次并购浪潮涉及许多新兴行业，并产生了许多著名的公司，如电机制造业的三大巨头英国电器、GEC 和电器行业联合体，在各自行业中占重要地位的大公司诺贝尔公司等合并组成了 ICI 公司。

第三次并购浪潮发生在 20 世纪五六十年代，主要形式为混合兼并，无关联行业公司的兼并盛行，反映了以电子计算机为代表的世界新技术革命对产业经济的全方位渗透。

第四次并购浪潮发生在 20 世纪七八十年代，多种并购形式并存，同时出现小公司并购大公司的形式，并购与反并购斗争激烈，跨国并购进一步发展。

第五次并购浪潮发生 20 世纪 90 年代至今，并购规模极大，参与并购的公司"强强"联合，使得公司竞争力得到迅速提高，跨国并购占了很大的比重，横向与纵向并购剥离并存，并购的支付手段不是现金而主要采取股票的形式。

（二） 中国公司并购浪潮

中国公司并购浪潮可以分为两次，第一次发生在 20 世纪五六十年代，这一时期可分为三个阶段。

表 8 - 2 新中国成立初期的并购

时间	阶段	特征
1949～1956 年	开始阶段	新中国成立初期社会主义改造性质的公有经济对私营工商业的合并
1961～1962 年	持续进行	行政式兼并为主
1963～1965 年	高潮阶段	政府试办托拉斯式的大企业

第二次是改革开放以来的并购浪潮，自 20 世纪 80 年代以来，大致也可以划分为三个阶段。

表 8 - 3 改革开放后的并购

时间	阶段	特征
1987～1989 年	第一次浪潮	出现了跨地区、跨行业并购，出现了控股等新的并购方式，并购动因由单纯消灭亏损向提高经营活力、优化经济结构发展，局部产权交易市场开始出现
1992～2001 年	第二次浪潮	并购规模进一步扩大，产权交易市场普遍兴起，上市公司股权收购成为并购的重要方式，以资本为纽带的混合式并购有所发展
2002 年至今	第三次浪潮	涌现了一批优秀集团公司，并购的主体不再局限于国有公司，股权分置改革优化了股权结构，有利于股权收购的并购方式，海外并购风起云涌

从中国公司并购的发展历程来看，所采取的主要形式有以下几种。

第一，购买式并购。并购方用现金或其他有价证券购买被并购方的全部或部分资产并承担其债务，被并购方的法人地位被取消或控制权被取消。这种方式对资金需求大，对管理水平要求高。

第二，承担债务式并购。在资产与债务等价的情况下，并购方以承担被并购方的债务为条件接受其资产，实施并购行为。这种方式对资金需求不大，能马上扩大生产能力，但可能使并购方背上沉重的债务包袱。

第三，控股式并购。并购方出资购买被并购方股权并达到控股地位，以控制被并购公司的生产经营，并购方作为新股东对目标公司的原有债务仅以控股股金承担责任。

第四，资产划转式并购。这种形式是同一主管部门或国家出面将亏损公司无偿划转给优势公司经营管理。实际上这种并购更多的是政府行为而不是公司行为。

第五，协议受让国家股和法人股。并购方通过协议受让国家股和法人股而达到控股目的。采用这种方式可以用低于市场价格的价格受让国有股或法人股来实现收购的目的。

第六，买壳上市。并购方通过收购上市公司（壳公司），再以反向兼并的方式注入收购公司自身的有关业务及资产，以达到间接上市的目的。在买壳上市交易中，并购方收购壳公司并不是看上它的有形资产和业务前景，而是看上它的上市资格。

四、公司并购的一般程序

1. 前期准备阶段。

公司根据自身发展战略的要求制定并购策略，在此基础上初步制定出对目标公司预期标准，如所属的行业、规模大小、市场占有率等。据此在产权交易市场搜寻捕捉并购对象，或通过产权交易市场发布并购意向，再对各个目标进行初步比较筛选，并进一步就目标公司资产、财务、税务、技术、管理和人员等关键信息深入调查。

2. 并购策略设计阶段。

基于上阶段调查所得的一手资料，设计出针对目标公司的并购模式和相应的融资、支付、财税、法律等方面的事务安排。

3. 谈判签约阶段。

确定并购方案之后以此为基础制定并购意向书作为双方谈判基础，并就并购价格和方式等核心内容展开协商与谈判，最后签订并购合同。

4. 交割和整合阶段。

双方签约后进行产权交割，并在业务、人员、技术等方面对公司进行整合，整合是整个并购程序的最后环节，也是决定并购能否成功的关键环节。

五、不同视角下的公司并购

（一）经济视角下的公司并购

1. 经营协同效应理论。

该理论侧重于规模经济、范围经济或削减成本方面的协同效应，即认为公司并购交易的动机在于实现规模经济和降低成本。

2. 市场力量理论。

该理论认为公司收购同行业其他公司的目的在于寻求占据市场支配地位，或者兼并活动发生的原因是它会提高公司的市场占有份额。根据这一理论，公司在并购后可以提高其市场地位和控制能力，获得更多的超额利润。

3. 托宾理论。

该理论认为一项并购活动之所以发生是因为目标公司的真实价值被低估了，这种情况经常表现为公司市场价格与其资产的重置价格之间存在一定的差距，这个差距就是托宾系数（Q）。Q = 公司市场价值/公司资产的重置成本，当 Q 大于 1 时并购行为不会发生，当 Q 小于 1 时市场会出现并购行为。

（二）战略视角下的公司并购

1. 资源基础理论。

该理论认为公司具有不同有形和无形资源，这些资源可转变成独特的能力，这些独特的资源和能力（resource and capability，R&C）是公司持久竞争优势的源泉。并不是所有的资源和能力都能够带来持续竞争优势的，只有符合 VRINS 检验的资源与能力才能够为公司带来长久的竞争力，VRINS 是指有价值的（valuable）、稀缺的（rare）、不易模仿的（inimitable）、难替代的（non-substitutable）。

2. 管理协同效应理论。

该理论认为效率高的公司将收购效率低的公司，并且通过提高其效率来实现潜在的利润，当效率高的公司额外的管理资源与效率低的公司的组织资源相结合时将形成更有效率的经济组织，公司能更好地应用资本和管理能力，产生管理的协同效应。

（三）财务视角下的公司并购

与经济和战略的视角不同，财务视角下的并购理论是从公司内部出发，研究内部体系、决策过程、决策者动机以及他们的行为对并购的影响。

1. 管理者代理成本。

该理论认为并购是代理问题的一种表现形式，而不是解决代理问题的办法。因为并不是所有管理者的动机都是为了实现最大化股东财富的目标，管理者可能从自身的利益或效用最大化出发做出并购的决策。通过并购使得公司获得多元化发展或规模的扩大，会使高层管理者获得更高的薪酬和地位，拥有更大权利和职业保障，从而提高了管理者的效用。

2. 债务代理成本。

该理论认为债务是一项有效的监督机制，是管理者遵循委托人财富最大化原则专心经营公司业务的有力保障，其中的委托人既包括股东也包括债权人，债务监督机制假说是解释杠杆收购的最有力理论。

3. 市场中公司治理职能。

该理论认为当组织制度方面（如董事会）和市场制度方面（如经理人市场）的安排不足以解决代理问题时，并购就是解决这一问题的最后一个手段。

（四）管理视角下的公司并购

1. 控制权理论。

该理论认为，管理者对控制权的偏好会影响并购交易进行的结构和方式，现金收购还是股权收购实质就是控制权保留与丧失的选择。

2. 多元化理论。

当管理者将公司资金更多地投资于单一资产组合而不是多元化经营时，其最终导致的后果就是公司面临更大的破产风险。通过并购实现经营业务的多元化，以减少公司经营的不确定性和避免破产风险，从而为管理者分散风险。

3. 行为理论。

该理论研究发现，许多并购公司的出价明显高于市场价格，即并购无法创造价值甚至是损害价值，但这些并购活动还是发生了，这是已有理论无法解释的。该理论认为这是由于并购公司的管理者会由于盲目乐观与过度自信而高估目标公司的基础价值以及并购活动所产生的协同效应价值，从而使高于现有市场价格的并购活动得以发生。

（五）组织视角下的公司并购

组织理论否认公司是一个"黑箱"，解释了管理者动机对并购的影响。该理论认为公司的决策过程并不是完全理性的，其受到来自各方面的影响和政治压力。对于同一个并购，公司中的不同员工有不同的看法、动机和期望水平，并购公司要做的事情是对这种复杂的并购决策过程进行管理，组织视角下的并购更多地是关注并购后的整合。见表8－4。

表8－4   不同视角下并购观点的比较

视角	并购观点	主要影响因素
经济	考虑外部竞争者和不同的市场结构	基于规模经济和范围经济
战略	考虑持久的竞争优势	独特的资源和能力
财务	公司内部代理成本和治理职能	代理人的监督和制约
管理	公司内部管理者行为	市场机制和外部竞争
组织	并购决策过程	管理者并购动机

第二节 公司并购估价

一、目标公司选择

目标公司选择一般包括发现目标公司、审查目标公司和评估目标公司三个阶段。

（一）发现目标公司

成功并购的前提是能够发现和抓住适合的并购目标。在实践中，并购公司内部人员可以通过私人接触或自身的管理经验发现目标公司，因为公司人员特别是管理层熟知本公司经营情况和相关公司的情况。也可借助公司外部力量即利用专业金融中介机构为并购公司选择目标出谋划策。

（二）审查目标公司

1. 对目标公司出售动机的审查。

一般来说，目标公司出售动机主要包括：

第一，目标公司经营不善，股东欲出售股权；

第二，目标公司股东为实现新的投资机会需要转换到新的行业；

第三，目标公司东急需大量资金投入，故出售部分股权；

第四，股东不满意目标公司管理，故以并购方式来置换整个管理团队；

第五，目标公司管理人员出于自身地位与前途的考虑而愿意被大公司并购，以便谋求一个高薪且稳定的职位；

第六，目标公司调整多样化经营战略，出售不符合发展战略或获利不佳的子公司，以便并购一些获利较佳的公司。

2. 对目标公司法律文件方面的审查。

主要包括：

第一，收购公司的产业是否符合国家的相关产业政策；

第二，目标公司的章程、股票证明书等法律文件中对并购限制的相关条款；

第三，目标公司主要财产目录清单，了解目标公司资产所有权、使用权以及有关资产的租赁情况；

第四，目标公司所有对外书面合同和面临的主要法律事项。

3. 对目标公司业务方面的审查。

主要是审查目标公司业务与本公司业务相融合情况，并购目的不同，审查的重点也不同。

4. 对目标公司财务方面的审查。

进行财务审查时主要从以下三个方面进行：

第一，分析目标公司的偿债能力，财务风险的大小；

第二，分析目标公司的盈利能力；

第三，分析目标公司的营运能力。

5. 对并购风险的审查。

主要涉及市场风险、投资风险和经营风险。市场风险可能由于并购传闻引起的目标公司股价上涨增加并购难度，也可能是其他公司挑起竞争，影响并购的因素不可控制。投资风险是并购后收益的不确定性。而经营风险是由于不熟悉目标公司的经营方法可能导致的经营失败。

（三）评估目标公司

评估目标公司也叫目标并购估价，其实质就是对目标公司进行综合分析，以确定目标公司的价值，即并购方愿意支付的并购价格。并购估价的对象往往不是目标公司现在的价值，而是并购后目标公司能为并购方带来的价值增值。这至少要考虑两个因素，即目标公司的增长性和并购产生的协同作用或其他效应。

并购估价的难度在于：

第一，对于公司整体的估价相对于个别资产投资的估价要复杂得多；

第二，对于可以预计未来现金流量的公司可以通过增量现金流量的折现对未来增长性进行估价，而如何对在很长时期内不产生正现金流量的公司如网络公司进行估价仍是难以解决的问题；

第三，对并购效应的估价是并购估价的另一个难题。

二、目标公司估价方法

（一）贴现现金流量估价法

该模型由拉巴波特创立，是用贴现现金流量方法来确定最高可接受并购价格，这种方法的基本原理是假设任何资产的价值等于其预期未来现金流量的现值之和。

$$V = \sum_{t=1}^{n} \frac{CF_t}{(1 + r)^t}$$

其中，V 为资产价值，n 为资产寿命，r 为与预期现金流相对应的贴现率，CF_t 为资产在 t 时刻产生的现金流量。

（二）资产价值基础法

资产价值基础法指通过对目标公司的资产进行估价来评估其价值的方法，确定目标公司资产价值的关键是选择合适的资产估价标准，目前国际上通行的资产评估价值标准主要有以下三种。

1. 账面价值。

账面价值是指会计核算中账面记载的资产价值，对于普通股来说资产负债表所揭示的某时点所拥有的资产总额减去负债总额即为公司股票账面价值（账面净资产），再减去优先股价值即为普通股价值。该方法不考虑现时资产市场价格波动，也不考虑资产收益状况，是一种静态的估价标准。

2. 市场价值。

市场价值法通常将股票市场上与目标公司经营业绩相似的公司最近平均实际交易价格作为估算参照物，或以公司资产和其市值之间的关系为基础对目标公司估值。其中最著名的是托宾（Tobin）的 Q 模型，即公司市值与其资产重置成本的比率。

$$公司价值 = 资产重置成本 + 增长机会价值 = Q \times 资产重置成本$$

如果公司市场价值超过其重置成本，意味着该公司拥有某些无形资产，拥有保证未来增长的机会，超出的价值被认为是利用这些机会的期权价值。但是 Q 值的选择比较困难，在实践中被广泛使用是 Q 值的近似值"市净率"，它等于股票市值与净资产值的比率。例如，假定某家公司各项资产的重置成本合计为 3.6 亿元，其市净率为 2，那么公司价值为 3.6 × 2 = 7.2 亿元。

3. 清算价值。

清算价值是指在公司出现财务危机而破产或歇业清算时把公司中的实物资产逐个分离而单独出售的资产价值，清算价值是在公司作为一个整体已经丧失增值能力情况下的资产估价方法。

以上三种资产估价标准的侧重点各有差异，因而其适用范围也不尽相同。如果并购的目的在于其未来收益的潜能，那么就不宜采用资产价值基础法。如果并购目的在于获得某项特殊的资产，那么清算价值或市场价值可能更为恰当。在中国现阶段，公司并购定价依据大多数是采用资产价值基础法。

（三）收益法（市盈率法）

收益法就是根据目标公司的收益和市盈率确定其价值的方法，也可称为市盈率法。因为市盈率的含义丰富，它可以代表公司股票收益的未来水平，国际上收购一家盈利公司常用的方法就是收益法。

（四）换股估价法

如果并购是通过换股进行，则对目标公司估价的任务就是确定一个换股比例，换股比例是指为换取一股目标公司的股份而需付出的并购公司的股份数量。

假设 A 公司计划并购 B 公司，并购前 A、B 公司的股票市场价格分别为 P_A、P_B，并购后 A 公司的市盈率为 β，那么并购后 A 公司的股票价格为

$$P_{AB} = \frac{\beta(Y_A + Y_B + \Delta Y)}{S_A + ER \times S_B}$$

其中，Y_A 为并购前 A 公司的盈余，Y_B 为并购前 B 公司的盈余，S_A 为并购前 A 公司普通股的流通数量，S_B 为并购前 B 公司普通股的流通数量，ΔY 为由于协同效应产生的协同盈余，ER 为换股比率。

对于并购方 A 公司股东来说，必须满足 $P_{AB} \geq P_A$，由此得出最高的股权交换比率为

$$ER_A = \frac{\beta(Y_A + Y_B + \Delta Y) - P_A S_A}{P_A S_B}$$

此时，$P_{AB} = P_A$。对于被收购方 B 公司股东来说，必须满足 $P_{AB} \times ER \geq P_B$，由此得出最低股权交换比率为

$$ER_B = \frac{P_B S_A}{\beta(Y_A + Y_B + \Delta Y) - P_B S_B}$$

此时，$P_{AB} \times ER_B = P_B$。因此，从理论上来讲，换股比例应在 ER_A 与 ER_B 之间，实践中换股比例究竟确立为多少取决于双方的谈判过程。

三、目标公司估价模型

（一）股权自由现金流量（free cash flow to equity，FCFE）及其计算

通过对预期股权自由现金流量贴现计算股权资本的价值，股权自由现金流量是指支付债务本金和利息、向国家纳税、向优先股股东支付股利以及满足其自身发展需要后的剩余现金流量，体现了股权投资者对公司现金流量的剩余要求权，其计算公式为

股权自由现金流量 = 净收益 + 折旧 - 债务本金偿还 - 营运资本增量

- 资本性支出 + 新发行债务 - 优先股股利

如果公司的负债比率保持不变，仅为增量资本性支出和营运资本增量进行融资，并且通过发行新债来偿还旧债，在不考虑优先股的情况下，上式可以写为

股权自由现金流量 = 净收益 - 增量资本性支出 × (1 - 负债比率)

- 营运资本增量 × (1 - 负债比率)

其中，"资本性支出"是指厂房的新建、改建、设备的更新、购置，以及新产品的试制等方面的支出，本期资本性支出和折旧的差额就是"增量资本性支出"。

（二）公司自由现金流量及其计算

公司自由现金流量是公司所有权利要求者包括普通股股东、优先股股东和债权人的现金流量总和。计算公司自由现金流量有两种方法：

第一，将公司所有权利要求者的现金流量加总，即

公司自由现金流量 = 股权自由现金流量 + 利息费用 × (1 - 税率) + 偿还债务本金

- 发行的新债 + 优先股股利

第二，是以息税前净利润（EBIT）为出发点进行计算，即

公司自由现金流量 = 息税前净利润 × (1 - 税率) + 折旧 - 资本性支出 - 营运资本增量

（三）资本成本估算

1. 股权资本成本。

通常有两种方法计算股权成本：

第一，股利稳定增长时的股权成本。其计算公式为

$$R_s = \frac{DPS_1}{P_0} + g$$

其中，R_s 为股权资本成本，DPS_1 为下一年预计支付的股利，P_0 为当前的股票价格，g 为股利的增长率；

第二，通过资本资产定价模型确定股权成本。其计算公式为

$$R = R_f + \beta \times (R_m - R_f)$$

其中，R 为股权资本成本，R_f 为无风险报酬率，β 为风险指数，R_m 为市场预期报酬率。

2. 债务资本成本。

债务资本指资产负债表上的长期负债，影响债务资本成本的因素包括当前利率水平、公司信用等级和偿债能力以及债务的税收抵减水平，债务资本成本 = 实际利率 × (1 - 税率)。

3. 加权平均资本成本。

公司资本成本是各种不同筹资方式资本成本的加权平均，其计算公式为

$$WACC = \sum_{i=1}^{n} W_i R_i$$

其中，$WACC$ 为加权平均资本成本，W_i 为不同筹资方式资本的权重，W_i 为不同筹资方式资本的成本。

（四）股权自由现金流量估价模型

1. 固定成长 FCFE 模型。

类似于固定成长股价模型，股权价值计算公式为

$$V = \frac{FCFE_0 \times (1+g)}{R_s - g} = \frac{FCFE_1}{R_s - g}$$

其中，V 为股权价值，$FCFE_0$ 为期初股权自由现金流，$FCFE_1$ 为下一期的股权自由现金流，R_s 为公司股权资本成本，g 为股权自由现金流固定的增长率。

2. 非固定成长二阶段 FCFE 模型。

非固定成长 FCFE 模型适用于前一时期高速增长然后进入稳定增长阶段的公司，股权价值计算公式为

$$V = \sum_{t=1}^{n} \frac{FCFE_t}{(1+R)^t} + \frac{FCFE_{n+1}}{(R_s - g) \times (1+R)^n}$$

其中，V 为股权价值，$FCFE_t$ 为 t 期股权自由现金流，$FCFE_{n+1}$ 为 $n+1$ 期股权自由现金流，R 为高速增长阶段公司的股权资本成本，R_s 为稳定增长阶段公司的股权资本成本，g 为稳定增长阶段股权自由现金流固定的增长率。

例 8.1 华威公司是一家生物工程公司，2016 年的每股营业收入为 12.4 元，每股净收益为 3.10 元，每股资本支出为 1 元，每股折旧为 0.6 元，预期该公司在今后 5 年内将高速增长，预期每股收益增长率为 30%，资本性支出、折旧和营运资本以同比例增长，收益留存比率为 100%，β 值为 1.3，国库券利率为 5.5%，2016 年营运资本为营

业收入的20%，负债比率为60%，5年后进入稳定增长期，预期增长率为6%，即每股收益和营运资本按6%的速度增长。资本性支出可以由折旧来补偿，稳定增长期的 β 值为1。该公司发行在外的普通股共3000万股，市场平均风险报酬为5%，试估计该公司的股权价值。

解：（1）估计股权现金流量。

由于股权自由现金流量 = 净收益 - 增量资本性支出 ×（1 - 负债比率）- 营运资本增量 ×（1 - 负债比率）= 净收益 -（资本性支出 - 折旧）×（1 - 负债比率）- 营运资本增量 ×（1 - 负债比率）

$FCFE_{2017} = 3.10 \times (1 + 30\%) - (1 - 0.6) \times (1 + 30\%) \times (1 - 60\%) - [12.4 \times 20\% \times (1 + 30\%) - 12.4 \times 20\%] \times (1 - 60\%) = 3.52（元）$

同样，可以得到 $FCFE_{2018} = 4.58$（元），$FCFE_{2019} = 5.96$（元），$FCFE_{2020} = 7.74$（元），$FCFE_{2021} = 10.06$（元），$FCFE_{2022} = 11.98$（元）

（2）计算公司股权资本成本。

$R = 5.5\% + 1.3 \times 5\% = 12\%$，$R_s = 5.5\% + 1 \times 5\% = 10.5\%$

（3）计算公司股权自由现金流量现值。

$$公司股权每股自由现金流量现值 = \frac{3.52}{1 + 12\%} + \frac{4.58}{(1 + 12\%)^2} + \frac{5.96}{(1 + 12\%)^3} + \frac{7.74}{(1 + 12\%)^4}$$
$$+ \frac{10.06}{(1 + 12\%)^5} + \frac{11.98}{(10.5\% - 6\%) \times (1 + 12\%)^5}$$
$$= 172.72（元）$$

公司股权价值 = 172.72 × 3000 = 518160（万元）

（五）公司自由现金流量估价模型

1. 固定成长 FCFE 模型。

类似于固定成长股权 FCFE 模型，公司价值计算公式为

$$V = \frac{FCFE_1}{WACC - g}$$

其中，V 为公司价值，$FCFE_1$ 为下一期的公司自由现金流，WACC 为加权平均资本成本，g 为公司自由现金流固定的增长率。

2. 非固定成长二阶段 FCFE 模型。

类似于非固定成长股权 FCFE 模型，公司价值计算公式为

$$V = \sum_{t=1}^{n} \frac{FCFE_t}{(1 + WACC)^t} + \frac{FCFE_{n+1}}{(WACC_s - g) \times (1 + WACC)^n}$$

其中，V 为公司价值，$FCFE_t$ 为 t 期公司自由现金流，$FCFE_{n+1}$ 为 n + 1 期公司自由现金流，WACC 为高速增长阶段公司的股权资本，$WACC_s$ 为稳定增长阶段公司的股权资本成本，g 为稳定增长阶段公司自由现金流固定的增长率。

例8.2 时代公司 2016 年的息税前利润为 5.32 亿元，资本性支出为 3.10 亿元，折旧为 2.07 亿元，销售收入为 72.30 亿元，营运资本占销售收入的比重为 20%，预期今后 5 年内将以 8% 的速度高速增长，税率为 30%。假定折旧、资本性支出和营运资本以

相同比例增长，公司 β 值为 1.25，税前债务成本为 9.5%，负债比率为 50%，5 年后进入稳定增长期，稳定增长阶段的增长率为 5%，公司 β 值为 1，税前债务成本为 8.5%，负债比率为 25%，资本性支出和折旧互相抵销。市场平均风险报酬率为 5%，无风险报酬率为 7.5%，试测算公司价值。

解：（1）估计公司自由现金流量。

由于公司自由现金流量 = 息税前净利润 ×（1 − 税率）+ 折旧 − 资本性支出 − 营运资本增量

$FCFF_{2017} = 5.32 × (1 + 8\%) × (1 − 30\%) + 2.07 × (1 + 8\%) − 3.10 × (1 + 8\%) − 72.30 × 8\% × 20\% = 1.75$（亿元）

同样，可以得到 $FCFE_{2018} = 1.89$（亿元），$FCFE_{2019} = 2.04$（亿元），$FCFE_{2020} = 2.20$（亿元），$FCFE_{2021} = 2.38$（亿元），$FCFE_{2022} = 4.68$（亿元）

（2）计算加权平均资本成本。

高速成长期时：股权资本成本 = 7.5% + 1.25 × 5% = 13.75%

WACC = 13.75% × 50% + 9.5% ×（1 − 30%）× 50% = 10.2%

稳定增长期时：股权资本成本 = 7.5% + 1 × 5% = 12.5%

WACC = 12.5% × 75% + 8.5% ×（1 − 30%）× 25% = 10.86%

（3）计算公司价值。

$$V = \frac{1.75}{1 + 10.2\%} + \frac{1.89}{(1 + 10.2\%)^2} + \frac{2.04}{(1 + 10.2\%)^3} + \frac{2.20}{(1 + 10.2\%)^4} + \frac{2.38}{(1 + 10.2\%)^5}$$

$$+ \frac{4.68}{(10.86\% − 5\%) × (1 + 10.2\%)^5} = 56.77 （亿元）$$

第三节 杠杆收购和资产剥离

一、杠杆收购

（一）杠杆收购的含义

杠杆收购（leveraged buy-outs，LBO），是指收购主体以目标公司（通常是上市公司）的资产或者未来现金流作为抵押或担保，借贷或通过发行债券获得收购资金以收购目标公司的并购交易。

LBO 通常具有以下特点：

第一，收购资金主要是融资借贷；

第二，收购方以目标公司资产及未来收益作为借贷抵押；

第三，借贷利息将通过被收购公司的未来现金流来支付。

LBO 的优势在于并购项目的资产或现金要求较低，利用了债务的避税作用，通过管理层薪酬激励合同平衡管理层与股东、债权人之间的利益。但由于 LBO 交易的债务比例高，减少了公司可用的财务资源，降低了公司财务弹性。同时，比较沉重的债务负担可能迫使管理层显著减少研发等必要的投资，通常只有短期治理效果，比较适合低技术和市场比较稳定的成熟行业。

（二）杠杆收购的类型

如果收购是由目标公司以外的第三者来执行的，则是一般意义上的杠杆收购。如果目标公司管理层收购自己管理的公司、部门或公司的子公司时，则杠杆收购称为管理层收购（management buy-outs，MBO），如果杠杆收购由管理层和员工共同发起，则称为经理员工收购，如果由全体员工借债买下自己的公司，则称为杠杆式雇员持股计划。由于 MBO 在杠杆收购中具有典型意义，本节重点讨论 MBO。

（三）管理层收购发展历程

MBO 是目标公司的管理者与经理层利用所融资本对公司股份的购买，以实现对公司所有权结构、控制权结构和资产结构的改变，实现管理者以所有者和经营者合二为一的身份主导重组公司，进而获得产权预期收益的一种收购行为。由于 MBO 在激励内部人员、降低代理成本、改善公司经营状况等方面起到了积极的作用，因而成为 20 世纪七八十年代流行于欧美国家的一种收购方式。在国外，MBO 主要被作为一种多元化集团剥离边缘资产和公司反收购的手段，而且是一种典型的市场行为，其收购价格往往是以市价为基础，通过收购者和目标公司的讨价还价来确定。

改革开放后至 20 世纪末，中国许多国有企业缺乏效率，经营者长期激励和选择的问题未从根本上得到解决。按照当时中国主流经济学家的看法，产权不明晰是国企效率低下的关键所在。另外，改革开放初期成立的一些民营公司由于产权不清造成发展滞缓的问题亟待解决。因此，产权改革当时被认为是中国市场化改革的关键问题。

中共十四届三中全会的《中共中央关于建立社会主义市场经济体制若干问题的决定》明确指出国有公司的改革方向是建立"适应市场经济和社会化大生产要求的、产权清晰、权责明确、政企分开和管理科学"的现代公司制度，使公司成为自主经营、自负盈亏、自我发展、自我约束的法人实体和市场竞争主体。至此，以实现中小公司非国有化为主的改革形成浪潮，MBO 的"买卖"形式开始兴起。

2002 年 10 月 8 日，中国证券会发布的《上市公司收购管理办法》虽然没有对 MBO 进行定义，但规定收购人为被收购公司的管理层或员工时，被收购公司独立董事应当为公司聘请独立财务顾问等专业机构分析被收购公司的财务状况，就收购要约条件是否公平合理、收购可能对公司产生的影响等事宜提出专业意见并予以公告，这表明《上市公司收购管理办法》认可了 MBO 的存在并进行了一些制度探索，但是并没有就所涉及的法律问题进行具体的规定。

但是，伴随中国 MBO 的是不断的质疑声音。MBO 最初和基本的目的是产权改革，加上市场初期的不规范和制度不完善，许多 MBO 案例是以协议转让的方式进行，根本不存在公开竞价环节，因此管理层有着强烈的动机来促成 MBO 的发生，但随之而来的债务压力使得管理层倾向于短期行为，这导致了公司经营状况恶化和资产流失等现象时有发生。

2003 年初，财政部在对原国家经贸委《关于国有企业改革有关问题复函》中指出"相关法规未完善之前暂停受理和审批上市和非上市公司的管理层收购"。2003 年国资委成立以后，不断出台国有资产转让环节的相关法规，进一步完善交易环节，对国有资产流失控制更加严格。2005 年 4 月 14 日，国资委和财政部公布的《企业国有产权向管理层转让暂行规定》是中国第一部针对国企 MBO 制定的行政法规，该法规明确规定大型国有及国有控股公司及所属从事该大型公司主营业务的重要全资或控股公司的国有产权和上市公司的国有股权不向管理层转让，管理层受让公司国有产权时应当提供其受让资金来源的相关证明，不得向包括标的公司在内的国有及国有控股公司融资，不得以这些公司的国有产权或资产为管理层融资提供保证、抵押、质押、贴现等，管理层不得采取信托或委托等方式间接受让国有产权，但对中小国企的 MBO 发放了通行证。

（四）国企 MBO 面临的问题

1. 筹集资金方法不多、渠道不畅。

MBO 的资金来源主要有内部资金和外部资金。一般来说，管理层的资金通常并不雄厚，需要依靠外部资金来完成对公司的收购。在国外，MBO 资金主要来自商业银行、保险公司、投资银行、养老基金、杠杆收购基金，可以根据借款人对风险和收益的不同偏好设计不同的融资方式，收购所需要的其他资金可以以各种级别的次级债务形式通过私募或公开发行债券来筹措。中国的金融市场尚不发达，债券市场规模小，融资工具和金融创新品种少，融资渠道不畅，因而收购所需要的资金缺乏保障。如果通过加大股权比例进行收购，则违背杠杆收购的初衷。

2. MBO 定价困难。

MBO 定价问题一直是外界普遍关注的主要问题，也被认为是财富转移的关键问题。管理层是典型的内部人，即使在产权交易所转让也难免出现管理层等暗箱操作的现象。不仅如此，公司资产价值通常被严重低估。尽管相关法律法规严禁低于净资产转让国有股，但是这种约束只能是一种权宜之计。管理层往往可以利用与相关利益人之间的信息不对称调节或隐藏利润，做亏公司然后低价甚至无偿获得股权。

MBO 并不是万能的"良方"，MBO 也并非适用于所有公司类型，成功实施 MBO 的公司通常具有以下特征：

第一，竞争性行业。对于具有垄断性和资源性的行业如电信、能源、交通等时下并不适用 MBO，因为这些行业关系国计民生。实践证明，MBO 在竞争性行业的实施使得公司绩效得到提高。

第二，大股东支持。股份出让方一般是原来公司大股东，大股东支持成为成功运作的前提，尤其涉及收购国有股份时这种支持更显关键。

第三，管理层对公司发展的贡献。实践中，很少有管理层与第三方竞价收购的现象，这是因为出让方已与管理层在事前达成默契，而这种默契的基础是管理层多年来为公司发展做出的巨大贡献。为保证公司经营的连续性和稳定性，出让方在股权出让时优先考虑管理层作为受让方，通常在转让价格上也体现了对管理层既往业绩与贡献的承认。

第四，经营现金流稳定。MBO 作为一种杠杆收购，意味着管理层需要依靠借贷手段筹措收购所需的绝大部分资金，也就意味着管理层需要承担较大的还本付息的压力，这就要求标的公司的管理层能够在整个还本付息的期间提供相对稳定的现金流量，以保障收购资金的顺利偿付。

（五）实施 MBO 的程序

实施 MBO 通常包括以下步骤：

第一，MBO 可行性分析。重点内容包括：检查和确认目标公司现在以及可以预见的未来若干年财务和现金流情况、对目标公司现有经营管理问题进行研究、收购存在的法律障碍和解决途径等。

第二，组建管理团队。以目标公司现有管理人员为基础组成收购管理团队，通常情况下管理团队提供 10% 的收购资金作为新公司的权益基础。

第三，设立收购主体（壳公司）。由管理团队作为发起人注册成立一家壳公司作为拟收购目标公司的主体，设立新公司的原因是管理层作为一群自然人要实现对目标公司资产的收购必须借助于法人形式才能实现。

第四，选聘中介机构。管理团队应根据收购目标公司的具体情况和收购工作的复杂程度选聘专业中介机构，如投资银行、律师事务所、会计师事务所指导业务操作，提高并购成功率。

第五，收购融资安排。在 MBO 操作过程中，管理层只付出收购价格中很小一部分，其他资金通过债务融资筹措，通常以公司资产为抵押向银行申请抵押收购贷款，这部分资金也可以由保险公司或专门进行风险资本投资的公司来提供。

第六，评估和收购定价。目标公司价值确定可以根据目标公司的盈利水平评价，也可以按照目标公司的账面资产价值评价，通常委托专业评估机构完成，管理团队在确定收购价格时要充分考虑各种因素。

第七，收购谈判，签订合同。在这一阶段，管理团队就收购条件和价格等条款同目标公司董事会进行谈判。收购条款一经确定，管理层与目标公司正式签订收购协议书。

第八，收购合同的履行。收购集团按照收购目标或合同约定完成收购目标公司的所有资产或购买目标公司所有发行在外的股票，使其转为非上市公司。收购完成，根据收购具体情况办理相关手续和事项。

第九，发布收购公告。这是收购过程的最后一道程序，可以在公开报刊上刊登，也可由有关机构发布，使社会各方面知晓收购事实，并开始调整与之相关的业务。

二、资产剥离

（一）资产剥离的含义

资产剥离是资产重组的一种形式，有狭义和广义的两种不同含义。狭义的资产剥离是指公司将其所拥有的某些经营或非经营性资产如产品线、子公司或部门出售给第三方，以获取现金、有价证券或现金与有价证券混合形式的回报的一种商业行为。广义的资产剥离还包括公司在改变经营机制时把改制前的一部分资产、负债和相应的所有者权益以及相关的收入、费用等从拟设立的股份有限公司中分离出去的行为，也称为净资产剥离。资产剥离可以分为两种形式，一种是有价证券等金融资产的转让剥离；另一种是实物资产和无形资产的出售和转让，具体的转让出售方式包括协议转让、拍卖、出售等。

资产剥离是公司发展的一项合理战略选择，而并非一定是经营失败的标志。通过剥离不适合整体发展的业务可以使公司资源达到更有效的配置和利用，从而具备更强的竞争力。

（二）资产剥离的原因

实施资产剥离的原因有很多，概括起来主要可以分为以下几种原因：

第一，突出主业。很多公司寻求多样化经营，而业务过多会使得各个业务之间协同效应大大降低，难以经营控制。此时公司只能将和核心业务没有关系的业务剔除，才可以保证集中优势资源强化公司的主营业务，确保主营业务的发展优势。

第二，调整主业。由于市场经济的不断变化，导致公司原有的主营业务不再具有竞争优势，或者公司寻求到另外一种新的主营业务而谋求在新的业务上发展，可以将原有的主营业务剥离，将公司的重心转移到新的具有发展潜力和前景的业务上去。

第三，减轻债务负担、改善财务状况、优化资本结构。对于经营严重亏损或者负债比例较高的公司，为了减轻财务负担，改变资产的流动性和获利能力，可以将质量差、效益低或者闲置资产剥离，既可以获得一定的收益同时也可以改善公司的状况。

第四，从收购的目标公司中剔除不合适的业务。在公司收购过程中，被收购的目标公司资产不一定全部符合收购方的战略要求，这样在完成收购以后，收购方会对不适合自己的资产进行剥离，从而达到收购的目的。

第五，避免被接管。这是反收购的一种措施，通过剥离公司中的优质资产——"皇冠上的明珠"，从而达到避免被收购的作用。

除了上述原因以外，资产剥离的原因还有很多，如改变公司形象、提高公司股票的市场价值、满足公司的现金要求、摆脱经营亏损的包袱、满足法律法规的要求等。

（三）资产剥离的类型

1. 按剥离是否符合公司意愿可分为自愿剥离和非自愿剥离。

自愿剥离是指管理层发现剥离能够提高公司竞争力和对公司市场价值产生影响而主动进行的剥离。例如，最高管理层为了提高公司股权的市场价值而将部分业绩差的资产剥离。非自愿剥离则是受政府相关法规的约束而被迫进行的剥离。公司通过并购而进行的规模扩张会产生垄断，为避免政府反垄断法的起诉而进行的剥离是非自愿的。自愿清算分离是一种特殊形式的剥离。

2. 按剥离资产的性质分类可分为经营性资产剥离和非经营性资产剥离。

公司资产按照其用途可以分为经营性资产和非经营性资产，其中经营性资产是指用来进行生产经营活动的资产，包括车间、厂房、机器等固定资产，还有资金、短期投资、应收账款等流动资产和无形资产。而非经营性资产是指用于生产经营活动以外的各项固定资产，包括用于住宅、文化生活饮食服务以及其他非生产经营方面的房屋、设施、建筑物等。

3. 按照资产剥离的实现方式可分为纯资产剥离和资产配负债剥离。

纯资产剥离是公司只将拥有的部分资产剥离，并购方以现金、准现金、产品或劳务支付。资产配负债剥离是指公司将部分资产和负债一同剥离，差额部分由并购方以现金和准现金资产支付。资产配负债剥离的实质是并购方以承担债务的支付方式购买资产，因为并购方承担债务就可以少支付现金或准现金。资产配负债剥离必须得到债权人的许可，因为它涉及债权人的利益。

（四）资产剥离的方式

资产剥离作为公司改制的一种重要途径，其方式主要有以下几种：

第一，向控股股东（或者母公司）出售资产。这是上市公司的控股集团内部进行资产调整最常用的手段，在国内上市公司中这种资产剥离最为普遍。这种剥离方式的优点在于交易达成和支付方式灵活，售出的资产对自身不具有竞争威胁。

第二，向非关联公司出售资产。按照资产剥离协议，将一部分资产出售给本公司控制之外的其他公司，这种交易往往有利于双方公司。通过这种形式的资产变现，售出方可以获得一定的现金流入，用于改善公司的财务状况，或是摆脱"非赢利资产"的困扰，而收购方则有机会低价获得相关资产，以增强自身的行业竞争力。

第三，管理者收购。管理者首先出资成立一家新公司，然后向银行或财务公司借入收购贷款（以收购的资产担保）用于购买公司剥离的资产，最后管理者用通过出售部分资产取得的收入以及经营获得的收入偿还贷款，并取得全部股权。

第四，员工持股计划（ESOP）。ESOP不是指一般意义上内部员工购买或被授予本公司股权计划，而是公司将一部分资产售让给内部员工并成立新的公司，从而实现资产剥离的计划。具体做法是首先创建一个壳公司，再由壳公司建立一个ESOP，然后壳公司利用ESOP向金融机构贷款，用于购买母公司剥离的资产并负责经营，此时壳公司不再是一个空壳，其股权由ESOP持有。最后，壳公司将经营取得的收入投入ESOP用于偿还贷款，并随着债务的减少将股份分配到员工的账户中，随着时间的推移股份最终将全部由员工所拥有。ESOP最初是一种雇员福利养老金计划，后来被大量用于并购和重组活动。

（五）资产剥离的程序

实施资产剥离通常包括以下步骤：

第一，准备阶段。首先，要选择剥离的操作人员，在选择操作人员时既可以选择本公司内部的工作人员或者负责该业务的部门，也可以从外部聘请专业人员为本公司制定资产剥离方案。其次，要为资产剥离制作备忘录，备忘录应当包括资产剥离的原因、公司的现状和未来发展潜力、公司产品生产线状况、公司服务能力和公司财务状况等。最后，对出售资产进行包装，使得其可以获得最大的收益。

第二，制订剥离计划。根据公司准备出售的资产情况制订资产剥离计划，选择合适的剥离方式，这时应当充分考虑准备出售资产的特点、市场效率、管理人员的期望和偏好等因素。

第三，评估剥离资产。剥离计划完成后就需要对出售资产进行估价，尤其是出售国有资产时评估是必经的程序。

第四，与买方进行磋商。买卖双方对要剥离的资产、部门或子公司进行调查、评估和谈判后，请律师为买卖双方各拟一份合同草案。在达成正式合同的过程中，通常会出现许多需要进一步协商的细节性问题。

第五，完成剥离。产权交割之日，各种文件的交割由买卖双方的律师和董事长执行。

（六）资产剥离对财务的影响

1. 资产剥离会改变公司资产结构。

一部分长期资产包括固定资产、无形资产、长期股权投资等会减少，短期资产包括现金、准现金资产（有价证券、应收款项）等资产会增加，资产和负债一同剥离的公司还会降低负债水平。短期资产的增加和负债的减少将立即提高资产的流动性，增强公司短期偿债能力，而长期偿债能力将取决于剩余资产的利用状况。

2. 资产剥离对损益的影响。

资产剥离减少的是有特定功能的经营性资产，剥离后与该资产有关的业务不再进行，相关的收入和费用也不再发生。如果这部分资产与留存资产的使用无关，那么对未来损益的影响就是与剥离资产相关的收入、费用和利润不再发生。如果剥离资产与留存资产的使用相关，例如剥离的是某部件加工分厂，资产剥离后公司生产所需的部件将依赖外购，那么资产剥离后除了相关资产的收入、费用不再发生外，留存资产的收入、费用情况也会改变。另外，资产剥离的实际价格与资产原账面价值的差额是资产剥离收益或损失，由于交易摩擦性，资产剥离的过程中还会发生交易成本，扣除这部分成本后的余额就是资产剥离的净损益，它是一次性的。

3. 资产剥离对现金流量的影响。

资产剥离对现金流量有两方面的影响：一是资产剥离交易使现金余额增加；二是资产剥离后与剥离资产相关的现金流不再发生。

第四节　破产清算和重组

一、破产清算

破产清算是指宣告股份有限公司破产以后，由清算组接管公司，对破产财产进行清算、评估和处理、分配。

（一）公司清算的类型

根据清算的原因公司清算可分为破产清算和解散清算。导致解散清算的原因主要有：

第一，公司章程规定的营业期限届满或章程规定的其他解散事由出现（如经营目的已达到而不需继续经营，或目的无法达到公司无发展前途等）；

第二，股东大会决定解散；

第三，公司合并或者分立需要解散；

第四，公司违反法律或者从事其他危害社会和公众利益的活动而被依法撤销；

第五，发生严重亏损，或投资方不履行合同、章程和规定等义务，或因外部经营环境变化而无法继续经营。

根据清算是否可以自行组织分为普通清算和特别清算，普通清算是指公司自行组织的清算，法院和债权人不直接干预，特别清算是指不能由公司自行组织必须在法院的严格监督之下进行的清算。由于破产清算具有典型的意义，本节重点讨论破产清算。

（二）破产清算的含义

公司失败主要是体现为财务失败，其标志是亏损、无力偿还到期债务或出现资不抵债。导致失败的内在原因主要是管理不善或公司自然衰老，导致失败的外在原因主要是宏观经济的恶化。破产清算是指宣告股份有限公司破产以后，由清算组接管公司，对破产财产进行清算、评估和处理。清算组由人民法院依据法律的规定组织股东、相关行政单位及专业人士组成。相关行政单位包括国有资产管理部门、政府主管部门、证券管理部门等，专业人士一般包括会计师、律师、评估师等。《公司法》中的破产清算是指处理经济上破产时债务如何清偿的一种法律制度，即在债务人丧失清偿能力时由法院强制执行其全部财产，公平清偿全体债权人的法律制度。破产清算表现为两种情况：一是公司负债总额大于其资产总额，事实上已不能支付到期债务；二是虽然公司资产大于其负债总额，但因缺少偿付到期债务的现金资产而未能偿还到期债务，被迫依法宣告破产。

（三）破产清算的程序

提出破产申请的人可以是债务人也可以是债权人。在提出破产申请后，法院如受理破产清算案件，通常按下列程式进行：

第一，成立清算组。法院应当自宣告债务公司破产之日起15日内成立清算组，接管破产公司。清算组由法院从公司的主管部门、政府有关部门和专业人员中指定，也可以聘请中国注册会计师和律师参加，清算组负责破产财产的保管、清理、估价、处理和分配。

第二，通知债权人申报债权。清算组应当自成立之日起10日内通知债权人，并于60日内在报纸上至少公告三次，公告和通知中应当规定债权人会议召开的日期。

第三，召开债权人会议。所有债权人均为债权人会议成员，第一次债权人会议由人民法院召集，以后的债权人会议在人民法院或者会议主席认为必要时召开，也可以在清算组或占无财产担保债权总额1/4以上的债权人要求时召开。

第四，确认破产财产。破产财产指用以清偿债务的全部财产，主要包括宣告破产时破产公司经营管理的全部财产、破产公司在破产宣告后至破产程式终结前所取得的财产、应当由破产公司行使的其他财产权利。

第五，确认破产债权。破产债权指宣告破产前就已成立的、对破产人发生的、依法申报确认并从破产财产中获得公开清偿的可强制性执行的财产请求权。主要包括宣告破产前成立的无财产担保的债权和放弃优先受偿权利的有财产担保的债权、宣告破产时未到期的债权、宣告破产前成立的有关财产担保的债权。

第六，拨付破产费用。破产费用指在破产程式中为破产债权人的共同利益而由破产财产中支付的费用，主要包括破产财产管理等所需要的费用、破产案件的诉讼费用、为债权人的共同利益而在破产程式中支付的其他费用。破产费用应当从破产财产中优先拨付。

第七，破产财产清偿顺序。破产财产在优先拨付破产费用后按照下列顺序清偿：破产公司所欠员工工资和劳动保险费用、破产公司所欠税款、破产债权。

第八，破产清算的结束。经过上述破产清算程式后，清算组应当编制破产清算结束报告，并出具清算期内的各种报表连同各种财务账册，经中国注册会计师验证后，报授权部门审批并登报声明。

二、破产清算中的财务问题

（一）破产财产的界定

破产财产是指破产宣告时至破产程序终结前归破产公司拥有的可用于破产分配的全部财产总和。破产公司应及时向清算组办理财务档案等文书的移交手续，这些档案包括文件、经济合同、规章制度、债权债务证明、各种账册、财务报表以及各种印章等。移交之前破产公司应妥善保管财务档案等文书，任何单位和个人不得非法处理。

为防止破产财产的流失，法院受理破产案件前六个月至破产宣告之日的期间内破产公司的下列行为无效：

第一，隐匿、私分或无偿转让财产；

第二，非正常压价处分财产；

第三，对原来没有财产担保的债务提供担保；

第四，对未到期的债务提前清偿；

第五，放弃自己的债权等。

通过上述措施可以防止债务人恶意处分财产并最终保护债权人的利益。

根据相关法律规定，下列财产不属于破产财产：

（1）债务人基于仓储、寄存、承揽、委托交易、代销、借用、租赁等法律关系占有或使用的他人财产，但权利人放弃优先受偿权的抵押物、留置物、出质物除外，担保物的价款超过其所担保债务数额的部分属于破产财产。

（2）担保物灭失后产生的保险金、补偿金、赔偿金等代位物。

（3）特定物买卖中，尚未转移占有但相对人已经完全支付对价的特定物。

（4）尚未办理产权证或者产权过户手续但已向买方支付的财产。

（5）债务人在所有权保留买卖中尚未取得所有权的财产。

（6）所有权专属于国家且不得转让的财产，典型的问题是土地使用权是否计入破产财产。在公司破产案件中，公司拥有的国有土地往往具有巨大的经济价值。中国土地制度复杂，应区别不同情况。以出让方式取得的土地使用权可以作为破产财产，以划拨方式取得的土地使用权根据《关于破产企业国有划拨土地使用权应否列入破产财产等问题的批复》，国家对土地逐步实现由无偿划拨向有偿使用过渡，公司出售时对划拨土地使用权应当实行有偿使用，不再实行无偿使用，公司破产时应当收回，不计入破产财产。经有批准权的人民政府审批准予转让的依法拍卖后，先按国家有关规定缴纳土地使用权出让金，余额计入破产财产。

（7）破产公司员工住房、学校、幼儿园、医院等福利性设施原则上不计入破产财产，由当地政府接收处理。作为员工福利的房改基金也不计入破产财产，但对于学校、幼儿园、医院等没有必要续办并能整体出让的设施可以计入破产财产。

（二）破产财产的变卖

除禁止流通物和限制流通物应由指定部门收购外，破产财产可委托专门的拍卖公司拍卖也可由清算组自行组织，但都应本着公开原则进行出售。破产财产的估价方法有账面价值法、重置成本法、可变现净值法等，实践中通常选择可变现净值法，即将公司全部财产变卖以取得现金作为清算财产的基础，各项财产可能发生的贬值或升值计入公司清算收入或损失。

（三）破产债权的确认

破产债权是指在破产宣告前成立的债权人对破产公司所享有的通过破产程序可以受偿的债权，破产债权通常包括以下几项内容：

（1）破产宣告前成立的无财产担保的债权和放弃优先受偿权的有财产担保的债权。

（2）破产宣告时债权人未到期的债权。

（3）数额超过担保物价款的有财产担保债权的未受清偿部分。

（4）清算组决定解除破产公司未履行合同而应支付给对方的损害赔偿额。

（5）公司宣告破产前保证人代替作为被保证人的公司清偿债务的数额。

（6）票据发票人或背书人被宣告破产，付款人或承兑人因不知事实而付款或承兑产生的债权。

（四）破产费用的管理

破产费用是指清算组在破产案件的办理过程中为破产债权人的共同利益而支付的费用，主要包括破产财产的管理、变卖和分配所需的费用、破产案件的诉讼费、债权人会议费用以及为债权人的共同利益而在破产过程中支付的其他费用。清算组应提出破产费用预算，交债权人会议审查，破产程序终结后将破产费用的开支情况交政府审计部门审计，并且破产费用应从破产财产中优先拨付。在清算过程中，若货币资金不足以支付清算费用，清算组可向银行借支，使用后结清归还。若破产财产不足以支付破产费用时，清算组应及时向法院申请由法院宣告破产程序终结。

（五）破产财产的分配

清算组做出破产财产的分配方案，提请债权人会议审查通过，交由法院裁定执行。破产财产的分配应坚持以现金分配为主，实物分配为辅的原则，并在优先扣除破产费用后按下列顺序清偿：破产公司所欠员工工资和劳动保险费用、破产公司所欠税款、破产债权。破产财产不足清偿同一顺序的清偿要求的，按比例在各债权人之间进行分配，未得到清偿的债权不再清偿。如果在清偿所有破产债权后破产财产还有剩余，则将剩余部分在公司所有者之间按投资比例分配。

（六）财务内容变化

清算时除采取财务会计中的有关账户外，还应根据破产清算的要求重新设置一些专用账户，如破产财产、担保财产、抵消财产、受托财产、普通债务、担保债务、清算费用、清算损益等特设账户。由于清算的目的是处理破产财产和清偿债务，清算财务报告不再显示破产公司的财产状况和经营成果，而是报告破产清算过程和结果。在清算中对资产的清查、债权的收回、债务的偿还和剩余财产的分配等都还是公司存续期间财务活动的延伸和继续。因此，清算财务活动仍然要遵守国家有关财务工作的基本规范，符合财务活动的一般规律，以保证最大可能地实现清算目标，保护破产过程中各利益关系人的正当合法权益。

三、公司重组的财务问题

公司重组具有广义和狭义两种含义，狭义的公司重组仅局限于公司并购，包括公司合并、公司收购与公司剥离，广义的公司重组泛指公司之间、股东与公司之间、股东之间为实现公司资源的合理流动与优化配置而实施的各种商业行为。公司重组分类的方式较多，可以将公司重组分为有业务重组、资产重组、债务重组、股权重组、人员重组、管理体制重组等模式。由于资产重组、债务重组、股权重组具有典型意义，本教材重点探讨这些重组中的财务问题。

（一）资产重组中的置换问题

这通常是上市公司之间进行资产交换从而提高资产质量的一种重组方式，首先应分析资产置换的性质。如果双方交换固定资产，不同类资产交换下收到的固定资产以公允价值计量，成本是经现金及现金等价物调整后所放弃的固定资产公允价值，同类资产交换一般不确认损益，即使要确认也不能确认利得，只能确认损失。

上市公司以自己的附属公司或子公司同母公司的附属公司或子公司进行交换，在资产负债表上表现为一项长期投资换取另一项长期投资，置换的结果是上市公司取得对置换进来公司的控制权。上市公司以自己的固定资产与母公司的附属公司或子企业进行交换，在资产负债表中表现为一项固定资产与长期投资的转换，其结果是上市公司获得对置换进来公司的控制权。以上两种情况实质是一种特殊的公司合并，合并可以通过发行股票或者转让现金、现金等价物或其他资产来实现。从形式上看这种交换应该发生在相同公允价值的资产之间，如果交换资产的公允价值不等，差额应由公允价值低的一方向另一方以现金或其他资产弥补，不存在资产置换确认的投资收益，也不应当出现其他支付方式下产生的商誉确认问题。现行的重组中确实存在一些公司以不等值公允价值资产相交换的情形，这涉及关联交易。

（二）资产剥离的损益处理

如果上市公司将与主营业务无关的业务或者质量差的资产进行出售处置，这两种资产剥离包含的信息含义是不同的，即中止经营和固定资产清理。现阶段可以使用较为宽松的标准将剥离的资产定义为中止经营，只要公司的部门、机构和子公司的资产、成果及其他经营活动能同公司的其他资产、经营和经营活动区分开来，对它们的处置可视为中止经营。固定资产清理的财务问题较为简单，出售价格与账面净值之间的差额计入固定资产处理损益中，而不是归入一般意义上固定资产处理的营业外收支。中止经营的处理内容有所不同，中止经营部分发生的损益通常应在损益表中单独列示，从年初到处置日的经营损益以及处置日资产售价同账面净值之间的差额即处置损益应列入中止经营损益。对于跨年度实现的分部处置，年末财务报表的揭示就更为复杂。一种观点认为如果本年度未实际处置，管理部门制订出处置分部计划但年末仍未实际处置出去的，由于不符合实现原则不应当单独列示，在实际发生处置的年度再列为处置分部损益。另一种观点则认为，处置计划就意味着该分部在该年度即成为中止经营部分，只是出于尚未找到买主的原因而使得实际处置推迟的应该在该年度就应列为中止经营损益。尽管第二种观点更符合财务理论，但第一种观点及方法还是比较现实的选择。

（三）重组资产公允价值的确定

公司并购、股权转移、资产置换和资产剥离都涉及如何确立资产公允价值问题，公允价值是市场经济条件下买卖双方公平交易所达成的价格，通常可由独立的第三方评估确定。然而，中国现阶段诸多因素影响资产公允价值的确定。

1. 从交易主体看，交易双方常常是母子公司或是受同一母公司控制的子公司，关联交易现象十分严重，在上市公司业绩不佳的情况下，通过资产重组向上市公司转移利益、低估投入资产或高估剥离资产等问题往往出现。

2. 从中介机构看，资产评估机构尚缺乏中介机构应有的独立性，无法承担评估风险责任，难以客观公正服务。有些不具有证券业从业资格的机构也参加评估，评估中还在着按不同目的确定评估价的现象。

3. 从市场环境看，中国经济市场化程度还较低，非市场因素对市场公平交易存在干扰，上市公司在跨地区、跨行业、跨所有制兼并过程中受到行业分割和地区利益的影响。

4. 从法律监管看，对重组资产评估目前尚未系统立法，有些重组行为无法可依。

除了上述原因以外，资产评估方法的选择也是影响公允价值确定的重要因素，资产评估可以采用收益现值法、重置成本法、现行市价法、清算价格法，但这四种方法有不同的适用范围，如何界定和使用存在人为差异。

（四）债务重组的财务问题

债务重组是指债权人按照其与债务人达成的协议或法院的裁决，同意债务人修改债务条件的事项。中国会计准则对债务重组的定义为：在债务人发生财务困难的情况下，债权人按照其与债务人达成的协议或法院的裁定作出让步的事项。

债务重组发生应符合以下条件：

第一，必须是债务人处于持续经营状态。这是区分债务重组和破产清算的主要标准。

第二，必须是债务人发生了财务困难。只有债务公司在经营上出现困难，或因资金调度不灵而又筹集不到足够的资金偿还到期债务时，才有债务重组的必要。

第三，必须是债权人作出了让步。

一般来说，债务人可以采取以下方式清偿债务：

第一，债转股，也称债务资本化。债务资本化是指债务人将所负债务转化为公司资本，同时债权人将债权转化为对负债公司的股权。

第二，债务转移。所谓债务转移是指负债公司将其对债权人的负债转给第三方承担的行为。

第三，债务豁免。债务豁免是指负债公司以低于债务账面价值的现金清偿债务，即债权人豁免负债公司的部分债务，豁免部分债务带来的损失应计入债权人当期营业外支出，但负债公司不宜确认债务重组收益。

第四，债务抵消。债务抵消分为法定抵消和约定抵消两类，当事人互负到期债务的标的物种类和品质相同的任何一方可以将自己的债务与对方的债务抵消，但依照法律规定或者按照合同性质不得抵消的除外，法定抵消不得附有条件或者期限。约定抵消就是当事人互负债务但标的物种类和品质甚至数量均不相同的经双方协商一致进行的抵消。在债务重组实践中，债务抵消与第三方债权转让配套运用也较为常见。

第五，直接融资增资减债。直接融资增资减债原则上不属于直接的债务重组范畴，但有异曲同工之效。主要是负债公司在资本市场中吸引其他资金注入使经营活动顺利进行，通过赢利来偿还债务。

第六，修改其他债务条件。公司间的债务一般是根据合同产生的，当一方因故不能履行合同约定偿还债务的条款时，可与对方协商修改债务条件来减轻债务危机，方法通常包括降低利率、延长偿债期限、消减债务本金或积欠利息等。

以现金清偿债务时，债务人应当将重组债务的账面价值与支付现金之间的差额确认为债务重组利得，作为营业外收入计入当期损益，相关重组债务应当在满足金融负债终止确认条件时予以终止确认。债权人应当将重组债权的账面余额与收到现金之间的差额确认为债务重组损失，作为营业外支出计入当期损益，相关重组债权应当在满足金融资产终止确认条件时予以终止确认。重组债权已经计提减值准备的应当先将差额冲减已计提的减值准备，冲减后仍有损失的计入营业外支出，冲减后减值准备仍有余额的应予转回并抵减当期资产减值损失。

以非现金资产清偿债务时，债务人应当将重组债务的账面价值与非现金资产公允价值之间的差额确认为债务重组利得，作为营业外收入计入当期损益，相关重组债务应当在满足金融负债终止确认条件时予以终止确认。债务人在转让非现金资产的过程中发生的一些税费如资产评估费、运杂费等直接计入转让资产损益。对于增值税应税项目，如债权人不向债务人另行支付增值税，则债务重组利得应为非现金资产公允价值和该非现金资产的增值税销项税额与重组债务账面价值的差额，如债权人向债务人另行支付增值税，则债务重组利得应为转让非现金资产公允价值与重组债务账面价值的差额。债权人应当对受让的非现金资产按其公允价值入账，重组债权的账面余额与受让的非现金资产公允价值之间的差额确认为债务重组损失，作为营业外支出计入当期损益，相关重组债权应当在满足金融资产终止确认条件时予以终止确认。重组债权已经计提减值准备的应当先将差额冲减已计提的减值准备，冲减后仍有损失的计入营业外支出，冲减后减值准备仍有余额的应予转回并抵减当期资产减值损失。对于增值税应税项目，如债权人不向债务人另行支付增值税，则增值税进项税额可以作为冲减重组债权的账面余额处理，如债权人向债务人另行支付增值税，则增值税进项税额不能作为重组债权的账面余额处理。债权人收到非现金资产时发生的有关运杂费等应当计入相关资产的价值。

以库存材料和商品产品抵偿债务时，债务人应视同销售进行核算。公司可将该项业务分为两部分进行：一是将库存材料和商品产品出售给债权人取得货款，出售库存材料和商品产品业务与正常的销售业务处理相同，其发生的损益计入当期损益；二是以取得的货币清偿债务，但在这项业务中实际上并没有发生相应的货币流入与流出。

以固定资产抵偿债务时，债务人应将固定资产的公允价值与该项固定资产账面价值和清理费用的差额作为转让固定资产的损益处理，同时将固定资产公允价值与应付债务账面价值的差额作为债务重组利得计入营业外收入，债权人收到的固定资产按公允价值计量。

以股票、债券等金融资产抵偿债务时，债务人应按相关金融资产公允价值与其账面价值的差额作为债务重组的利得或损失处理，债权人收到的相关金融资产按公允价值计量。

债务转为资本且债务人为股份有限公司时，债务人应当在满足金融负债终止确认条件时终止确认重组债务，并将债权人因放弃债权而享有股份的面值总额确认为股本，股份公允价值总额与股本之间的差额作为资本公积，重组债务账面价值与股份公允价值总额之间的差额作为债务重组利得，计入当期损益。当债务人为其他类型的公司时，债务人应当在满足金融负债终止确认条件时终止确认重组债务，并将债权人因放弃债权而享有的股份确认为实收资本，股权公允价值与实收资本之间的差额确认为资本公积，重组债务账面价值与股权公允价值之间的差额作为债务重组利得计入当期损益。债权人在债务重组日应当将享有股权公允价值确认为对债务人的投资，重组债权账面余额与因放弃债权而享有的股权公允价值之间的差额先冲减已提取的减值准备，减值准备不足冲减的部分或未提取损失准备时该差额确认为债务重组损失。以债务转为资本的，发生的相关税费分别按照长期股权投资或者金融工具确认计量的规定进行处理。

以修改债务条件进行债务重组的，如果是不附或有条件的债务重组，债务人应将重组债务账面余额减记至将来应付金额，减记的金额作为债务重组利得于当期确认计入损益，重组后债务的账面余额为将来应付金额。如修改后的债务条款涉及或有应收金额，则债权人在重组日应当将修改其他债务条件后的债权公允价值作为重组后债权的账面价值，重组债权账面余额与重组后债权账面价值的差额确认为债务重组损失，计入当期损益。如果债权人已对该项债权计提了坏账准备，应当首先冲减已计提的坏账准备。以修改债务条件进行债务重组的，如果是附或有条件的债务重组，修改后的债务条款如涉及或有应付金额，且该或有应付金额符合或有事项中有关预计负债确认条件的，债务人应当将该或有应付金额确认为预计负债。重组债务账面价值与重组后债务入账价值和预计负债之和的差额作为债务重组利得，计入营业外收入。对债权人而言，修改后的债务条款中涉及或有应收金额的不应当确认或有应收金额，不得将其计入重组后债权的账面价值。

债务人以现金、非现金资产两种方式组合清偿某项债务的，应将重组债务账面价值与支付现金、转让的非现金资产公允价值之间的差额作为债务重组利得，非现金资产公允价值与其账面价值的差额作为转让资产损益。债权人应将重组债权账面价值与收到现金、受让的非现金资产公允价值以及已提坏账准备之间的差额作为债务重组损失。

债务人以现金和将债务转为资本两种方式组合清偿债务的，应将重组债务账面价值与支付现金和债权人因放弃债权而享有的股权公允价值之间的差额作为债务重组利得，股权公允价值与股本的差额作为资本公积。债权人应将重组债权账面价值与收到的现金和因放弃债权而享有的股权公允价值以及已提坏账准备之间的差额作为债务重组损失。

债务人以非现金资产、将债务转为资本两种方式的组合清偿某项债务的，应将重组债务的账面价值与转让的非现金资产的公允价值、债权人因放弃债权而享有的股权的公允价值之间的差额作为债务重组利得，非现金资产公允价值与账面价值的差额作为转让资产损益，股权公允价值与股本的差额作为资本公积。债权人应将债权账面价值与受让的非现金资产公允价值和因放弃债权而享有的股权公允价值以及已提坏账准备的差额作为债务重组损失。

债务人以现金、非现金资产、将债务转为资本三种方式组合清偿某项债务的，应将重组债务账面价值与支付现金、转让的非现金资产公允价值、债权人因放弃债权而享有的股权公允价值差额作为债务重组利得，非现金资产公允价值与其账面价值的差额作为转让资产损益，股权公允价值与股本的差额作为资本公积。债权人应将重组债权账面价值与收到的现金、受让的非现金资产公允价值、因放弃债权而享有的股权公允价值以及已提坏账准备的差额作为债务重组损失。

以资产、将债务转为资本等方式清偿某项债务的一部分，并对该项债务的另一部分以修改其他债务条件进行债务重组。在这种方式下，债务人应先以支付的现金、转让的非现金资产的公允价值、债权人因放弃债权而享有的股权的公允价值冲减重组债务的账面价值，余额与将来应付金额进行比较，据此计算债务重组利得。债权人因放弃债权而享有的股权的公允价值与股本（或实收资本）的差额作为资本公积，非现金资产的公允价值与其账面价值的差额作为转让资产损益，于当期确认。债权人应先以收到的现金、受让非现金资产的公允价值、因放弃债权而享有的股权的公允价值冲减重组债权的账面价值，余额与将来应收金额进行比较，据此计算债务重组损失。

通常情况下，债务人与债权人通过以非现金资产、发行权益性证券、修改负债条件等方式进行债务重组后，债权人对债务人会作出部分让步，以便使债务人重新安排财务资金或得以清偿债务。因此，如果在债务重组中债务人非现金资产或发行权益性证券的公允价值大于债务人应偿还的债务，则债权人没有在债务重组过程中作出让步，在这种情况下，也可不视为是一种债务人发生暂时性财务困难而进行的债务重组。

（五）股权重组中的财务问题

股权重组是指股份制公司股东或股东持有的股份发生变更，它是现实经济生活中最为经常发生的重组事项，股权重组一般无须经清算程序，其债权、债务关系在股权重组后继续有效，股权重组主要包括股权转让和增资扩股两种形式。

股权转让指上市公司的控股股东将其持有的大宗股权转让给他人（或公司）的行为。在发生股权转让后，该公司依然是一个独立的法人，需要对外提供单独的财务报告，只是控股股东发生了变化。从新的控股股东（或公司）角度看，通过股权受让它取得了对上市公司的控制权，此种重组方式的焦点问题在于如果新的股东成为上市公司的控股股东，上市公司资产负债的财务基础要不要改变？在会计上，控股的标准一般是持股比例大于 50%，或虽未达到 50% 以上但能够控制公司的财务与经营政策的情形，依照现行会计原则其对外公布的财务报表仍应以其拥有的资产负债账面价值为依据，在实务中普遍的做法是上市公司不进行账务调整。但也有观点认为，对控股合并方式下的并购公司而言，公司股份在新老股东间的转让业务足以证明其在编制个别报表时按公允价值计价，所以被并购公司应当将资产评估结果调整入账，这样上市公司报表就有了与新控股股东共同计价的基础，这种做法在国外被称为"下推会计"。

在美国，通常情况下被并购公司净资产在财务报表中的计价不受新股东在取得股权时所花代价的影响，但在有些情况下允许被并购子公司的资产和负债在财务报表中按公允价值反映，新控股股东的花费与所取得的账面价值差额确认为商誉。对于股权转让情况，美国证券交易委员会要求当一家公司的股权几乎全部为另一家公司所拥有（通常97%或以上）且没有大量发行在外的债券或优先股时，该子公司向证券交易委员会所报送的财务报表应采用下推会计，即必须按被控股时净资产的公允价值作为此后编制单独财务报表的依据。

增资扩股是指公司向社会募集股份、发行股票、新股东投资入股或原股东增加投资扩大股权，从而增加公司的资本金。以公司未分配利润、公积金转增注册资本，依据《公司法》规定，公司税后利润首先必须用于弥补亏损和提取法定公积金，有剩余的方可在股东之间进行分配，分配公司利润时经股东会决议可将之直接转增注册资本，增加股东的出资额。公司原股东还可以依据《公司法》的规定将货币或者其他非货币财产作价投入公司，直接增加公司的注册资本。需要注意的是，作为出资的非货币财产应当评估作价，不得高估或者低估作价，作为出资的货币应当存入公司所设银行账户，作为出资的非货币财产应当依法办理其财产权的转移手续。增资扩股时，战略投资者可以通过投资入股的方式成为公司的新股东，新股东投资入股的价格一般根据公司净资产与注册资本之比确定，溢价部分应当计入资本公积。另依据《公司法》规定，上市公司发行的可转换债亦可转换为公司注册资本，转换后公司注册资本增加，债券持有人身份从公司债权人转换成为公司股东。

四、破产重组

狭义的破产重组是使公司依法进行财务整顿后存活下来，是债权人与债务人在相互谅解的基础上就债务人延期还债、减少债务、进行整顿等问题达成协议，并根据协议对公司进行整顿以恢复其偿债能力从而使公司获得挽救的制度。广义的破产重组除以上内容外包括公司清算和重组，是一种公司淘汰方式的资产重新组合方式。

当公司资不抵债时，管理层可以向法院申请破产重组。一旦申请获得批准，则债权人就不能向破产公司催逼债务。法律允许由同一个公司的管理层向债权人提出一个重组方案，延期归还债务，只支付利息，削减无担保的债权。通常情况下债权人不得不同意管理层的重组方案，因为一旦立刻让公司破产并实施财产清算，公司财产可能所剩无几，而经过重组以后公司有可能渡过难关并产生丰厚的利润。破产重组不同于破产清算，破产重组给那些濒临破产但仍有发展潜力的公司一次新生的机会，同时也避免了公司因真正破产而引起的公司解体、资产拍卖、员工失业等社会动荡。

中国《企业破产法》明确规定了和解整顿制度，该制度是以避免公司宣告破产为目的一种预防措施。和解制度与整顿制度是相互联结、有机结合的，和解是债权人和债务人达成的，而整顿制度则是由公司上级主管部门主持，在人民法院和债权人会议监督下进行。

公司重整制度是指具有一定规模的公司出现破产危险而又有再生希望时，为防止公司破产，经利害关系人申请在法院的干预下对该公司实施强制管理以使其复兴的法律制度。该制度首创于英国，始称为整理制度，后来传至美日等国，逐渐成为西方国家继和解制度之后防止破产的又一法律制度。其目的不在于将债务人财产公平分配给债权人而使其从主体上归于消灭，因而有异于破产程序，其手段为积极调整债权人、股东及其他利害关系人与重整公司的利益关系并限制担保物权的行使，故其又异于只能消极避免债务人受破产宣告的和解程序，中国《企业破产法》中也有重整制度的规定。

尽管如此，破产清算形式仍是破产的主要形式，它促进了资产的流动、再配置和再组合，起着结构调整和扶优汰劣的作用。在西方发达国家，破产是市场经济中一种正常现象。但是，中国市场经济不发达，破产机制不完善，破产立法不健全，公司破产难度相当大，甚至比公司兼并实施难度还要大得多。实践中破产重组一般有以下几种做法：先破产后兼并、先代管后兼并、先承包后兼并、先租后破再兼并，破产重组的难点在于公司产权理顺难、资产变现难、员工分流难。

关 键 术 语

公司并购 杠杆收购 管理层收购 资产剥离 破产清算 破产重组 公司重整制度 贴现现金流量估价法 资产价值基础法 账面价值 市场价值 清算价值 托宾系数 收益法 权益法 换股估价法 股权资本成本 债务资本成本 加权平均资本成本 公司重组 公允价值

本 章 练 习

一、思考题

1. 简述公司并购的含义。
2. 按收购形式分类并购可分为哪几种类型？
3. 从并购的发展历程来看，中国公司所采取的主要形式有哪几种？
4. 写出托宾模型的公司价值公式。
5. 简述财务视角下的公司并购的管理者代理成本理论的内容。
6. 简述杠杆收购的含义。杠杆收购有哪几种类型？
7. 简述资产剥离的含义。资产剥离哪几种类型？

8. 简述管理层收购的含义和内容。

9. 谈谈你理解的资产剥离对财务的影响。

10. 谈谈你理解的债务重组中的财务问题。

二、计算分析题

1. 假设甲公司要并购乙公司，并购后市盈率为 20，并购前甲公司的总盈余为 800 万元，乙公司总盈余为 400 万元，协同盈余预计为 200 万元，甲每股 16 元，乙每股 10 元，甲股共 1000 万股，乙股共 800 万股。试求：

（1）最高、最低换股比例及其并购后股价；

（2）如果换股比例为 0.8，求合并后股价。

2. 假设 M 公司的每股收益是 1.22 元，如果同类可比公司股票的平均 P/E 为 21.5，用 P/E 作为估值乘数，求 M 公司股票的估价。

3. 假设 T 公司的每股收益是 1.35 元，EBITDA（税息折旧及摊销前利润）是 3500 万元。公司的流通股股数为 640 万股，债务为 15500 万元。同行业内的 H 公司与 T 公司在基础业务方面具有可比性，但 H 公司没有债务，为全权益公司。如果 H 公司的 P/E 是 14.8，公司价值和税息折旧及摊销前利润（CV/EBITDA）乘数是 6.5，试估计 T 公司股票的价值。

4. 甲公司是一家制造公司，每股的收益是每股 0.5 元，股票的价格是 25 元，假设制造业的上市公司中增长率、支付率、风险与甲公司类似的共有 6 家，其市盈率如下：

公司	A	B	C	D	E	F
市盈率	40	44.8	37.9	28	45	25

（1）确定可比公司的平均市盈率；

（2）利用 P/E 乘数确定甲公司的股票价值；

（3）甲公司的股价是高估了还是低估了？

5. W 公司 20×1 年的销售收入为 51800 万元。假设预期公司在 20×2 年的销售收入增长 9%，但是以后每年的销售收入增长率将逐年递减 1%，直到 20×7 年及以后达到所在行业 4% 的长期增长率。基于公司过去的盈利能力和投资需求，预计 EBIT 为销售收入的 9%，净营运资本为销售收入增加的 10%，资本支出等于折旧费用。公司所得税税率是 25%，加权平均资本成本是 12%，20×2 年初公司的价值为多少？

6. DL 公司上年的销售收入为 20000 万元。今年是预测期的第一年，预测今年销售收入增长率为 8%，以后每年的销售收入增长率将逐年递减 2% 直到销售增长率达到 2%，以后可以长期保持 2% 的增长率。基于公司过去的盈利能力和投资需求，预计 EBIT 为销售收入的 5%，净营运资本为销售收入增加的 15%，资本支出等于折旧费用，加权平均资本成本为 8%，公司的所得税税率为 25%。

（1）预测第 1 年至第 4 年的公司自由现金流量；

（2）计算预测期第 4 年年末的公司价值；

（3）计算预测期第 1 年年初的公司价值。

7. 假定甲公司拟在 2020 年收购目标公司乙公司，经测算收购后有 6 年的自由现金流量。预计 2019 年乙公司的销售额为 150 万元，收购后前 5 年的销售额每年增长 8%，第 6 年的销售额保持第 5 年的水平，销售利润率（含税）4%，所得税税率 25%，固定资本增长率和营运资本增长率分别为 17% 和 4%，加权平均资本成本为 11%，求目标公司的价值。

8. 假定甲、乙两家公司财务资料如下表所示，若乙公司每股作价 20 元，即甲公司以每 0.667 股换取乙公司 1 股，则并购乙公司股票的市价交换比率为多少？此交易乙公司股东在股价方面是否获得了收益？甲公司股东是否获得收益，为什么？（提示：并购过程中，每股市价的交换比是谈判之重点，公开上市的股票其价格反映了众多投资者对该公司内在价值判断。因此，股价可反映该公司获利能力、股利、风险、资本结构、资产价值及其他与评价有关的因素，股票市价的交换比率为：股票市价交换比率 = $\frac{被并购公司每股作价}{被并购公司每股市价}$，这比率若大于 1，表示并购对被并购公司有利，公司因被并购而获利；反之，则表示被并购公司因此而遭受损失。）

甲、乙两家公司财务资料

指标	甲公司	乙公司
净收益（万元）	600	240
股数（万股）	400	200
每股收益（元）	1.5	1.2
每股市价（元）	30	15
市盈率（倍数）	20	12.5

9. A 公司拟横向兼并同行业的 B 公司，假设双方公司的长期负债利率均为 10%，所得税税率均为 25%，经初步调查并按照 A 公司现行会计的政策对 B 公司的财务数据进行调整后双方的基本情况见表 a，A、B 公司 2010 年度的经营业绩及其他指标见表 b，试计算目标 B 公司的价值。

表 a   **A 公司、B 公司 2010 年 12 月 31 日简化资产负债表**   单位：万元

资产	A 公司	B 公司	负债与股东权益	A 公司	B 公司
流动资产	1500	500	流动负债	500	250
长期资产	1000	250	长期负债	500	100
			股东权益		
			股东	1000	300
			留存收益	500	100
			股东权益合计	1500	400
资产合计	2500	750	负债与股东权益合计	2500	750

表 b 　　　　　　　　　**A 公司、B 公司 2010 年度经营业绩及其他指标**　　　　　　单位：万元

指标	A 公司	B 公司
2010 年度的经营业绩		
息税前利润	350	60
减：利息	50	10
税前利润	300	50
减：所得税	90	15
税后利润	210	35
其他指标		
资本收益率＝息税前利润/（长期负债＋股东权益）	17.5%	12%
利润增长率	20%	14%
近三年平均利润		
税前	125	44
税后	88	31
市盈率（倍数）	18	12

三、案例分析

（一）案例内容

2008 年 9 月 3 日，美国可口可乐公司与旗下全资子公司 Atlantic Industries 联合宣布将以每股 12.20 港元、合计 179.2 亿港元（约合 24 亿美元）的代价，收购汇源果汁集团有限公司（以下简称汇源果汁公司）全部已发行股本。此外，还计划收购汇源果汁公司所有可转换流通债券和期权，交易总价值达 196 亿港元（约合 25.1 亿美元）。这不仅是中国食品及饮料业有史以来的最大交易，也是到 2008 年为止国内最大的一宗外资并购。

（二）案例思考

1. 作为世界上最大的饮料公司，可口可乐为何要耗费巨资并购汇源果汁公司？可口可乐公司的并购动机是什么？

2. 汇源果汁公司的三大股东，尤其是实际控制人朱新礼缘何接受并购？

3.“以身试法（2008 年新版《反垄断法》）”的并购双方各得其所的胜算有多大？该并购案有哪些值得业界反思的呢？

（三）案例提示

可口可乐公司是软饮料销售市场的领袖和先锋，亦是全球最大的果汁饮料经销商。拥有全球软饮料市场 48％的市场占有率。那么，可口可乐为何要高价并购汇源果汁公司呢？可从以下两个方面进行分析：第一，饮料市场呈现的态势；第二，汇源品牌的吸引力。

　　汇源果汁公司的第一大股东汇源控股公司由朱新礼全资控股，其同时还是汇源果汁的创始人、汇源果汁公司的董事长。曾表示要将汇源做成"百年老店"的朱新礼为什么要将苦心经营十六年才培育出的果汁第一品牌拱手转让他人呢？可从以下三个方面进行分析：第一，超常的收购溢价；第二，资金及经营压力；第三，上游业务的诱惑。

第九章

跨国公司财务管理

学习目标

1. 了解跨国公司经营环境及其风险的含义。

2. 了解跨国经营商业风险的主要内容。

3. 了解跨国公司财务管理含义、内容和特征；掌握跨国公司财务管理策略的内容。

4. 了解跨国公司国际融资的主要形式；了解跨国公司融资的战略目标。

5. 了解跨国公司内部相互之间的资金转移渠道与方法；理解跨国公司通过股权资本和借贷资本向海外子公司提供资金的优点；理解跨国公司内部转移价格的内容和低价出售策略或高价出售策略；掌握转移价格策略对公司资金和所得税的影响。

6. 了解跨国公司现金管理的基本方法有哪些；理解现金集中管理、多边净额结算、短期现金预算和多国性现金调度系统的主要内容和优点。

7. 了解跨国公司投资管理涉及的内容。

8. 了解跨国公司应收账款管理含义和内容。

9. 了解跨国公司国际避税的主客观原因；掌握跨国公司国际避税的主要方法。

10. 了解跨国公司财务管理发展的趋势。

11. 掌握课堂案例中跨国业务关联方的转让定价内容。

先导案例

考核投入还是考核产出

18 世纪 70 年代初，英国宣布澳大利亚为它的领地，英国政府把判了刑的囚犯运送到澳大利亚作为开发的劳力，运送囚犯的工作由政府承包给私人船队去完成。

开始时，政府在起运码头清点船主运送的人数，以此作为付费的依据。船主因此多装囚犯，导致船上拥挤不堪，营养与卫生条件极差，运送途中死亡率很高。英国政府既蒙受了经济损失，又承受了巨大的舆论压力。于是，英国政府改变了付费方法：不按上船时运送囚犯的数目付费，而按下船时实际到达澳大利亚的囚犯数目付费。结果，船主千方百计照顾好囚犯，提供足够的生存空间和食物，甚至还配备医生在船上给囚犯医病。囚犯成了船主的财源，死亡率自然迅速降低，原本困扰政府的难题解决了。

英国政府没有靠道德说教，将希望寄托在船主的良心上，也没有挥动法律的大棒促使他们就范，依靠的只是考核方法的改变：从考核投入的上船人数改为考核输送到澳大利亚的人数。

考核方法引导人的行为，有什么样的绩效考核，就有什么样的员工行为。跨国公司通常在绩效考核体系中加入相应的指标，而应该使用哪些财务和非财务指标进行考核是公司面临的重要的管理问题。

第一节　跨国公司经营环境及其风险

一、跨国公司经营环境

随着经济全球化浪潮，跨国公司作为国际化经营的产物得以迅速发展。同时，国际分工深化、市场扩大和科技的进步进一步促进了世界范围内的经济融合，推动了世界经济的发展。然而，跨国经营所面临的是独特的外部环境的挑战：政治和法律制度不同、发展水平差异、文化差异、语言障碍以及国际经济秩序和规则等。国际经营环境是指公司开展国际经营中的各种外部因素和条件的总和，跨国公司经营环境包括国际政治法律环境、国际经济体制与环境、国际文化环境和国际自然地理环境。

政治环境变化被认为是对跨国经营活动影响最大、破坏性最强的因素，政治环境是指跨国经营所涉及的国家政治制度，主要包括：国家政治体制、执政党的性质、政治稳定性（包括政局稳定性、政府结构和政策的稳定性）和政府对外资的态度和政策。法律环境是由与公司经营活动相关的各种国内法规、对外法规和国际法规所构成，直接影响跨国经营的相关政策与法规包括：商贸政策和法规、关于外商投资的法规、环境保护限制、劳动雇佣及劳资关系法规以及国际条约、国际组织的协定和决议。

经济体制主要涉及市场经济、计划经济、混合经济、计划经济向市场经济过渡的转型期经济等内容，经济环境主要包括经济发展阶段、收入水平、产业结构和区域经济环境。分析一个国家或地区的投资前景，除判断经济体制和国家或地区经济处于何种经济发展阶段状况（通常是起飞阶段、趋向成熟阶段、高度消费时期），还要分析国民收入水平、产业结构和区域经济情况。更具意义的国民收入水平分析应该是人均国民生产总值和经济增长速度，产业结构主要看国民经济各产业部门之间以及各产业部门内部的构成，区域经济环境主要看区域经济一体化的程度即成员国之间签订条约或协议逐步统一经济政策和措施甚至建立超国家的统一组织机构的情况。

文化主要指一个国家、地区的民族特征、价值观念、生活方式、风俗习惯、宗教信仰、伦理道德、教育水平、语言文字等的总和。《原始文化》一文中提出文化是生活的方式，是人类继承的为一个社会的大众所共同具有的行为模式、情感模式及思维方式总和。吉尔特·霍夫斯坦德发现并验证了民族文化差异的五个独立维度：权力距离、个人主义与集体主义、男性气质和女性气质、不确定性的规避、长期取向与短期取向。文化影响着人的行为，进而影响到这一市场消费结构和消费方式。国际文化环境的差异性、复杂性与内敛性使得跨越文化差异的跨国经营障碍重重。

自然环境主要是一国的自然资源、地形地貌和气候条件等，自然环境特征在很大程度上影响人们生活和需求方式。自然环境是公司生存和发展的重要条件，跨国公司从事经营活动不能忽视自然因素的力量。同时，自然环境的重要性在于其各项要素是形成一国经济特点的重要原因，也在很大程度上影响着一国的政治、社会状况与文化风貌。

二、跨国公司经营风险

经营风险有广义和狭义之分，广义上的经营风险是指跨国公司在生产经营过程中遇到的所有风险，包括政治风险和商业风险。狭义上的经营风险是指跨国公司在进行跨国经营时由于市场条件和生产技术等条件的变化而可能带来的损失风险，本教材重点讨论广义经营风险中的政治风险和商业风险。

（一）政治风险

政治风险指因战争、动乱、政府更迭、民族主义运动等可能导致跨国公司海外子公司的财产被征收、人员被驱逐和营业许可证被吊销等事件的发生给公司造成重大的经济损失，这种风险跨国公司通常很难左右。

跨国公司应采取措施防范和应对政治风险，包括投资前可采取购买保险、与东道国政府协商、第三方合作、合理安排投资等对策，以及投资后可采取扶植当地利益相关者、运用公司及本国力量、有计划的放弃股权、员工本土化等对策。

（二）商业风险

商业风险主要包括折算风险、交易风险和经济风险。

折算风险指由于汇率变化而引起海外资产和负债价值的变化，是跨国公司在会计处理和外币债权债务决算时将必须转换成本币的各种外币计价项目加以折算时所产生的风险。例如母公司在美国的 A 公司为在瑞士分公司担保借 10 年期瑞士法郎 1000 万，借款时的汇率为 1USD = 1.2500CHF，也就是说相当于母公司负债 800 万美元。但是当偿还时，美元相对瑞士法郎贬值，汇价变为 1USD = 1.1500CHF，这样 1000 万瑞士法郎折算为母公司的资产负债表上项目将是 869.57 万美元，这笔长期债务的价值已经发生了很大的变化。再如某日本公司在德国的分公司有一笔 10 万美元的三个月应收款款，如果现在的汇率情况如下：

1EUR = 1.3200USD，1USD = JPY105.00，1EUR = JPY138.60

三个月后汇率变为

1EUR = 1.3400USD，1USD = 102.00JPY，1EUR = 136.68JPY

由于美元贬值，该分公司受损，用欧元计算损失为

100000/1.3200 − 100000/1.3400 = 1130.72 （欧元）

用日元计算损失为

1130.72 × 136.68 = 154546.81 （日元）

这笔应收账款折算到母公司账上是海外资产，其折算损失为

100000 × 105 − 100000 × 102 = 300000 （日元）

交易风险指在运用外币达成的经济交易中由于未来结算时的汇率与交易发生时的汇率不同而引起的未来外币现金流本币价值的变化。例如，中国某公司向美国出口了一批服装，预计一个月后收到 100 万美元货款，签约时市场汇率为 1 美元 = 6.9675 元人民币，如果一个月后市场汇率变成 1 美元 = 6.9262 元人民币，中国公司损失 4.13 万元人民币，如果一个月后汇率变成 1 美元 = 6.9980 元人民币，中国公司收益 3.05 万元人民币。

经济风险指由于汇率波动引起了公司生产成本与销售价格的变动，从而引起产销数量的调整并最终带来公司盈利状况的变化。

跨国公司应采取各种防范措施规避商业风险，包括在交易中选择有利的合同货币、合同货币原则下的自由退换货币选择、利用合约套期保值规避风险、利用对销贸易方式、实行分散化筹资与多样化持有货币币种等对策。

第二节　跨国公司财务管理策略

跨国公司财务管理是公司财务管理的一个分支，其基本内容与公司财务管理是一致的。但是，跨国公司面临的是国际环境，因而其财务管理有着复杂多变的特点，学习和掌握跨国公司财务管理专业知识有着重要的现实意义。

一、跨国公司财务管理含义、内容和特征

跨国公司财务管理就是将跨国公司所为主体，通过预测、计划、决策、控制、分析等手段实现资金的筹集与运用。跨国公司财务管理涉及跨国筹资、投资、资金应用和管理，财务计划、财务控制和财务决策具有较高的复杂性，财务管理活动涉及许多国家，而各国的政治、经济、法律和文化环境都有很大的差异，跨国公司在进行财务管理时不仅要考虑本国环境因素，而且要密切注意国际形势和其他国家的具体情况。跨国公司财务管理机制具有双重性，跨国公司财务管理内容涉及母国和诸多东道国，受其影响其财务关系既反映母国与总公司的财务关系，又反映跨国公司内部总公司与各子公司的财务关系。

二、跨国公司财务管理策略分析

跨国公司财务管理策略主要有集权式财务管理策略、分权式财务管理策略和混合式财务管理策略，集权式财务管理策略和分权式财务管理策略各有利弊，并在很大程度上其利弊是互为反正的。

（一）集权式财务管理策略

集权式财务管理策略是指跨国公司把财务管理的决策权集中在公司总部，以便统一调度和使用资金来实现公司整体利润的最大化。

集权式财务管理策略的优点是：

第一，优化公司资源配置。由母公司集中财务决策，可以合理调剂公司内部各单位的资金余缺，优化资金配置，提高资金使用效率。

第二，降低资金成本。公司总部根据海内外生产经营单位的需求统一筹措款项，使某些子公司的剩余资金得到充分利用，同时可以利用整个跨国公司的财务优势和资信实力，在世界范围内选择条件优惠的资金市场筹措资金，使资金成本降低。

第三，降低公司税赋。多个子公司所在东道国税收政策和税率不尽相同，公司总部通过综合考虑各子公司东道国的税收环境，可以统一安排公司的纳税策略，从而使整个公司的税赋降至最低。

第四，提高规避风险的能力。跨国公司总部利用其在国际上的灵活性调整公司所持外币的种类和结构，在国际金融市场上进行外汇买卖和保值交易，减少或避免汇率风险给公司造成的经济损失。

第五，充分利用理财专家的智慧。规模较大的跨国公司在其总部通常以高薪聘请优秀财务专家参与公司财务决策。

集权式财务管理策略的缺点是：

第一，容易挫伤子公司经理的积极性。由于子公司很少有财务管理决策权，在一定程度上削弱了子公司经理的积极能动性和生产经营自主权，对于瞬息万变的市场难以主动地适应，子公司经理会变得消极，甚至对公司总部抱有不满情绪。

第二，容易伤害子公司与当地政府、居民特别是当地持股人的关系。公司总部的财务管理决策是从全球性生产经营角度出发，以实现公司整体利益最大化为根本目的。实行集权式财务管理体制使公司总部更加方便地采用转移定价等手段转移子公司的利润，逃避子公司所在国的税收，绕过当地政府政策法规的限制，这些情况都将引起东道国政府的不满，引起两国之间的摩擦。此外，每股利润的下降也会引起子公司当地持股人的不满情绪。

第三，管理跨度大，决策速度慢。跨国公司规模通常非常大，国外子公司的数量相当多，实行集权式管理就会出现管理跨度大、决策速度慢的问题，使管理效率下降。

第四，可能会导致对子公司经营业绩评价不公正。集权式财务管理体制是以子公司对母公司的利润贡献作为评价子公司业绩的标准。但为了服从整个公司的全局需要，有些子公司不得不放弃本可得到的利益，而另外一些子公司则有可能得到本不属于它们的利益，总部就难以真实、公平地考核子公司的经营业绩和对公司整体的实际贡献。

（二）分权式财务管理策略

分权式财务管理策略是指公司授予区域中心和海外子公司较多的财务管理决策权，以便能在世界范围内抓住机遇、避开风险，进而从整体上提高公司的资金使用效益。在这种管理机制下，子公司在财务上是相对独立的，子公司经理一般拥有较多的财务决策权，子公司业绩用子公司所在国的货币进行评价。集权式管理体制是把子公司所有生产经营及财务活动的过程都置于母公司的严格监控下，而分权式管理体制则意味着子公司享有较多的决策权和管理权，母公司对子公司的管理更多地体现为对结果的监督与考核，而不注重对过程的监管。

分权式财务管理策略的优点：

第一，充分发挥子公司管理人员的主观能动性。由于子公司的经理拥有决策权，所以它们可以根据子公司所在国具体经营环境的变化采取应变措施，优秀的管理人员更加积极提高公司的经营业绩。

第二，在分权式财务管理体制下，对子公司业绩的评价比较公正和客观。

第三，反应迅速。分权式管理可以使子公司在某种程度上具有决策权，实施决策过程迅速，而不必使所有行动方案均等到公司总部同意方可实施。

第四，减少规模管理引起的复杂性。人们所能解决的复杂问题是有限的，当外部环境具有较大不确定性时，分权式管理可将较大的问题分为较小的问题，使复杂问题简单化。

第五，信息专门化。子公司管理人员通过观察和实践，可得到一些当地有关市场情况信息，这些信息很难全部及时传递给公司总部，且信息经常难以数量化和描述，影响公司总部对于公司所提供信息的判断，分权式管理可将决策制定放在需要信息、储存信息、选取信息及加工信息的地方，可以获取信息的专门化效益。

分权式财务管理策略的缺点：

第一，如果子公司过于强调其本身的利益，可能会损害整个公司的利益；

第二，由于信息不对称，母公司对子公司的监控比较困难。

（三）混合式财务管理策略

这种模式是集权式和分权式相结合的产物，重大财产决策权集中在跨国公司总部，而日常财务决策权由子公司掌握，母公司总部财务专家只向子公司提供指导、咨询和信息服务。

跨国公司母公司与子公司之间存在着紧密的资产纽带关系，从财务管理的角度看，母公司对子公司管理的主要内容是对资本运营的调控，如何在集权和分权之间找到一个平衡点是至关重要的。有资料表明，对外销售额在 0.5 亿美元左右的公司，总公司对子公司财务一般采取分权管理的形式。对外销售额在 2 亿美元左右的公司，总公司对子公司财务一般采取集中管理的形式。对外销售额在 10 亿美元左右的公司，总公司对子公司财务一般采取混合式管理的形式。

第三节　跨国公司财务管理问题

一、跨国公司融资

跨国公司融资是指跨国公司为了实现自身的理财目标，在全球范围内筹集其所需资金的财务管理活动，即跨国公司在公司内部或者国际金融市场上通过举债、发行股票、发行债券等方式融通资金的行为。

（一）国际股权融资

国际股权融资即在国际主要股票市场通过发行股票筹集股权资本，它是跨国公司国际融资的一种重要形式。20 世纪 80 年代以前，跨国公司股权结构中以本国投资人投资为主，80 年代以后外国投资者越来越多，跨国公司股权结构发生巨大变化的原因在于全球金融自由化使到海外融资成为跨国公司融资的重要形式。

（二）国际债务融资

国际债务融资是跨国公司国际融资的最重要方式，包括国际银行贷款、国际债券融资和专门融资方式融资三种形式。

1. 国际银行贷款。

国际银行贷款包括任何在国外银行的借款，但对跨国公司而言最主要的是欧洲货币市场融资。欧洲货币市场又称"境外货币市场"，是对欧洲货币进行交易的市场，在这个市场上起主要作用的是跨国银行。除欧洲货币市场融资外，跨国公司的国际银行贷款融资还常常涉及辛迪加贷款，当跨国公司的借款额超过了一家银行的贷款能力时，就可能采用辛迪加贷款方式。

此外，欧洲短期票据、欧洲商业票据和欧洲中期票据也成为重要的融资形式。欧洲短期票据是非银行机构签发、由承销银行包销的短期可转让债务融资凭证，欧洲商业票据是由公司或银行签发、由经纪人推销的无包销条款的短期债务融资凭证，欧洲中期票据是通过经纪商推销的债务融资凭证（期限最短为 9 个月、最长可达 10 年）。

2. 国际债券融资。

国际债券融资是通过发行国际债券筹集资金的形式，是国际债务融资的另一种形式。债券是公司为了筹集资金向社会公众发行的一种约定时期偿还本金并按一定利率定期支付利息的有价证券，当债券发行人与购买者属于不同国家时，债券就是国际债券。

国际债券又分为外国债券和欧洲债券。外国债券是国际借款人在外国债券市场上发行的、以发行所在国货币为面值的债券，欧洲债券是国际借款人在标价货币所属国家之外发行的国际债券。

3. 专门融资方式融资。

专门融资方式融资是跨国公司在一些特殊活动中采用的融资方式，分为国际贸易信贷、国际租赁融资和国际项目融资。

国际贸易信贷即在国际贸易活动中采用的信贷融资方式，如进口信贷和出口信贷、短期信贷和中长期信贷、商业信用和银行信用、有抵押信贷和无抵押信贷。但是，国际贸易信贷中最重要的分类是卖方信贷和买方信贷。

租赁是在不转让物品法律所有权的前提下有偿转让使用权，租赁可分为融资租赁与经营性租赁，跨国公司所涉及的租赁关系是国际融资性租赁。跨国公司经常利用国际租赁形式达到融资等目的。除融资外，跨国公司还利用租赁关系中租金的高低实现降低总体税负、转移资金等目的。20 世纪 90 年代以后，国际租赁领域出现了租赁融资债权证券化、风险租赁和租赁基金等新的形式。

国际项目融资通常为某一大型基础设施项目发放贷款，属于国际中长期信贷一种形式。所不同的是它不是传统融资中以借款人资信为担保的融资，而是为项目专门成立项目公司并以项目资产和收益作为贷款的保障。在国际融资领域，BOT（build-operate-transfer）不仅仅包含了建设、运营和移交过程，更主要是项目融资的一种方式，具有有限追索权的特性。BOT由项目所在国政府或所属机构为项目的建设和经营提供一种特许权协议作为项目融资的基础，该协议授予项目建设经营者一定特权开发建设项目并在一定时间内经营项目，期满后根据协议转让给相应的机构，跨国公司经常作为项目的建设和经营者以BOT方式融资。

子公司东道国国内金融市场融资也是跨国公司国际融资的重要形式，这里不再赘述。

（三）跨国公司融资战略目标

1. 融资成本最小化。

由于国际资本市场的融资成本可能不同，这使得跨国公司可以利用不同市场融资成本差异而获得更低的融资成本。同时，不同融资形式的成本也不同，譬如股权的成本高于债务融资，普通股高于优先股，债务融资中银行贷款与债券融资的成本不同，不同类型债券的融资成本也不同，这又使得跨国公司可以通过融资形式的选择而获得更低的融资成本。

降低融资成本的途径通常有三种策略：其一是通过减少纳税负担降低融资成本。如在融资形式上，通过债务融资的利息支付可以减少利息所得税负担；其二，尽可能利用东道国提供的优惠补贴贷款；其三，争取绕开信贷管制，获得当地信贷配额。

2. 避免和降低各种融资风险。

包括避免汇率风险，避免或降低政治风险，维护融资渠道的畅通，保护和扩大现有投资渠道，融资形式多元化。

3. 建立最佳财务结构。

对跨国公司而言，其财务结构除总体的资产负债率，还有子公司的财务结构问题。一般来说，子公司财务结构的确定方法有三种：成本最低化（按照子公司融资成本最低的原则确定自己的财务结构）、与母公司一致、与当地公司一致。

二、跨国公司内部资金管理

跨国公司母公司与子公司之间以及各子公司相互之间的资金转移渠道与方法主要有：

第一，母公司与子公司之间。母公司向子公司提供初始资金（如股权投资和贷款），子公司向母公司偿还贷款本金、支付贷款利息、支付股息，因使用专利、商标、技术或管理技巧而支付技术转让提成费、专利或商标使用许可费、管理费，提前或延迟支付货款或债务，在母公司与子公司之间内部交易中运用转移价格策略而引起的资金移动。

第二，子公司（或部门）之间。子公司（或部门）之间相互贷款，子公司（或部门）偿还贷款本金、支付贷款利息，因使用其他子公司（或部门）的专利、商标、技术或管理技巧而支付技术转让提成费、专利或商标使用许可费、管理费，提前或延迟支付货款或债务，在公司内部交易中运用转移价格策略而引起的资金移动。

跨国公司通过股权资本和借贷资本向海外子公司提供资金的优点：

第一，通过偿还本金和利息，为把资金转移回母公司提供了一种方法，东道国通常不对本金的偿还征税。

第二，当地政府可能更容易认可贷款的偿还，而不容易允许股权资本的返回。

第三，与股息相比，外汇限制及税收因素往往有利于利息偿还，对子公司来讲利息费用是税收扣除项。在确定适当的股息水平时，跨国公司应考虑的主要因素有子公司和母公司对资金的相对需求、当地货币的汇率走势、股息对公司全球税收战略的影响、当地政府对股息支付水平的短期与长期姿态及其设置的法律限制。

当跨国公司某单位（如母公司）允许其他单位使用其无形资产时，公司内部会出现以提成费和许可费为形式的资金移动。以提成费和许可费为形式的资金移动可以节税，是汇付利润一种特别有利的方式。在实际中，子公司向母公司以提成费和许可费形式的资金流动可与由母公司向子公司贷款及其他财务活动引起的资金流动相互抵消。

改变以商业信用销售商品时的支付期限的技巧被称为提前与延迟。提前就是在信用到期之前支付，相当于把资金从买方子公司转移到卖方子公司。延迟是指在信用到期之后支付，相当于把资金从卖方子公司转移到买方子公司。提前与延迟是跨国公司内部资金转移最常见、灵活和有效的方法之一。

转移价格是跨国公司以其全球战略为依据，在母公司与子公司、子公司与子公司之间进行商品和劳务交易时所采用的内部价格。在跨国经营中，转移价格使得跨国公司可以利用各个国家的税收制度及其他立法的不同进行资金配置、降低税负、调节利润和逃避限制。转移价格对资金流动的影响可通过表9-1进行分析，这是同处跨国母公司的两个生产子公司和销售子公司之间进行的价格转移。生产子公司进行价格转移时可采用不同的策略，比如低价出售策略或高价出售策略。采用低价出售策略可以使得生产子公司的应税收入降低而销售子公司应税收入提高，采用高价出售策略可以使得生产子公司的应税收入提高而销售子公司应税收入降低。通过调低应税收入可以避免引起东道国政

表9-1   **转移价格策略和资金影响**   单位：万美元

策略	指标	生产子公司	销售子公司
低价出售策略	销售	1400	2000
	减：出售商品成本	1000	1400
	毛利润	400	600
	减：经营费用	100	100
	应税收入	300	500
高价出售策略	销售	1700	2000
	减：出售商品成本	1000	1700
	毛利润	700	300
	减：经营费用	100	100
	应税收入	600	200

府的注意或反感，避免某一子公司收入过高而导致更多的竞争对手进入同一市场，压低合资公司的利润以减少当地合资伙伴分得的收益，可以根据当地不同的税率高低达到降低税负的目的。通过调高应税收入会使某个国家或地区的子公司在竞争中具有较高的资信水平，易于在当地发行股票与债券或谋取信贷等，当然，也可以根据当地不同的税率高低达到降低税负的目的。

转移价格对所得税的影响可通过表9-2进行分析，采用低价出售策略可以使得生产子公司的应税收入降低而销售子公司应税收入提高，之所以如此采用策略是因为生产子公司所在地税率偏高而销售子公司所在地税率偏低，这样就达到了避税的目的，从而使得合并的公司利润较高，反之则效果相反。同样地，采用高价出售策略可以使得生产子公司的应税收入提高而销售子公司应税收入降低，之所以如此采用策略是因为生产子公司所在地税率偏低而销售子公司所在地税率偏高，这样就达到了避税的目的，从而使得合并的公司利润较高，反之则效果相反。在资金移动不受限制（或很少限制）的金融市场，跨国公司的一个机构可以以直接贷款的形式向另一机构提供信贷资金，这些贷款的利率是确定的，标价货币可以是任何一方或第三国的货币，直接贷款的利率实际上表示资金的转移价格。

表9-2 　　　　　　　　　　　转移价格策略和所得税影响　　　　　　　　单位：万美元

策略	指标	生产子公司	销售子公司	合并结果
低价出售策略	销售	1400	2000	2000
	减：出售商品成本	1000	1400	1000
	毛利润	400	600	1000
	减：经营费用	100	100	200
	应税收入	300	500	800
	税率	50%	25%	
	净收入	150	375	525
	税率	25%	50%	
	净收入	225	250	475
高价出售策略	销售	1700	2000	2000
	减：出售商品成本	1000	1700	1000
	毛利润	700	300	1000
	减：经营费用	100	100	200
	应税收入	600	200	800
	税率	25%	50%	
	净收入	450	100	550
	税率	50%	25%	
	净收入	300	150	450

背对背贷款指母公司或提供资金的子公司把资金存放在中介银行里，后者把同等金额的资金以当地货币或母公司货币贷给当地子公司，银行按协商好的利率对母公司的存款支付利息，贷款子公司则向银行支付利息。跨国公司采用背对背贷款的原因是向子公司的直接贷款也许遭到禁止、受到严格控制或课征不同的税率尤其是预扣税，跨国公司向境外银行偿还贷款是被东道国允许的。

平行贷款是在不同国家的两家母公司在各自国内向对方公司在本国境内的子公司提供金额相等的本币贷款，在指定到期日各自归还所借货币。假定跨国公司甲在哥伦比亚的子公司需要 10 亿哥伦比亚比索，跨国公司乙在哥伦比亚的子公司有足够的多余比索现金，但由于哥伦比亚政府的外汇管制措施，不能把比索汇回母公司，于是甲公司便按当时的汇率借给乙公司同等数额的美元，同时甲公司的子公司按当地利率向乙公司的子公司贷款 10 亿比索，两笔贷款的期限相同，到期时借方向各自的贷方偿还本金及利息。

三、跨国公司现金管理

跨国公司现金管理的基本方法包括现金集中管理、多边净额结算、短期现金预算和多国性现金调度系统。

现金集中管理就是每个子公司持有的当地货币现金余额仅以满足日常交易为限，超过部分均需汇往现金管理中心，欧美国家跨国公司多为此种管理方式，其优点为集中管理有利于预防性资金需求，信息全面便于资金调度。

若两家公司互有交易，则可用某种固定汇率冲销相互交易额，双边结算情况可如图 9 - 1 所示。

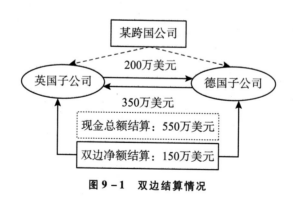

图 9 - 1 双边结算情况

多边净额结算是双边净额结算的扩展，多边净额结算多家公司互有交易，则可用某种固定汇率冲销相互交易额，由于交易主体增加，需要通过公司的清算中心统一清算各子公司之间的收付款。假设某公司子公司的现金付款情况如表 9 - 3 所示，则多边净额结算情况如表 9 - 4 所示。因此，应由美国子公司汇出 150 万美元，英国子公司汇出 100 万美元，德国子公司汇出 200 万美元，它们将现金汇至总公司的清算中心。多边净额结算有利于减少交叉现汇交易引起的外汇成本，减少在途资金利息损失，该方法通常是按照固定汇率在一定日期统一结算的，故能提高公司的外汇管理能力，形成规范的公司间支付渠道。

表 9 - 3　　　　　　　　　　　　　收付款现金数额矩阵　　　　　　　　　　单位：万美元

收款单位	付款单位				合计
	美国子公司	英国子公司	德国子公司	法国子公司	
美国子公司	—	400	100	50	550
英国子公司	300	—	200	100	600
德国子公司	200	150	—	50	400
法国子公司	200	150	300	—	650
合计	700	700	600	200	2200

表 9 - 4　　　　　　　　　　　　　多边净额结算表　　　　　　　　　　单位：万美元

单位	收入	支出	净收入	净支出
美国子公司	550	700		150
英国子公司	600	700		100
德国子公司	400	600		200
法国子公司	650	200	450	

现金报告制度是跨国公司现金管理的重要工具，通常由子公司编制日常现金报告，管理中心编制短期现金预算，短期现金预算的时间可为 1 周、半周或每天，现金报告是以指定的货币按照管理中心规定的汇率换算进行的。

跨国公司根据"短期现金预算表"调度资金，程序如下：核定子公司每日所需最低现金→汇总子公司现金日报表→比较各子公司现金余缺→发出资金调度指令。

四、跨国公司投资管理

跨国公司短期投资管理主要涉及短期有价证券管理，短期有价证券具有高度流动性、风险有限和交易价格稳定的特点。西方国家短期有价证券的主要包括国库券、税收参与单据、储蓄债券、可转让存款单、商业票据与银行承兑票据。20 世纪 90 年代以来，国际债券市场投资出现新趋势，跨国公司长期国际债券投资规模屡创新高。在全部国际投资形式中，国际债券投资占一半以上，出现了新的债券融资品种—全球债券，即在债券标价货币所属国之外和之内都可以购买交易的债券，如全球美元债券。

五、跨国公司应收账款管理

跨国公司应收账款由内部交易和外部交易引起。外部交易引致的应收账款风险管理主要应当考虑对交易伙伴资信评估、交易币种的选择和付款条件的确定。应收账款售让是公司将应收账款出让给银行或其他组织以便立即收回现款，虽然这将存在一定代价，但同时可以避免坏账损失。应收账款的贴现就是贴现人以应收账款为抵押品进行贴现，如果贴现人到期不能兑现票据，银行以应收账款额的回收来冲抵。西方国家有专门从事应收账款售让与贴现为业务的机构，如银行中的"售让部"或独立的"售让公司"，售让公司除从事售让业务外，还从事信用调查、信用评估和催收账款等业务。内部交易引致的应收账款无须考虑资信问题，付款时间不完全考虑商业习惯，而取决于公司内部的资金调度政策。在资金调度政策一定的条件下，公司内部的应收账款也应考虑提前或滞后付款的选择和再开票中心的设置。再开票中心是跨国公司设立的贸易中介公司，当子公司之间开展业务时，商品或劳务由子公司之间直接交付，但相关的收支业务由该中心进行。

六、跨国公司国际避税

纳税义务与公司利润反向变动是跨国公司国际避税的主观原因，客观原因主要有税制国际差异、税基差异和通货膨胀因素，跨国公司国际避税主要有以下几种方法。

1. 法人流动避税法。

法人流动避税可采取居所转移的方式，即将公司的居所转移到低税国。法人流动避税更多地可采用信箱公司的方式，信箱公司是在避税地设立的"基地公司"，即只是在选定的低税率国家中履行必要的手续登记公司，而实际经营活动并不在这个国家，其功能是转移资本和积累资本，信箱公司的形式包括控股公司、金融公司、贸易公司、专利公司和租赁公司等。如跨国公司可以在避税地设立一家金融公司，由于其贷款利息可以不交税或少交税，金融公司可以以高利息向设在高税国的总公司或分公司贷款，把一部分利润转移到金融公司，从而达到避税目的。

2. 法人的非流动避税。

法人的非流动避税主要是通过信托或其他受托协议来避税，法人公司并不实际迁移出境，而只是采取信托方式转移一部分财产或所得，这些财产在法律形式上与原所有者分离，但实际上受控于原所有者，从而达到避税目的。例如，新西兰某公司为躲避本国所得税，将其年度利润的70%转移到巴哈马群岛的某一信托公司，由于巴哈马群岛是世界著名的自由港和避税港，税率比新西兰低50%左右因此，该公司每年可以有效地躲避400万美元左右的税款。

3. 资金、货物和劳务的流动避税。

在国际避税中，资金、货物和劳务的重要性丝毫不亚于纳税人流动避税产生的效益。因为纳税人的流动避税相对而言显眼，而采用资金、货物、劳务避税则有其优势，这种流动避税主要有以下几种方法：

第一，避免成为常设机构避税。在实际生活中，由于各国税法有许多大量减免税的规定，这样跨国公司只要将本公司在国外的常设机构变成符合减免税规定的机构即可避税；

第二，收入、成本转移避税法。收入和成本转移是跨国公司国际避税中常用的方法，被称为"避税魔术"。财务管理部门可以根据整个跨国公司的收入、成本、资本结构计算并分摊全部收入和成本，保持对自身有利的选择；

第三，转让定价避税法。转让定价是指关联公司之间在销售货物、提供劳务、转让无形资产等时制定的价格，在跨国经济活动中利用关联公司之间的转让定价进行避税已成为一种常见的避税方法，其一般做法是高税国公司向其低税国关联公司销售货物、提供劳务、转让无形资产时制定低价，低税国公司向其高税关联公司销售货物、提供劳务、转让无形资产时制定高价，这样利润就从高税国转移到低税国，从而达到最大限度地减轻其税负的目的；

第四，租资避税法。这种避税方法产生的根源在于经营租赁或融资中折旧要求、成本问题和风险责任，这就为跨国公司国际避税提供了用武之地；

第五，分支机构与子公司选择。由于设立分支机构与设立子公司对跨国公司整体而言各有利弊，跨国公司出于减轻税负的目的对设置在国外的机构是选择分支机构还是子公司必须反复权衡利弊。通常在营业初期以分支机构形式出现，当分支机构扭亏为盈后则将其转变为子公司。

4. 利用国际避税地避税。

国际避税地是指为吸引外国资本流入、改善国际收支状况或引进外国先进技术提高本国、本地区技术水平，在本国或本地区划出一定区域或范围允许并鼓励外国政府和民间在此投资，投资者和从事经营活动的公司享受不纳税或少纳税的优惠待遇，这种区域和范围被称为避税地。国际避税地可以是港口、岛屿、沿海地区等，因此有时又称为"避税港"。

第四节　跨国公司财务管理发展趋势

在20世纪90年代以前，跨国公司财务管理大部分采用分权式模式，其基本特点是子公司负责自己的财务核算与管理，总部只对下属公司进行工作指导和事后审计。随着国际竞争加剧，90年代以后业务流程重组在跨国公司兴起，为提高效率和加强整体协同竞争优势，全球绝大多数大型跨国集团都进行了公司业务流程重组，并建立了集中式财务管理模式。

21世纪以来，信息、云计算和大数据技术迅猛发展有效地支撑着财务共享服务的建立和扩展，越来越多的跨国公司开始运用财务共享服务模式。财务共享服务模式以财务业务流程处理为基础，依托信息、云计算和大数据技术，可以达到优化组织结构、规范流程、提升流程效率、降低运营成本或创造价值的目的，财务共享服务是集中管理模式在财务管理上的最新应用，其在于通过一种有效的运作模式来解决大型集团公司财务职能建设中的重复投入和效率低下的弊端，财务共享服务已经成为新型财务管理模式，这是大势所趋和必然途径。

财务共享服务在跨国公司财务管理中主要表现为以下几种形式和趋势：

第一，共享模式与外包模式相结合。无论是业务外包还是共享模式，都可以确保提升公司竞争力。大型跨国公司选择财务共享中心模式获得了较好的效果，但构建财务共享中心需要一次性投入较大成本，因此一些中小型跨国公司将部分财务活动外包给更加专业的供应商，实现业务外包与共享模式相结合，满足公司不同规模和不同阶段的发展需求。

第二，逐渐形成全球中心。财务共享中心发展初期由于受到信息技术等科技水平限制仅为特定区域提供财务活动支持，许多跨国公司仅在欧洲、北美及亚太地区构建财务共享服务中心。随着全球经济一体化步伐加快，加上信息技术突飞猛进，财务共享中心的模式越来越完善，其业务范围逐渐扩展到全球区域，形成以全球范围为核心的服务模式。

第三，服务内容和范围逐步扩大。初期的财务共享中心仅提供一般性财务事项处理，但是随着信息技术的提高以及经验的积累，跨国公司开始应用业务流程再造和信息系统，共享中心作用逐渐扩大到财务活动服务、管理和决策支持方面，深入到公司生产和运营的价值链中。

第四，信息技术日益发挥作用。在财务共享中心运行过程中，实现财务管理与公司信息平台的有机融合，借助信息系统及通信技术提高了业务处理数量与效率，信息技术将进一步促进未来共享中心的发展。

第五，虚拟化共享中心模式。由于通信技术和信息技术发展，财务共享中心可以通过虚拟组织形式为业务活动提供服务。虽然当前虚拟化共享中心在实际操作中仍存在一些问题，有形的财务共享中心暂时仍然无法取代，但随着信息技术的发展，虚拟化财务共享服务与中心可能成为现实模式。

财务共享服务促使商业模式和经营方式的重构，这种情形也正在中国兴起和发展，华为、海尔、中兴、宝钢集团、中国移动、中国电信等公司不同程度上实施了财务共享服务模式，很多大公司都建立了全国性的财务服务共享网络，在改进效率、降低成本和提高公司竞争力的同时实现了标准化财务管理流程，创建了与内部客户和外部客户的新型商业伙伴关系。

| 课堂案例 9 –1 |

跨国业务关联方的转让定价

（一）案例基本情况

佳通轮胎股份有限公司前身成立于 1993 年，是由桦林集团有限责任公司联合黑龙江省龙桦联营经销公司等五家单位共同发起而成立的股份有限公司，1997 年更名为桦林轮胎股份有限公司，1999 年 5 月在上交所挂牌上市。2003 年，外商投资者佳通轮胎（中国）投资有限公司投资该公司，控股比例 44.43%。2004 年公司正式变更为中外合资股份有限公司，同年度完成了股权置换，具体而言是以其合法拥有的整体资产及相关负债与佳通轮胎（中国）投资有限公司的母公司新加坡佳通轮胎私人有限公司合法持有的外商投资企业福建佳通轮胎有限公司 51% 的股权进行了置换。2005 年，该公司更名为"佳通轮胎股份有限公司"。

（二）佳通轮胎股份有限公司关联交易分析

2012 年度佳通轮胎股份有限公司的关联交易主要涉及采购原材料、采购固定资产、销售商品（轮胎）这三类，每类可以从交易流程、交易金额、定价政策三方面来进行分析。

1. 采购原材料。

（1）交易流程。

报告期内，公司分别从关联方和第三方供应商采购原材料、辅助材料用于生产，生产的产成品销售给关联方和第三方客户。绝大部分原材料从 GITI Tire Global Trading Pte Ltd. 、PT. Prima Sentra Megah、SP Resources International Pte Ltd. 、关联方佳通轮胎（中国）投资有限公司采购，公司在境内外采购的原材料的流程如图 9 - 2 所示。

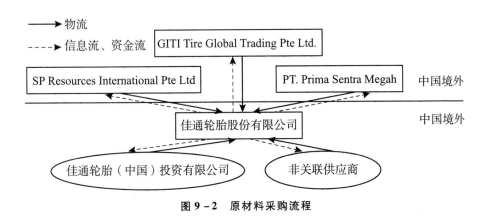

图 9 - 2 原材料采购流程

（2）交易金额。

2012 年度，公司原材料的具体采购金额及比例如表 9 - 5 所示。

表 9 - 5 公司原材料采购统计表

供应商	2012 年度	
	金额（人民币：元）	占同类交易金额的比例（%）
境内关联方		
佳通轮胎（中国）投资有限公司	692848752.83	24.45
安徽佳通轮胎有限公司	13986117.94	0.49
安徽佳通乘用子午线轮胎有限公司	164666.88	0.01
上海精和模具有限公司	54632.48	—
上海精元机械有限公司	1012557.31	0.04
重庆佳通轮胎有限公司	3214814.19	0.11

续表

供应商	2012 年度	
	金额（人民币：元）	占同类交易金额的比例（%）
桦林佳通轮胎有限公司	398178.21	0.01
上海佳齐服饰用品有限公司	872381.18	0.03
银川佳通长城轮胎有限公司	17111.10	—
福州佳通第一塑料有限公司	9410.27	—
境内关联方小计	712578622.39	25.14
境外关联方		
PT. Prima Sentra Megah	38856153.63	1.37
SP Resources International Pte Ltd.	26345355.94	0.93
GITI Tire Global Trading Pte Ltd.	138471482.46	4.89
境外关联方小计	203672992.03	7.19
总计	916251614.42	32.33

（3）关联交易定价政策。

公司在采购业务上具有独立的决策权，从关联方采购原材料价格是按照市场原则定价，在效率优先或成本较低的前提下可以选择通过关联方集中采购所需的各类原、辅材料。

2. 采购固定资产。

（1）交易流程。

报告期内，公司从关联方采购固定资产如一些机器设备、磨具等用于生产，再将生产的产成品销售给关联方和第三方客户。绝大部分固定资产从关联方上海精和模具有限公司、上海精元机械有限公司采购，公司在境内外采购的固定资产流程如图9－3所示。

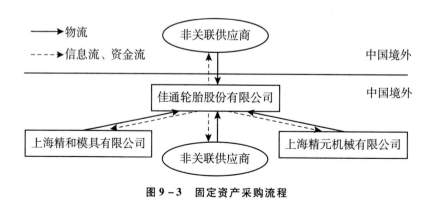

图9－3　固定资产采购流程

（2）交易金额。

2012年度，公司固定资产的具体采购金额及占比如表9-6所示。

表9-6   公司固定资产采购统计表

供应商	2012年度	
	金额（人民币：元）	占同类交易金额的比例（%）
境内关联方		
安徽佳通轮胎有限公司	594461.85	0.55
安徽佳通乘用子午线轮胎有限公司	1417749.16	1.32
上海精和模具有限公司	15310871.62	14.24
重庆佳通轮胎有限公司	516800.36	0.48
桦林佳通轮胎有限公司	6724.84	0.01
银川佳通长城轮胎有限公司	116768.00	0.11
上海精元机械有限公司	29526536.28	27.47
境内关联方小计	47489912.11	44.18
境外关联方		
境外关联方小计		
总计	47489912.11	44.18

（3）关联交易定价政策。

公司在采购业务上具有独立的决策权，从关联方采购固定资产是按照市场原则定价。

3. 销售产品。

（1）交易流程。

报告期间，公司的主要产品为各式汽车的轮胎，产品主要通过关联方销往境内和境外市场，公司在境内外销售商品的流程如图9-4所示。

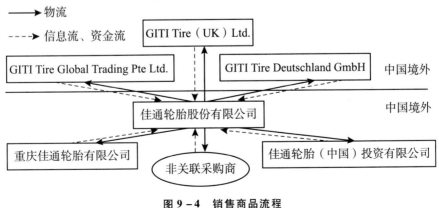

图9-4   销售商品流程

（2）交易金额。

2012 年度，公司产品的具体销售金额及占比如表 9-7 所示。

表 9-7 产品销售统计表

供应商	2012 年度	
	金额（人民币：元）	占同类交易金额的比例（%）
境内关联方		
佳通轮胎（中国）投资有限公司	1094417115.41	25.73
重庆佳通轮胎有限公司	2130934.18	0.05
境内关联方小计	1096548049.59	25.14
境外关联方		
GITI Tire Global Trading Pte Ltd.	2949610813.44	69.34
GITI Tire（UK）Ltd.	52472631.06	1.23
GITI Tire Deutschland GmbH	59531554.82	1.40
境外关联方小计	3061614999.32	71.97
总计	4158163048.91	97.75

（3）关联交易定价政策。

在佳通集团内部，各个子公司都能够通过集团的内部销售网络向各个关联公司出售产成品，而价格都是按照内部签订的协议来结算执行。而内部结算价是根据公平市场条件下的公平价格减去所产生的成本费用确定的。但是当佳通轮胎股份有限公司与其他子公司出现关联交易时，按照市场价格来结算。

（三）选择适当的转让定价方法

根据中国转让定价法规和转让定价实务上认可的转让定价方法，本案例选择最合适的方法用以分析、验证关联交易是否符合独立交易原则。以下将就选择交易净利润法作为最终验证方法而不选择其他方法的分析过程进行详细阐述。

可比非受控价格法即指是用非关联方的相同或类似业务交易的价格为基准作为关联交易的公平成交价格。但是，根据国家国税局下发的文件规定，在使用该种方法时必须考虑关联双方的可比性因素，即可比非受控价格法对关联和非关联交易间的产品与功能可比性提出了很高的要求，关联和非关联交易在上述可比因素的任何一方面或几方面的细微差别都可能对价格产生重大影响。假如两种交易之间存在较大差异，应合理调整转让定价或者使用其他定价方法。在佳通轮胎股份有限公司与其关联方所涉及的交易中，采购原材料及辅助材料、采购固定资产、销售产商品都要找到与受控交易十分类似的独立公司之间进行的交易，且两项交易间不存在对价格有实质性影响的差异。从获得该信息的角度来说，这几乎不可能，因为公司大部分产品销售给境外关联方，比较少产品销售给国内相关公司，极少部分产品销售给国内其他没有任何关系的公司，而境外交易在很多方面尤其是交易环境上有着很显著的区别，境内非关联方的销售与境内外关联方销售的产品在交易数量上也有较大差别，因此不具有可比性。因此，这种可比非受控价格法对于佳通轮胎股份有限公司并不适用。

再销售价格法指的是以销售给非关联方的价格减去从中取得的毛利后的金额作为从关联方购进商品的公平成交价格。再销售价格法是在受控交易的有形资产再销售中，没有对该有形资产进行物理上形状的改变以增加其附加值时最适用的方法。而佳通轮胎股份有限公司有自己的生产流程和作业车间，将原材料通过一系列复杂高精度的操作获得最终的产成品轮胎，是化学和物理层面的双重改变，故再销售价格法不适用于佳通轮胎股份有限公司。

成本加成法一般适用于生产中主要对象为有形资产的，它就是将成本分为公平交易时所获得的毛利润和关联交易所产生的合理成本。使用这种产品定价方法应特别注意关联交易与相似的非关联交易在合同及功能风险上的区别和影响成本加成率的其他因素。这些因素具体指生产功能、研发测试功能、外部的市场风险、折旧及残值、无形资产价格、会计处理及管理效率等。但由于该方法着重于受控交易方和可比公司在功能上的可比性，对功能与风险相似性的要求非常严格，同时要求产品有较高的类似度，还要求受控交易方和可比公司在会计准则上一致，很难应用成本加成法对公司的关联交易进行验证。因此，成本加成法不适用于佳通轮胎股份有限公司。

利润分割法是指将集团公司的总利润按照各关联公司所做出的贡献按比例把利润额计算分配给各个关联公司的一种方法，这种方法要求各关联公司高度相关，且这种交易高度综合难以单独区分各自交易结果的状况，这种方法主要用于各关联方都参与拥有的重要的无形资产。然而本案例轮胎生产中不存在双方行为高度整合的情况，公司不拥有重要的无形资产，故而利润分割法不适合用来分析佳通轮胎股份有限公司有形资产关联交易是否符合独立交易的原则。

交易净利润法是指以公平市场上相似交易的利润率为标准来确定关联交易的净利润，这种公开市场上相似交易的利润率一般为净利润，比如销售净利率等比率。这种方法适用于资产类项目，例如转让有形资产，无形资产和劳务也适用此方法。由于交易净利润法的适用对象特征符合案例公司的交易情况，且可以寻找到与公司在关联交易中执行的功能及承担的风险类似的同行业可比公司，因此选择该方法对佳通轮胎股份有限公司进行验证。

（四）关联交易的可比性分析

在使用交易净利润法的时候，具体步骤如下：第一，选择验证对象；第二，确定与验证交易相关的财务数据；第三，选择比较年度；第四，搜索外部可比公司；第五，选择利润率指标；第六，计算可比公司确定的 2010～2012 年三年加权平均销售利润率以及三年平均完全成本加成率的四分位区间。

1. 选择验证对象。

案例公司被选择为本报告的验证对象，公司在与关联方的交易中仅承担有限的功能和风险，不拥有任何重要特殊资产，且其利润水平可以被有效地确定。

2. 确定与验证交易相关的财务数据。

由于佳通轮胎股份有限公司与其关联公司之间的交易主要以有形资产购销交易为主，且有形资产购销集中在原材料与产成品的购销交易上，而无形资产关联交易、劳务提供关联交易以及资金融通量均很小，故可以认为不影响关联交易分析结果。因此，确定用佳通轮胎股份有限公司全年经营成果的财务数据作为分析对象年度的关联交易财务数据。2012年，公司相关的财务数据如表9-8所示。

表9-8   公司相关的财务数据

	公式	财务报表金额（人民币：元）
主营业务收入	a	4254086939.62
减：主营业务成本	b	3466331224.63
主营业务利润	c = a - b	787755714.99
减：营业费用	d	112480993.61
管理费用	e	98809282.93
营业利润	f = c - d - e	576465438.45
主营业务成本及费用	g = b + d + e	3677621501.17
销售利润率	h = f/a	13.55%
完全成本加成率	i = f/g	15.67%

基于公司在2012年度的财务数据，该公司在与关联方交易中的销售利润率和完全成本加成率分别为13.55%和15.67%。

3. 选择比较年度。

国家税务局2009年2号文第26条特别指出，在使用交易净利润法进行可比性分析时应特别考察经济周期和产品生命周期，OECD指南也在使用交易净利润法就行业和产品生命周期而建议参考多年的财务数据。考虑到基于三年财务数据足以反映公司财务状况，故而采用佳通轮胎股份有限公司三年的财务数据。

4. 搜索外部可比公司。

为了使用交易净利润法对公司跨国业务的关联交易进行验证，需要选择可代表独立交易水平的可比公司作为基准。因此，要搜索与公司执行相似功能、承担相似风险和经营类似业务的公司。

（1）可比信息的来源。

从数据可信赖的角度出发，可比公司以上市公司为对象进行筛选。这是因为非上市公司的资料不能从公开的渠道获得；其次，非上市公司的资料缺乏透明度，有限的财务信息不能全面反映经营状况，也不足以支持详细的分析。由于被测试公司在中国，对可比公司的筛选分为两类，首先对中国的可比公司进行优先筛选，由于获得的可比公司数量有限，因此将筛选范围扩大到亚太地区、欧洲地区。

（2）数据库。

本案例研究对象的选择主要通过 OSIRIS 数据库（全球上市公司分析库）来寻找，该数据库收集了全球许多上市公司的财务数据，是一种专业研究全球各大证券交易所上万家公司的大型财务分析数据库，是在欧美及全球的证券投资分析等方面被广泛使用的占有重要地位的实证分析数据库。

（3）其他信息资源。

有效利用公司主页、会计年报等其他信息资源以获得其他相关的信息。

（4）电子筛选。

在可比公司的筛选过程中，本案例采用美国标准行业代码（简称"SIC"代码）来确定行业代码。佳通轮胎股份有限公司行业定义为"橡胶制造业"，具体为轮胎与内胎制造，US SIC 标准下其代码为 3011。对可比公司的检索，地理条件以亚太地区及欧洲地区的公司作为检索对象。接下来，通过审阅 OSIRIS 数据库提供的有关上述公司的业务描述和财务信息、公司网站、公司年报等，从可选地区中 57985 家上市公司中选择出来符合行业要求的 58 家公司，对其进行了进一步筛选，例如排除财务数据不全和连续亏损的公司，排除与佳通轮胎股份有限公司不可比的公司（可比性从主营业务、产品生产工艺、研发活动、营销活动及独立性等方面衡量），排除独立性指数为 C、D、U（该指数为 OSIRIS 数据库自行设计的独特指标，显示各公司与其股东之间的关联程度，一般包括 A、B、C、D、U 五大类，C、D、U 表示独立性差或者独立性信息不可知）的公司。经过上述剔除步骤后，得到 8 家经营类似业务的可比公司如表 9-9 所示。

表 9-9　　　　　　　　　　　可比公司描述

编号	公司名称	国家/地区	主营业务描述
1	CONTINENTAL AG	德国	该公司在汽车行业世界领先，总部位于汉诺威，主营产品有汽车系统、客车和轻型卡车轮胎、商用车轮胎等
2	COMPAGNIE GENERALE DES ETABL ISSEMENTS MICHELIN（C. G. E. M.）SA	法国	全球轮胎行业里的先驱，总部设在法国奥弗涅地区，主要产品有轿车轮胎、载重汽车轮胎、农用设备轮胎等，其全球轮胎品牌是米其林和百路驰
3	PIRELLI & C. S. P. A.	意大利	该公司从事设计、研发、生产和营销轮胎，总部设在意大利米兰，轮胎分部生产各式轮胎，用于运动型多功能车等
4	SUMITOMO RUBBER INDUSTRIES LTD	日本	该公司从事汽车轮胎、工业用橡胶制品的制造及批发，总部位于日本兵库县，公司业务涉及全球

编号	公司名称	国家/地区	主营业务描述
5	CHENG SHIN RUBBER INDUSTRY CO., LTD	中国台湾	这是一家从事橡胶轮胎生产和销售的公司，业务范围涵盖全球，总部位于中国台湾，主要产品有叉车轮胎、内胎、午线轮胎、轿车轮胎及各种橡胶树脂
6	NEXEN TIRE CORP.	韩国	这是一家从事轮胎和内胎的生产及供应的公司，总部位于韩国，业务范围涵盖全国，其主营产品轮胎种类繁多
7	GAJAH TUNGGAL TBK	印度尼西亚	主要从事轮胎制造，总部位于印度尼西亚雅加达，旗下有五个轮胎厂
8	KELANI TYRES PLC	斯里兰卡	主要从事轮胎制造及销售，该公司主要在斯里兰卡开展业务

5. 选择利润率指标。

交易净利润法通常使用四种利润率指标来进行分析，这四种指标分别是销售利润率、完全成本加成率、ROE 和 ROA。

选择利润率指标时通常会考虑公司所属的行业及公司关联交易发生在哪一个环节（如在采购还是销售等），由于佳通轮胎股份有限公司所属的行业属于制造业，因此选择基于损益表的利润率指标，而不选择包含有资产负债表项目的利润率指标，故而资产收益率不适用。对于利润表的分析指标，可考虑销售利润率和完全成本加成率，本案例同时采用销售利润率和完全成本加成率作为利润率指标来衡量佳通轮胎股份有限公司以及可比公司的利润水平。

佳通轮胎（简称）集团内部才是研发工作的核心负责部门，换句话说佳通轮胎股份有限公司的研发是由该公司的上游企业负责。2012 年全年度研发费用占主营业务收入的比例为 0.09%，而根据 OSIRIS 数据库中的同行业公司计算得到的行业平均为 2.22%，佳通轮胎股份有限公司的研发费用占比仅是同行业的 4.02%，故而在计算利润率指标时在费用中扣除掉可比公司的研发费用，以使得结果更加符合实际可比情况。

6. 分析和结果。

可比公司 2010～2012 年度三年加权平均销售利润率以及三年加权平均完全成本加成率的四分位结果如表 9-10 和表 9-11 所示。

表 9-10　　　　　　　可比公司三年加权平均销售利润率四分位区间

	销售利润率（%）
第一四分位	11.42
中位值	12.83
第三四分位	13.99

表 9 - 11　　　　　可比公司三年加权平均完全成本加成率四分位区间

	完全成本加成率（％）
第一四分位	14.87
中位值	15.45
第三四分位	17.19

　　根据上述分析可知，2012 年度佳通轮胎股份有限公司取得的销售利润率为 13.55％，位于可比公司三年加权平均销售利润率的四分位区间之内，且在中位值之上；完全成本加成率为 15.67％，位于可比公司三年加权平均完全成本加成率的四分位区间之内，且在中位值之上。这说明从基础转让定价实证的角度来看，佳通轮胎股份有限公司的关联交易转让定价符合独立交易原则，能够在实现公司最优管理和合理运营方面起到一定的作用。

　　以下三点是通过案例分析之后所得出的启示：

　　第一，强化关联交易内部管理是关键。公司与其关联方之间频繁发生业务，存在转让定价的操作机会，公司管理层必须对加强转让定价税收筹划做好承担风险的准备。要对各种转让定价的调整方法进一步细化和完善，掌握转让定价的各种调整法的适用范围以及优缺点，便于方法的选择和实际操作，也可以起到对关联交易加强管理的作用。

　　第二，良好的可操作性是合理制定转让定价的保证。公司进行关联交易选择转让定价方法时要注重方法的可操作性。现行的转让定价方法还存在一些抽象及不易理解的部分，公司从税则角度出发应该对在实际定价过程中涉及的计算过程和相关科目进行更为详尽的解释和说明。

　　第三，促成预约定价机制意义重大。如果经过验证得出关联方间的购销业务未按照独立公司之间的业务往来作价，税务机关有权按照一定的顺序和方法进行调整计税收入额或所得额。为了解决这种问题，预约定价作为转让定价税制的补充机制应运而生，它是关联交易的主体公司或者个人在发生关联交易之前与税务机关进行协商协调确定其在未来一段时间内交易价格定价标准的机制，其中的定价标准包括可比性、关键假设以及确定价格的方法。

关 键 术 语

　　跨国公司　跨国经营　折算风险　交易风险　经济风险　集权式财务管理　分权式财务管理混合式财务管理　欧洲货币市场　辛迪加贷款　欧洲票据　欧洲商业票据　外国债券　欧洲债券　国际贸易信贷　国际租赁融资　国际项目融资　BOT 转移价格　背对背贷款　多边净额结算　平行贷款　国际避税　财务共享服务　关联交易

本章练习

一、思考题

1. 跨国公司经营环境包括哪些内容？

2. 简述跨国公司经营风险包括哪些内容？

3. 跨国公司财务管理策略包括哪几种？这几种财务管理策略的优缺点分别是什么？

4. 国际股权融资的含义是什么？

5. 国际债务融资包含哪两种形式？

6. 专门融资方式融资是跨国公司在一些特殊活动中采用的融资方式，试问该方式包含哪些内容？

7. 跨国公司融资战略目标包含哪些方面的内容？

8. 跨国公司通过股权资本和借贷资本向海外子公司提供资金的优点是什么？

9. 谈谈你理解的价格转移对跨国公司资金流动和所得税的影响。

10. 跨国公司现金管理的基本方法包括哪些？

11. 中国 A 公司一年后将从美国收回一笔 100 万美元的出口外汇收入，为了防止一年后美元贬值的风险，可以采取何种手段避免汇率风险。

二、多项选择题

1. 跨国公司财务转移的手段有（　　　）。

　　A. 集团内部相互贷款　　　　　　　　B. 汇回股利

　　C. 对等购买　　　　　　　　　　　　D. 支付专利使用费和劳务费

2. 跨国公司财务管理的目标有（　　　）。

　　A. 相关者利益最大化　　　　　　　　B. 经营风险最低化

　　C. 国际税负最小化　　　　　　　　　D. 长期合并收益最大化

3. 国际债券融资（　　　）。

　　A. 利率低期限长　　　B. 审查严格　　　C. 风险小　　　　D. 利息固定

4. 内部转移价格的特征有（　　　）。

　　A. 非市场性　　　B. 目的性　　　　　C. 灵活性　　　　D. 计划性

5. 影响债券价格的因素有（　　　）。

　　A. 市场利率　　　　　　　　　　　　B. 通货膨胀

　　C. 利率差异　　　　　　　　　　　　D. 一国的金融政策

6. 跨国公司子公司向母公司的资金流动有（　　　）。

　　A. 股利　　　　　　B. 专利使用费　　C. 初始投资　　　D. 抽回部分投资

7. 跨国公司财务的研究内容有（　　　）。

　　A. 跨国理财环境分析　　　　　　　　B. 外汇风险管理

　　C. 国际筹融资管理　　　　　　　　　D. 国际投资管理

8. 跨国公司对外投资具有（　　　）。

A. 投资目的多元性　　　　　　　　B. 资金来源多样性

C. 投资风险多重性　　　　　　　　D. 投资环境差异性

9. 国际投资环境包括下列的（　　　）。

A. 自然环境　　　　B. 政治环境　　　　C. 经济环境　　　　D. 社会文化环境

10. 转移价格的功能有（　　　）。

A. 降低关税　　　　B. 避免外汇控制　　　　C. 提高信用地位　　　　D. 避免外汇风险

三、计算分析题

1. 长期债务折算风险指应偿还的长期债务由于汇率变化而产生的折算风险。公司的长期借款一般可以包括债券、公司票据、银行贷款等。公司的长期债务在面临汇率变化时，就会呈现风险。某跨国公司母公司是在美国的 A 公司，在瑞士有家分公司。瑞士分公司担保借 10 年期 2000 万瑞士法郎，借款时的汇价 USD/CHF = 1.2500，也就是说相当于母公司 800 万美元的负债。但是当偿还时，美元相对瑞士法郎贬值，汇价变为 USD/CHF = 1.0500，试问 2000 万瑞士法郎折算为母公司的资产负债表上将是多少美元？这笔长期债务的价值发生了什么变化？

2. 固定资产折算风险是指公司在购置、折旧和重新更换固定资产时由于汇率变化而发生的折算风险。如德国某公司位于美国的分公司在日本购买固定资产，当时汇率情况如下：

1USD = JPY107.00，1EUR = USD1.3600，1EUR = JPY145.52

该分公司购买固定资产花费 1070 万日元，即 10 万美元。第二年汇率发生变化，情况如下：

1USD = JPY109.00，1EUR = USD1.3600，1EUR = JPY148.24

试问该公司的固定资产价值发生了什么变化？

3. 利用特别提款权（SDR）可以对结算货币进行保值。假设日本某公司从美国进口 100 万美元货币，为避免美元汇率上升而加大进口成本，公司以 SDR 进行保值。假设签约时 1 美元 = 130 日元，1SDR = 1.3284 美元，100 万美元折合 SDR 为 100/1.3284 = 75.28 万人民币。若结算日汇率为 1 美元 = 135 日元，1SDR = 1.2385 美元，试问支付 100 万美元需支付多少日元？若不保值需支付多少万日元？

4. 硬币保值法即是在合同中规定以硬币计价以软币支付，并载明两种货币当时的汇率及允许支付货币下跌的幅度，如果支付时两种货币的汇率超过了这一幅度，才对原货价价格按新汇率进行调整，否则按原汇率进行。假如中国某公司对香港的一笔出口贸易中规定以港元收汇，为避免港元汇率下跌在合同中加列了以美元为保值货币的保值条款，合同金额以美元计价为 100 万美元，当时汇率为 1 美元 = 7.5 港元，允许港元下跌幅度为 2%。如果结算日汇率为 1 美元 = 7.6 港元，则合同金额如何计价？若结算日汇率为 1 美元 = 7.7 港元，则合同金额如何计价？

5. 蓝天股份公司在欧洲和美国共有 5 家子公司，各子公司间互有商品交换。2016 年 10 月，这些子公司的收付情况如下表所示。

收付款现金数额矩阵　　　　　　　　单位：百万美元

收款单位	付款单位				合计
	美国子公司	德国子公司	法国子公司	英国子公司	
美国子公司	—	1.5	2.5	2.0	
德国子公司	3	—	1.0	6.0	
法国子公司	4	2.5	—	2.5	
英国子公司	5	1.0	6.0	—	
合计					

　　如果该跨国公司采用多边净额结算，那么在 2016 年 10 月公司内部资金转移的总金额是多少？若不采取多边净额结算，总金额是多少？如果公司内部资金转移成本为 0.25%，那么多边净额结算可节省多少转移费用？

　　6. 美国一家公司需要筹措 1000 万美元，为期 1 年，现有四种贷款方案可供选择，有关数据如下表所示，如果你是该公司的财务负责人，你该选择哪种货币贷款？

货币	年利率（%）	远期升水（%）
美元	8	—
英镑	12	−4
日元	7	−2
欧元	6	−3

四、案例分析

（一）案例内容

　　国际债券融资是与国际股权融资、国际贷款融资并列的国际融资市场三大重要组成部分，能否实现国际债券融资是公司是否能够被国际资本市场所接受、提高国际化程度或实现国际化经营的重要前提。

　　2012 年 5 月，中国石化成功完成 30 亿美元的国际债券发行，创下了中国企业国际债券发行的最大规模认购订单、最大规模单次发行额，也实现了 5 年、10 年、30 年共三个年期债券的最低综合票面利率发行新纪录。

　　国际债券融资已成为跨国石油公司的主要融资途径，由于依靠自身积累获取发展资金通常是一个较为漫长的过程，运用股权融资面临着市场容量有限、资金成本较高等限制，许多公司需要通过国内和国际债权融资筹措发展资金。其中，国际债券发行已成为最重要的国际融资形式之一，特别是石油勘探开发项目具有投资规模大、建设周期长等特点，能够较好地实现债券投资者追求稳定回报的避险需求与石油公司长期融资的有机结合。近年来，全球石油天然气类能源公司的国际美元债券发行量逐年递增，发行国际美元债券已成为国际跨国能源公司最主要的融资途径并呈现出以下特点：

第一，油气类公司债券的市场接受程度较高。据 Dealogic 颁布的数据显示，2007 年至 2012 年 6 月上旬，油气类公司债券累计发行量已达到 4920 亿美元，年均发行量超过 1000 亿美元。

第二，债券融资已成为国际石油公司解决长期融资需求的主渠道。截至 2011 年末，壳牌、BP、道达尔、雪佛龙、康菲五家国际石油公司债券融资占长期债务的比重分别为 94%、100%、93%、58%、94%，已形成长期债务融资主要是债券、短期债务融资使用周转性融资的格局。

第三，美元债券发行仍占据较大比例。截至 2012 年 6 月，流通在全球债券交易二级市场的石油天然气类能源公司债券约 6100 亿美元，其中美元债券占比约 83%。

第四，国际债券市场对中国油气公司的认可度持续上升。自中国海洋石油总公司于 2003 年 5 月首次进入国际债券市场后，截至 2013 年 5 月，中国石油、中国石化、中国海油三家的累计发行量已达到 270 亿美元，总体认购倍数（发行额与认购订单之比）已达到西方石油公司水平。

参与国际债券融资已成为中国石化发展的现实需求。近年来，随着中国石化的国际化程度快速提升，融资需求同步增加。集团公司按照境内为主、长期为主、币种匹配、价格受控原则，积极与境内外实力银行建立全面业务合作，统筹安排本外币融资的期限、利率和币种结构，融资成本率持续创国内同业最低，但与国际同业比较融资安排也存在明显不足：

第一，融资方式相对单一。债务融资主要以银行贷款为主，受国内货币政策、国际金融危机等因素影响，境内银行外币融资动力不足，融资价格明显高于境外，境外银行提供较大金额长期融资能力受限，难以满足公司发展的需要。

第二，融资规模受限。随着集团公司近年来不断加大国际并购的力度，债务规模明显上升，部分合作银行对公司的贷款授信已达到或接近单一客户授信比例的上限，融资保障程度有所下降。

第三，融资成本增加趋势明显。公司组织本外币融资的综合价格水平呈上升态势，财务费用压力增加。

第四，存量负债的期限结构不尽合理。截至 2011 年末，公司付息债务的平均期限不足五年，短中期偿付压力明显增加。

受近年来欧美央行纷纷推出持续量化宽松政策的影响，美国政府债券以及高评级企业债券的发行价格连创历史新低，中国石化作为海外业务众多的跨国集团积极进入国际融资市场既是降低融资成本、规避汇率风险的需要，也是缩小与国际跨国公司在资金筹措方式上的差距，增强国际竞争实力的必然选择。中国石化的国际债券发行也称"债券IPO"，其条件严格、流程复杂，包括组织和开展国际信用评级、准备和启动债券发行两个阶段，运行过程需要 3~4 个月时间，其中取得国际信用评级是能否启动国际债券融资的基本条件，通常需要七个阶段。由于债券发行所披露财务报告需要控制在财务报表日起 135 天之内，通常情况下国际债券发行均使用年度或半年财务报表，执行时间集中在每年一季度或三季度，发行准备则提前于发行年份的上年年末或当年上半年启动。由于客观条件的限制，中国石化本次国际债券发行从 3 月 2 日正式启动到 5 月 10 日完成债券认购和订单分配，债券发行时间紧、工作量大，同时经历了国际政治金融环境跌宕起伏以及亚洲地区企业、政府集中启动债券募集等情况，便得募集行为面临资金稀缺的问题。

与境内融资、国际双边或多边银行贷款不同，国际债券发行更多是在宏观经济、金融形势下，根据融资规模、价格与国际投资者的跟进情况进行操作。综合中国石化国际债券发行实践，成功发行需具备以下要素：

第一，良好的国际信用评级。略低于中国国家主权的信用评级为成功发行奠定了坚实基础；第二，发行结构的合理性。中国石化采用了国家外汇管理局批准项下的母公司担保发行结构，使拟发债券具备了进入国际新兴市场指数债券的基本要素，为扩大投资者广泛参与创造了良好条件；第三，适宜的市场环境。宏观环境欠佳和经济前景过于恶化，投资者将更倾向于"现金偏好"。宏观经济趋好情况下投资者会加大"收益偏好"而减少债券投资，中国石化抓住了相对有利的发行窗口；第四，可靠的认购安排。成功的债券发行是发行规模与发行价格的完美结合，除市场因素外参与认购投资者的广泛性和认购规模同等重要。通常情况下投资者认购规模超过拟发行规模 3.5 倍以上才能保证成功发行；第五，科学合理的发行策略，包括路演策略、品种策略、认购策略、定价策略、窗口选择策略等。

（二）案例思考

1. 详细分析中国石化国际债券发行成功的关键因素。

2. 与国内债券融资相比，国际债券融资应该更加关注哪些方面的问题？

主要参考文献

［1］劳伦斯·J. 吉特曼. 财务管理原理（第十一版）［M］. 北京：中国人民大学出版社，2004.

［2］张新民，钱爱民. 企业财务报表分析（第二版）［M］. 北京：清华大学出版社，2011.

［3］罗伯特·C. 希金斯. 财务管理分析［M］. 北京：中信出版社，2002.

［4］周首华，陆正飞，汤谷良. 现代财务理论前沿专题［M］. 大连：东北财经大学出版社，2003.

［5］李维安，王世权. 利益相关者治理理论研究脉络及其进展探析［J］. 外国经济与管理，2007（4）.

［6］Post，James E，Lawrence，Anne T，Weber，James. Business and society：Corporate strategy，public policy，ethics（10th Ed）［M］. Boston：McGraw-Hill/Irwin，2002.

［7］王辉. 企业利益相关者治理研究——从资本结构到资源结构［M］. 北京：高等教育出版社，2005.

［8］Jensen M C. Value Maximization，Stakeholder Theory，and the Corporate Objective Function［J］. Journal of Applied Corporate Finance，2001（14）.

［9］彭韶兵. 财务管理［M］. 北京：高等教育出版社，2003.

［10］谢剑平. 财务管理：新概念与本土化［M］. 北京：中国人民大学出版社，2004.

［11］斯蒂芬·A·罗斯，等. 公司理财［M］. 北京：机械工业出版社，2000.

［12］亚当·斯密. 国民财富的性质和原因的研究［M］. 北京：商务印书馆，1974.

［13］彭熠，徐业傲，徐国锋. 企业债务融资财务成本效应、治理作用与绩效反应分析［J］. 中央财经大学学报，2014（1）.

［14］杨灵芝. 我国上市公司债权的治理效应研究［D］. 同济大学，2005.

［15］郭春丽. 融资结构与公司价值研究：一个综合分析框架及其在中国上市公司的应用［M］. 北京：人民出版社，2006.

［16］Shleifer A，Vishny R. A Survey of Corporate Governance［J］. The Journal of Finance，1997（52）.

［17］唐清泉，罗党论，王莉. 大股东的隧道挖掘与制衡力量——来自中国市场的经验证据［J］. 中国会计评论，2005（3）.

［18］Claessens S，Djankov，J Fan，L Lang. Disentangling the Incentive and Entrenchment Effects of Large Shareholding［J］. The Journal of Finance，2002（57）.

［19］La Rocca M. The Influence of Corporate Governance on the Relation between Capital Structure and Firm Value［J］. Corporate Governance，2007，7（3）.

［20］Le T V，O Brien J P. Can Two Wrongs Make a Right？ State Ownership and Debt in a Transition Economy［J］. Journal of Management Studies，2010，47（7）.

［21］Szymon K，Satomi K，Annie P. Interlocking Directorships and Firm Performance in Highly Regulated Sectors：The Moderating Impact of Board Diversity［J］. Journal of Management and Governance，2014（18）.

[22] Nicolas D V, Gerrit S. The Relationship between Audit Committee Characteristics and Financial Statement Quality: Evidence from Belgium [J]. Journal of Management Governance, 2015, 19 (1).

[23] 吴建军. 财务杠杆效用的分析 [J]. 运筹与管理, 1996 (9).

[24] Cho, Sam－Yong, Shin, Sun－Woo, Lee, Whon－Hyern. The impact of Financial Leverage on Firm Investment: Listed Manufacturing firms Data for System－GMM Panel [J]. Analysis Review of Fiscal Studies, 2004 (8).

[25] Aivazian V A, Geb Ying, Qiu Jia ping. The Impact of Leverage on Firm Investment: Canadian Evidence [J]. Journal of Corporate Finance, 2005 (11).

[26] 杰拉尔德·I. 怀特, 阿什温保罗·C. 桑迪海, 德夫·弗里德. 财务报表分析与应用 (第三版) [M]. 北京: 中国人民大学出版社, 2006.

[27] 第八期沃顿班第4组. 约定收益股票回购创新业务探析. 中国证券, 2013 (3).

[28] 约翰·赫尔. 期权、期货及其他衍生产品 (第7版) [M]. 王勇, 索吾林, 译. 北京: 机械工业出版社, 2010.

[29] 詹姆斯·C. 范霍恩. 财务管理与政策 (第十二版) [M]. 刘志远, 主译. 大连: 东北财经大学出版社, 2011.

[30] 胡援成. 国有企业 "债转股" 与资本结构优化. 北京: 清华大学出版社, 2004.

[31] 财政部注册会计师考试委员会办公室. 财务成本管理 [M]. 北京: 经济科学出版社, 2001.

[32] 沈维涛, 叶晓铭. EVA 对上市公司资本结构影响的实证研究 [J]. 经济研究, 2004 (11).

[33] 张晓东, 刘葵阳, 马永开. EVA、MVA 和股票收益关系在我国的实证分析 [J]. 重庆工商大学学报 (社会科学版), 2003 (8).

[34] 李寿生, 陈波. 企业价值创造之路: 经济增加值业绩考核操作实务 [M]. 北京: 经济科学出版社, 2005.

[35] 大卫·格拉斯曼, 等. EVA 革命 [M]. 华彬, 译. 北京: 社会科学文献出版社, 2003.

[36] Alvin Toffle. Future Shock [M]. Demco Media, 1984.

[37] 卡普兰, 诺顿. 平衡计分卡战略实践 [M]. 上海博意门咨询有限公司, 译. 北京: 中国人民大学出版社, 2009.

[38] 马连福, 赵颖. 基于投资者关系战略的非财务信息披露评价体系构建及应用研究 [J]. 管理科学, 2007 (8).

[39] 钟宏武, 张旺, 张蕙, 等. 中国上市公司非财务信息披露报告 [M]. 北京: 社会科学文献出版社, 2011.

[40] 郎咸平. 模式 [M]. 北京: 东方出版社, 2010.

[41] 何光辉, 杨咸月. 管理层收购及其在中国的实证研究 [M]. 上海: 学林出版社, 2006.

[42] 高伟凯. MBO 理论分析及其规制研究 [M]. 北京: 中国社会科学出版社, 2006.

[43] 殷醒民. 企业购并的金融经济学解释 [M]. 上海: 上海财经大学出版社, 1999.

[44] 特里克·A. 高根. 兼并、收购和公司重组 (第4版) [M]. 顾苏秦, 李朝晖, 译. 北京: 中国人民大学出版社, 2010.

[45] 孙曼莉. 公司年报中的印象管理行为研究 [M]. 北京: 中国人民大学出版社, 2005.

[46] 吴联生. 上市公司会计报告研究 [M]. 大连: 东北财经大学出版社, 2001.

[47] 吴丛生, 郭振游, 田利辉. 国际财务管理理论与中国实务 [M]. 北京: 北京大学出版社, 2006.

[48] 朱星宜. 佳通轮胎跨国业务的关联交易转让定价案例研究 [D]. 兰州大学, 2014.